Timo Hoyer

Sozialgeschichte der Erziehung

Grundwissen Erziehungswissenschaft

Die Reihe „Grundwissen Erziehungswissenschaft" stellt Studierenden, Lehrenden und pädagogisch Interessierten den disziplinären Wissensbestand der Erziehungswissenschaft für Studium, Selbststudium und Lehre bereit. In klarer Orientierung am Kerncurriculum der Erziehungswissenschaft der DGfE bilden die Themen der Einzelbände zusammen, systematisch gegliedert, das theoretische Wissen, über das Studierende am Ende ihres Studiums verfügen sollten.
Die gut verständlichen Texte sind auf neuestem Stand der Forschung und wurden in Lehrveranstaltungen praktisch eingesetzt und gemeinsam mit Studierenden auf ihre Studientauglichkeit hin geprüft. Ein übersichtliches Layout mit leitenden Begriffen in der Randspalte erleichtert den Zugang. Jedes Kapitel enthält am Ende kommentierte Literaturhinweise sowie einen kurzen Überblick über das, was der Leser gelernt haben sollte.

Herausgeber:
Lothar Wigger, Universität Dortmund
Peter Vogel, Universität Dortmund

Timo Hoyer

Sozialgeschichte der Erziehung

Von der Antike bis in die Moderne

WBG
Wissen *verbindet*

Für Eva

Die Deutsche Nationalbibliothek verzeichnet diese Publikation
in der Deutschen Nationalbibliografie;
detaillierte bibliografische Daten sind im Internet über
http://dnb.de abrufbar.

Die Herausgabe des Werkes wurde durch
die Vereinsmitglieder der WBG ermöglicht.
Einbandgestaltung: schreiberVIS, Bickenbach
Satz: Lichtsatz Michael Glaese GmbH, Hemsbach
Gedruckt auf säurefreiem und alterungsbeständigem Papier
Printed in Germany

Besuchen Sie uns im Internet: www.wbg-wissenverbindet.de

ISBN 978-3-534-17517-8

Elektronisch sind folgende Ausgaben erhältlich:
eBook (PDF): 978-3-534-72820-6
eBook (epub): 978-3-534-72821-3

Inhalt

Einleitung

Themen und Zeitraum der Untersuchung

Diese Einführung in die Sozialgeschichte der Erziehung ist vieles in einem: eine Gesellschafts- und Kulturgeschichte, eine Geschichte der Familie, Kindheit und Jugend und eine pädagogische Institutionengeschichte – womit schon in etwa der innere Aufbau der drei Buchteile umrissen wäre. So gewaltig das Thementableau, so schwindelerregend ist der behandelte Zeitraum: 2400 Jahre Menschheitsgeschichte, angefangen im griechischen Altertum, endend 1918 mit der Auflösung der Monarchie und dem Zusammenbruch des Deutschen Kaiserreichs. An der Schwelle zur ersten parlamentarischen Demokratie in Deutschland schließt die Abhandlung, weil nach dem Ersten Weltkrieg die Moderne und das Erziehungssystem in Deutschland in ein neues Stadium eintreten, das in seiner Vielschichtigkeit weiter zu verfolgen einer eigenen, detaillierten Untersuchung vorbehalten bleibt. Die Begrenzung auf den abendländischen Kulturraum und die allmähliche Engführung auf die Entwicklung in Deutschland gehören zu den zahlreichen komplexitätsreduzierenden Entscheidungen, die angesichts des bewusst übersichtlich gehaltenen Umfangs dieser Einführung nicht zu umgehen waren.

Erziehungsformen und Kontexte

Dass dieses Buch so vielzählige sozialhistorische Szenerien einschließt, von denen jede für sich eine ausführliche Darstellung verdient, könnte als Vermessenheit ausgelegt werden, ist aber dem übergeordneten Thema geschuldet: der Erziehung, die als ein soziales Phänomen in den Blick genommen und in ihrem geschichtlichen Werdegang analysiert wird. Der historischen Datstellung liegt ein Erziehungsverständnis zugrunde, das die unmittelbaren, personalorientierten Formen pädagogischen Handelns – unterrichten, belohnen, tadeln, strafen usw. (vgl. P. Ludwig 2011; H. Ludwig 2011) – ebenso umfasst, wie die vermittelten, umweltbezogenen Formen: in erzieherischer Absicht gestaltete Spiele, Bekleidung, Kinder- und Schulzimmerinterieurs, Lernmaterialien, Lesebücher usw. (vgl. Hoyer 2011). Berücksichtigt werden überdies die sozio-kulturellen Kontexte, die schichtspezifische Lebenswelt, die Lebensverhältnisse und Lebensgewohnheiten der Heranwachsenden; diese sog. funktionalen Erziehungsfaktoren lassen keine direkte pädagogische Intention erkennen, sind aber im sozialisationstheoretischen Sinn essentiell für die Persönlichkeitsentwicklung (vgl. Hurrelmann 2006). Sämtliche Formen der Erziehung, die unmittelbaren, vermittelten und funktionalen, sind keine zeitlosen sozialen Praktiken, die in einem isolierten Raum vor sich gehen. Erziehung findet im Rahmen historisch wandelbarer Systeme statt, die im Zusammenhang zu reflektieren sind, will man verstehen, was erzieherisches Handeln bedeutet und unter welchen Bedingungen es seine jeweilige Gestalt gewinnt und verändert.

Sozialgeschichte

Im Unterschied zur Ideen- und Begriffsgeschichte, die sich mit Theorien, Argumentationen, Bedeutungsschichten und Quellen sprachlicher Artikulation befasst (vgl. Koselleck 2010a), hat es die Sozialgeschichte mit dem Wechselverhältnis von gesellschaftlichen Strukturen, sozialen Schichten,

Rollen, Systemen und Subsystemen, mit Handlungs- und politischen Entscheidungsprozessen, Institutionen und der empirischen Wirklichkeit zwischenmenschlicher Beziehungen zu tun (vgl. Kocka 1986). Die Trennung von ideen- und sozialgeschichtlichen Entwicklungen ist immer künstlich und ein wenig unglücklich, aber aus analytischen Gründen in der Forschung unumgänglich.

Geschichte der Erziehung

Die wünschenswerte theoretische Verschränkung von Ideen- und Sozialgeschichte wäre bei einer langen historischen Periode und einem vieldimensionalen Thema, also im vorliegenden Fall, nur dann realisierbar, wenn man die historischen Inhalte ausdünnt oder den Buchumfang ausdehnt. Beide Optionen kamen hier nicht in Frage, weshalb die Sozialgeschichte allein im Mittelpunkt steht. Aus der deutschen Bildungswissenschaft gibt es auch kaum Versuche, den abendländischen Geschichtsverlauf der Pädagogik aus dem Ineinandergreifen theoretischer Impulse und sozialer Dynamiken zu erklären. Heinz-Elmar Tenorths (1988) mittlerweile mehrmals aufgelegte Geschichte der neuzeitlichen Erziehung steht in dieser Hinsicht unverändert allein auf weiter Flur. In der Publizistik überwiegen seit jeher pädagogische Ideen- und Personengeschichten in der Art von Albert Reble (1989) oder aus jüngerer Zeit Benner und Brüggen (2011). Zur Seite stehen ihnen sozialhistorische Überblicksdarstellungen zur Geschichte der Schule und zu anderen Bildungsinstitutionen (z. B. Fend 2006; Konrad 2011) sowie verschiedene Versuche, die Geschichte der Familie, der Kindheit und Jugend im großen Radius nachzuzeichnen. Eine die sozialgeschichtlichen Erziehungsfelder *in ihrer Verflechtung* überblickende Arbeit fehlte bislang.

Darstellungsweise

Die vorliegende Einführung, die solch einen Gesamtüberblick anstrebt, will mit keiner der vorhandenen Monographien in Konkurrenz treten. Erst recht kann sie in der Detailgenauigkeit nicht mit den ungezählten sozialgeschichtlichen Spezialuntersuchungen mithalten. Die reichhaltige Forschungsliteratur, von der das Literaturverzeichnis nur einen winzigen Ausschnitt spiegelt, ist eingeflossen in dieses Buch, dem es primär um die Synthese, also die großen historischen Linien geht. In den chronologisch aufeinander aufbauenden Epochenporträts werden die jeweils dominanten Merkmale der häuslich-privaten und öffentlich-institutionalisierten Erziehung zur Sprache kommen. Die Darstellung verfolgt keine historische Richtungsthese, wie man sie aus Geschichtswerken kennt, deren Navigationssysteme beispielsweise auf Fortschritt oder Verfall, auf zunehmende Liberalisierung oder abnehmende Diskriminierung geeicht sind. Solche Aspekte werden in dieser Studie nicht ausgeblendet, stellen jedoch keine durchgehende Zentralperspektive dar.

Makro- und Mikrohistorie

Die großen Linien, Strukturveränderungen und organisatorischen Vorgänge fest im Blick, verliert man schnell die konkreten Verhältnisse in Stadt und Land, die Alltagswelt der Familien und die individuellen Erfahrungen aus den Augen, die ihre eigene, anschauliche Art der Geschichte erzählen. Um beiden Perspektiven gerecht zu werden, wird in diesem Buch der „Maßstabswechsel" (Ricœur 2006, S. 178) zwischen Makro- und Mikrohistorie praktiziert.

Schwerpunkt Moderne

Das Buch ist so verfasst, dass es sowohl punktuell studiert als auch in einem Zug gelesen werden kann. Auffällig dürfte sein, dass die behandelten Epochen von Kapitel zu Kapitel kürzer, die Ausführungen aber immer länger werden. Das liegt daran, dass sich das Erziehungsfeld ausdifferenzierte, und die Quellen- und Forschungssituation mit jeder Epoche besser wird. Zudem spielt die abnehmende Entfernung vom Hier und Heute eine Rolle. Aus der Sozialgeschichte der abendländischen Erziehung fällt unentweg Licht auf die Gegenwart, doch je näher man der Moderne rückt, desto erhellender wird es. Auch deshalb hält sich die Abhandlung im 19. Jh. länger auf als etwa in Athen, dem christlichen Mittelalter oder der Aufklärung.

Dank

Schließlich mein Dank: an Jens Seeling, für sein aufmerksames Lektorat, an Edith Glaser, für Gespräche im Vorfeld dieser Arbeit und ihren Hinweisen zu den Teilen A und B, und an Christoph Rehm, der mir beim dritten Teil großartige Hilfe leistete. Gewidmet ist das Buch Eva Wink – in Liebe und Dankbarkeit.

Timo Hoyer
Karlsruhe, Februar 2015

Weiterführende Literatur zur Einleitung

Erziehungsgeschichte im Allgemeinen:
Tenorth, Heinz-Elmar (1988): Geschichte der Erziehung. Einführung in die Grundzüge ihrer neuzeitlichen Entwicklung. Weinheim, München. (4., erw. Aufl. 2008)

Geschichte der Kindheit:
– die Klassiker:
Ariès, Philippe (1978): Geschichte der Kindheit. München.
deMause, Lloyd (Hg.) (1980): Hört ihr die Kinder weinen. Eine psychogenetische Geschichte der Kindheit. Frankfurt/M.
– mit Illustrationen:
Weber-Kellermann, Ingeborg (1997): Die Kindheit. Eine Kulturgeschichte. Frankfurt/M.

Geschichte der Familie:
Burguière, André et al. (Hg.) (1998): Geschichte der Familie. 4 Bände. Frankfurt/M., New York.
Gestrich, Andreas / Krause, Jens-Uwe / Mitterauer, Michael (2003): Geschichte der Familie. Stuttgart.

Geschichte der Jugend:
Levi, Giovanni / Schmitt, Jean-Claude (Hg.) (1996): Geschichte der Jugend. 2 Bände. Frankfurt/M.

Geschichte der Schule:
– ein einführender Überblick:
Fend, Helmut (2006): Geschichte des Bildungswesens. Der Sonderweg im europäischen Kulturraum. Wiesbaden.
– eine umfangreiche Gesamtdarstellung:
Geißler, Gert (2011): Schulgeschichte in Deutschland. Von den Anfängen bis in die Gegenwart. Frankfurt/M.
– das etwas in die Jahre gekommene Pionierwerk zur höheren Bildung beeindruckt noch heute:
Paulsen, Friedrich (1919): Geschichte des gelehrten Unterrichts auf den deutschen Schulen und Universitäten vom Ausgang des Mittelalters bis zur Gegenwart. 3., erw. Aufl. 2 Bände. Leipzig.

Geschichte der Universität:
Weber, Wolfgang E. J. (2002): Geschichte der europäischen Universität. Stuttgart.

A Anfänge abendländischer Erziehung: Antike und Mittelalter

Frühformen der Erziehung

Für den instinktarmen, lern- und gemeinschaftsbedürftigen Menschen gibt es praktisch keine Alternative zur Erziehung. Salopp ausgedrückt: „Auch in einfachsten Gesellschaften wird man finden, daß die Kinder darauf hingewiesen werden, daß sie zum Pinkeln die Hütte verlassen müssen" (Luhmann 2002, S. 60). Frühformen der Instruktion, Initiation und der beabsichtigten Einflussnahme auf die Entwicklung der jüngeren Generation sind bereits in prähistorischen oder präliteralen Kulturen nachweisbar (vgl. Alt 1956; Freyer 1982). Arrangements des Zusammenlebens von Mann, Frau und Kindern, also die soziale Institution der Familie, sind ebenfalls ein durchgängiges Merkmal der Gattung *Homo*, sicher bezeugt sind sie spätestens für den frühen *Homo sapiens* (vgl. Parzinger 2014). In den schrift- und rechenkundigen Hochkulturen Ägyptens, Chinas oder Indiens kam es zudem Jahrtausende vor unserer Zeitrechnung zur regelrechten Organisation von Unterricht (vgl. Schöneberg 1981).

Griechisch-römisches Altertum

Trotzdem beginnt die pädagogische Geschichtsschreibung für gewöhnlich im klassischen griechisch-römischen Altertum. Die Exklusion der Prähistorie, die immerhin zwei Millionen Jahre Menschheitsgeschichte umfasst, und die eurozentrische Fokussierung, zu der sich auch die vorliegende Darstellung aus Raumgründen gezwungen sieht, ist unbefriedigend. Inhaltlich zu rechtfertigen wäre der Eurozentrismus noch am ehesten mit der dezidiert abendländischen Traditionslinie. „Die Geschichte der Erziehung in der Antike ist für unsere moderne Kultur nicht gleichgültig", schreibt Henri-Irénée Marrou in seiner monumentalen Studie über die Anfänge organisierter Erziehung, „sie führt die unmittelbaren Ursprünge unserer eigenen erzieherischen Tradition vor Augen" (Marrou 1957, S. 2). Die Auffassung, sämtliche Errungenschaften okzidentaler Kultur, vornean die pädagogischen, speisten sich aus griechisch-römischen Quellen, ist ohne Frage übertrieben und einseitig. Vernachlässigt werden beispielsweise die Einflüsse des Judentums. Unbestreitbar indes stellt die antike Mittelmeerregion rezeptions- und wirkungsgeschichtlich den kaum zu überschätzenden Ausgangs- und Referenzpunkt der abendländischen Erziehungsgeschichte dar.

Klassikerrezeption der Antike

Das trifft besonders auf das „geistige Erbe" der Antike zu. Um 500 v. Chr. setzte im Zuge der Demokratisierung griechischer Stadtstaaten die theoretisch fundierte und schriftlich fixierte Auseinandersetzung mit dem Phänomen der Erziehung ein (vgl. Hoyer 2005a). Die wirkungs-, motiv- und rezeptionsgeschichtlichen Spuren dieser bemerkenswerten Zeugnisse früher pädagogischer Reflexion reichen bis in unsere Zeit.

Sozialgeschichte der antiken Erziehung

Dagegen hat die Wissenschaft den *empirischen* Erziehungsverhältnissen der Antike wesentlich seltener Beachtung geschenkt. Das sozialgeschichtliche, auf dokumentarische Quellen beruhende Studium des antiken Erziehungssystems erlaubt aber Einblicke in die gesellschaftlichen Strukturen und Entwicklungsprozesse der damaligen Ära, die der Ideen- und Personengeschichte verschlossen bleiben (vgl. Christes et al. 2006). Bis heute leidet das in der pädagogischen Literatur kursierende Bild vom griechisch-römischen Altertum an ideellen Überhöhungen, die der affirmativen Rezeption der „Klassiker" (Platon, Aristoteles etc.) geschuldet sind. Die Sozialgeschichte trägt unweigerlich zur Entidealisierung dieser Epoche bei: Weder in Athen noch in Rom, weder in der häuslichen Erziehung noch im organisierten Unterricht lagen mustergültige Bedingungen vor.

Mittelalter

Während Altertumswissenschaftler der Ansicht Geltung verschafften, im alten Griechenland habe die kulturelle „Wiege Europas" gestanden, machen sich Mediävisten dafür stark, erst das christliche Mittelalter stelle „die entscheidende Phase der Geburt, der Kindheit und der Jugend Europas" dar (Le Goff 2007, S. 13). Die von Le Goff gewählte Metaphorik ist zwar unglücklich, da sozio-politische Prozesse nicht nach dem ontogenetischen Muster von Geburt, Reifung und Verfall verlaufen. Aber es ist mittlerweile überzeugend belegt, dass die rund 1000-jährige Epoche, die einst den abschätzigen Namen Mittelalter erhielt, zu unrecht als finster und innovationsresistent verschrien ist. Besonders im Spätmittelalter kam es in den europäischen Territorien zu richtungsgebenden Weichenstellungen, die soziale, politische, institutionelle und mentale Entwicklungen von großer Tragweite nach sich zogen. Das pädagogische Feld, die Erziehungs- und Schulverhältnisse, waren darin eingeschlossen.

Quellenlage

Die Sozialgeschichte der Antike und des Mittelalters weist neben soliden Wissensbeständen eine beträchtliche Zahl an Erkenntnislücken auf. Zuverlässige Zeugnisse, die Auskunft über die Handlungssysteme und Institutionalisierungen in den vorneuzeitlichen Gesellschaften geben, sind ein seltenes Gut; die vorhandenen Quellen erlauben nur ungefähre Rückschlüsse auf die empirischen Verhältnisse.

1 Erziehung im griechisch-römischen Altertum

Periodisierung der Antike

Die Zeitspanne des griechisch-römischen Altertums umfasst nicht weniger als 1000 Jahre. Je nachdem, wann man die archaische Zeit beginnen und die Spätantike enden lässt, ist sogar ein erheblich größerer Zeitraum in Betracht zu ziehen. Üblicherweise unterteilt ihn die Geschichtswissenschaft in sozio-politisch voneinander abzugrenzende Phasen. Der Quellenstand sowie der Anspruch und Umfang dieser einführenden Darstellung empfehlen eine Konzentration auf die am besten dokumentierten und wirkungsstärksten Perioden und Gebiete. Vom alten Griechenland findet die klassische Epoche des 5. und 4. Jhs. v. Chr. mit dem Übergang zur hellenistischen Zeit Berücksichtigung, wobei das Augenmerk vorwiegend auf dem Stadtstaat Athen, dem Produktivzentrum der attischen Demokratie, ruht. Im Römischen Reich sind es die Jahrhunderte von der Republik (ab 500 v. Chr.) bis in die Kaiserzeit der ersten nachchristlichen Jahrhunderte, auf die sich die Ausführungen beziehen.

1.1 Kindheit in Athen und Rom

„Entdeckung" der Kindheit

Schenkt man einer verbreiteten Ansicht Glauben, dann gäbe es über die Kindheit in der Antike wenig zu sagen, da erst in der Neuzeit ein Bewusstsein vom Eigencharakter der kindlichen Entwicklungsphase entstanden sei. In diesem Zusammenhang wird oft davon gesprochen, die Kindheit sei erst spät „entdeckt" worden. Eine problematische Wortwahl. Kindheit ist kein Gegenstand, der an sich immer schon vorhanden war, lange übersehen und plötzlich aufgefunden wurde. Wir sollten Kindheit – und auch die Kategorie der Jugend – als eine historisch wandelbare soziale Form begreifen, die in ihrer Struktur und ihrem Inhalt niemals wie eine Naturgegebenheit vorliegt. Kindheit wird vielmehr als eine soziale Tatsache *hervorgebracht*, d. h. in Abhängigkeit von vielzähligen sozio-ökonomischen Parametern, Erfahrungs- und Deutungsweisen gesellschaftlich konstruiert (vgl. Qvortrup 2005). Die langlebige These von der späten „Entdeckung" der Kindheit stützt sich zuvorderst auf die Studie von Philippe Ariès, wonach Kinder in vormoderner Zeit, nachdem sie die Krabbelperiode hinter sich gelassen hatten, „übergangslos zu den Erwachsenen gezählt" wurden (Ariès 1978, S. 46). Ariès wollte damit nicht behaupten, Heranwachsende seien durchweg vernachlässigt oder gar verachtet worden. Den damaligen Gesellschaften habe jedoch ein Sensorium für den besonderen, unverwechselbaren Charakter der Kindheit gefehlt. Die ideengeschichtliche Forschung hat diese Einschätzung mehrfach beglaubigt. Erst die Theoretiker der anbrechenden Moderne, die pädagogischen Protagonisten der europäischen Aufklärung, heißt es, hätten ein Gespür für den unvergleichlichen Wert und die Eigentümlichkeit der kindlich-pubertären Entwicklungsphase entwickelt. Allen voran gilt Jean-Jacques Rousseau, dank seiner 1762 publizierten Erziehungsnovelle „Emile", als „der Entdecker des Eigenrechts des Kindes" (Blankertz 1982, S. 76).

Aber besaßen die Menschen der Antike und des Mittelalters tatsächlich keinen Sinn für kindliche Wesensart und Juvenilität? Überlieferte Spielzeuge, eine nicht geringe Menge an Erziehungsliteratur und Verhaltensvorschriften sowie eine Vielzahl von Zeugnissen, in denen die Sorge der Eltern um ihren Nachwuchs zum Ausdruck kommt, sprechen eine andere Sprache: Die alten Gesellschaften wussten zweifelsohne zwischen Kindheit und Erwachsensein zu unterscheiden. Und auch die dazwischenliegende Entwicklungsperiode der Jugend war ein bekanntes kulturelles Phänomen, wie Übergangsriten und die im Mittelalter auftretenden Jugendorganisationen bestätigen (vgl. Levi/Schmitt 1996).

Einteilung der Lebensphasen

Vorwiegend in gelehrten Kreisen verbreitete sich seit dem Altertum die schematische Einteilung der Lebensphasen in Siebenjahres-Rhythmen. Sechsjährige galten nach altgriechischem Verständnis noch als Kleinkinder, die ihre Zeit vorwiegend nach Gutdünken zubringen durften. Die Phase der eigentlichen Kindheit begann nach damaliger Sprachregelung im siebten oder achten und reichte ungefähr bis ins 15. Lebensjahr. Verschiedene formale und rituelle Akte sowie das Absolvieren einer militärisch-sportlichen Grundausbildung, die zwei-, später einjährige *Ephebie*, reglementierten den allmählichen Übergang der Jugendlichen ins Erwachsensein, das die männlichen, nunmehr ca. 20-jährigen Bürger Athens vollständig erreicht hatten, wenn sie einen eigenen Haushalt (*oíkos*) vorweisen konnten. Die damit errungene Selbstbestimmung oder Mündigkeit, wenn diese modernen Ausdrücke hier erlaubt sind (vgl. Eidam/Hoyer 2006), waren in der Antike äußerliche Statusmerkmale und keine Dimensionen innerer Bildung oder psychologischer „Reife".

Im Römischen Reich unterteilte man die 14-jährige Kindheitsphase in zwei etwa gleichlange Abschnitte: *infantes* hießen Kinder, die der Sprache noch nicht mächtig waren, *impuberes* nannte man die noch geschlechtsunfähigen Kinder. Mit 15 oder 16 Jahren legten die Knaben in einem zeremoniellen Akt das Kleidungsstück der Männlichkeit, die *toga virilis,* an und die Kindheit ab. Solange das Familienoberhaupt, der *pater familias*, lebte, blieben ihm seine Kinder, auch längst volljährige, zivilrechtlich und moralisch unterstellt. Ohne Einwilligung der von jeher autoritär auftretenden Väter durften die Söhne, die noch bis zum Alter von 30 Jahren zu den Heranwachsenden (*adulescentia*) und noch als 45-Jährige zur Jugend (*iuventus*) gerechnet wurden (vgl. Fraschetti 1996), keine gewichtigen Verträge schließen, auch keine Eheverträge. Es sei denn, der Familienvorstand entließ den Sohn in die juristische Selbstständigkeit (vgl. Gardner 1998). Von dem Recht, diese sog. *emancipatio* auszusprechen, machten die Väter im späten Römischen Reich, als sich die innerfamiliären Machtverhältnisse lockerten und das Unabhängigkeitsstreben der jungen Generation wuchs, zunehmend Gebrauch. In den Grundzügen jedoch blieb das paternalistische Herrschaftsprinzip, die *patria potestas*, bis zum Zerfall der römischen Welt unangetastet.

Haus und Wohnen

Wo wohnten die Menschen der Antike, wo waren sie zu Hause? Die treffendste Antwort, erklärt uns die Phänomenologie, müsste lauten: in der unverfügbaren Ordnung der Welt, im Kosmos, dem Haus der Häuser, „in dem alles, was ist, so auch der Mensch, auf seine Weise zu Hause ist" (Waldenfels 2009, S. 115). Gemessen an dieser intensiven Erfahrung kosmologischen Zuhauseseins waren die damaligen Raumerfahrungen in den physischen Wohnhäusern vermutlich blass. Sentimentale Gefühle der Häuslichkeit riefen die Gebäude schon deshalb nicht hervor, weil sich die Bewohner im sozialen Raum außerhalb der Hausmauern nicht grundsätzlich anders benahmen als innerhalb der Wohnstätten, die eher selbstverwalteten Gesellschaftsräumen glichen als neuzeitlichen Privatwohnungen oder Eigenheimen (vgl. Sennett 1997).

oíkos, familia

Im Inneren des Hauses verkörperte der Mann die Ordnungsmacht. Wir haben ihn uns als Haus-Herren im wörtlichen Sinne zu denken: Er war Eigentümer und Regent der kleinsten sozio-ökonomischen Einheit innerhalb der *pólis* oder der *res publica*. Die Griechen besaßen keinen Familienbegriff, im Sinne einer von der Öffentlichkeit abgeschirmten Institution privaten, intimen Lebens. Mit *oíkos* ist eine Wohnstätte gemeint, ein Lebens-, Wirtschafts- und Erziehungsraum. Auch die römische *familia* war primär eine das Hab und Gut umfassende Rechtsform (vgl. Sissa 1996; Thomas 1996). Zu *oíkos* oder *familia* gehörten neben materiellen Besitztümern, wozu auch Sklaven zählten, die Ehefrau und die Nachkommen – Frauen und Kinder trugen, beide auf ihre Weise, den Stempel der Inferiorität. Unfrieden herrschte im Haus, solange unter den Kindern kein Stammhalter war, denn die funktional begriffene Ehe diente in erster Linie dem Erhalt der politischen Gemeinde und der Fortsetzung der vom Hausherren repräsentierten Familientradition.

Väter und Mütter

Männer und Väter galten als gesellschaftspolitisch agierende Lebewesen (*bios politikos*), die in der Öffentlichkeit für das Wohl des Staates und der Familie – in dieser Rangfolge – eintraten. Die gesellschaftliche Pflicht der Frauen hingegen wurde aus der Biologie abgeleitet: Sie waren von Natur aus dazu bestimmt, Kinder zu gebären und Mütter zu werden. Die antike Erziehungspraxis, die den Eltern und, soweit vorhanden, dem Dienstpersonal oblag, war darauf zugeschnitten, diese Rollenverteilung aufrechtzuerhalten.

Heirat und Schwangerschaft

Für Mädchen endete die Kindheit mit der Heirat. Das konnte vor der Pubertät sein; viele Frauen wurden in Athen und Rom bereits mit elf oder 15 Jahren verheiratet. Ihre Männer waren gut doppelt so alt, deren Heiratsalter lag im Schnitt bei 25 oder 30 Jahren. Vollständige Mündigkeit, Bürger- und Stimmrecht blieben den Frauen vorenthalten: Entweder standen sie unter der Vormundschaft des Vaters oder des Ehemanns. Anzeichen einer zaghaften Angleichung der Geschlechter lassen sich in den späten Tagen des Römischen Reichs beobachten; Männer und Frauen aßen häufiger miteinander, teilten sich Wohnräume, gingen gemeinsam zu Bett. Doch nach wie vor drängte man die jungen Frauen früh in die Mutterschaft. Viele lernten, bei einer Lebenserwartung zwischen 25 und 40 Jahren, kaum etwas anderes kennen als Schwangerschaft und Gebären.

Kinder: unfertige Menschen

Der Nachwuchs besaß in den durch und durch adulten Gesellschaften keinen Platz um seiner selbst willen; er wurde in Athen wie Rom als Mittel zum Zweck der Haus-Gründung betrachtet. Erst wenn aus den Heranwachsenden gesellschaftsfähige Männer oder heirats- bzw. zeugungsfähige Frauen geworden waren, genoss ihr Dasein die Anerkennung der Gemeinschaft. Bis es soweit war, galten sie als unfertige, defizitäre Menschen in körperlicher, ethischer und geistiger Hinsicht.

Wandel im Bewusstsein

Auch in der attischen Kultur haftete den Kindern das Signum der Unvollständigkeit an. Mit den gesellschaftlichen und politischen Umbrüchen des 6. und 5. Jhs. v. Chr. – dem Niedergang der Adelsgesellschaft, dem Aufstieg der Demokratie und der langsamen Ablösung des aristokratischen Ethos durch ein leistungs-, verdienst- und gemeinschaftsorientiertes Wertesystem – mehren sich allerdings schriftliche Quellen, die ein wandelndes Bewusstsein von der Bedeutung der Kindheit und Jugend verraten. Statt die frühen Lebensjahre lediglich als ein ontogenetisches Provisorium im Übergang zum Erwachsensein anzusehen, begann man die Formbarkeit der jungen Seelen und Leiber sowie deren Anfälligkeit für Verführungen und Gefährdungen wahrzunehmen.

Aufwertung der Erziehung

Im Verlauf der in Solons Regierungszeit (ab 594 v. Chr.) einsetzenden politischen Diskussionen um den Erhalt der *pólis*, die Sicherung des inneren Friedens und die Neuformierung der traditionellen Ständegesellschaft gewann die Erziehung ein bis dahin beispielloses Interesse. Die herausragenden Denker Griechenlands (Demokrit, Protagoras, Sokrates, Platon, Aristoteles und andere) verliehen der Vorstellung Ausdruck, dass die Natur des vergesellschafteten Menschen nur dann in ihrer ganzen Tugend und Vorzüglichkeit (griechisch: *aretē*) hervortreten könne, wenn ihr Übung, Gewöhnung, Zucht und Lehre, also kulturelle Praktiken, zuteil würden. Eine

Aussage von Aristoteles unterstreicht das erwachende, aber noch längst nicht alltägliche Bewusstsein vom Stellenwert pädagogischer Förderung. Eltern, die ihren Kindern eine gute Erziehung ermöglichten, erklärte der Meisterphilosoph und Lehrer Alexanders des Großen, seien achtenswerter als jene, „welche sie bloß zeugten; denn die letzteren schenkten ihnen nur das Leben, die ersteren aber auch den Vorzug, tadellos zu leben" (zit. n. Diogenes Laertius, V,19).

paideía, educatio

Die Summe der bildungsphilosophischen Überlegungen und erziehungspraktischen Leitvorstellungen aus der Zeit der klassischen griechischen Antike firmiert unter dem Begriff *paideía*. Der altgriechische Ausdruck steht für Techniken der Erziehung und für ein Persönlichkeitsideal. Im Lateinischen waren hierfür je nach Bedeutungsschwerpunkt die Begriffe *educatio, formatio, cultura* und *humanitas* in Verwendung.

Staatspädagogische Utopien

Von epochalem Rang sind die von Platon und Aristoteles erarbeiteten Theoriegebäude. Sie ruhen auf eng miteinander verzahnten ethischen, staatsphilosophischen und pädagogischen Säulen, deren Architektonik für Jahrhunderte, bis weit in die Neuzeit hinein, ihresgleichen sucht (vgl. Hoyer 2005a). Beide Philosophen machten ihre Überzeugung publik, dass auf dem Gebiet des Athener Stadtstaates die gesamte *paideía* nach vernünftigen Regeln zu planen, der Willkür der Einzelnen zu entziehen und der öffentlichen, juristischen Kontrolle zu unterstellen sei. Mit der Entprivatisierung und Standardisierung der Erziehung sollten gesellschaftlichen Unruhen und Umwälzungen vorgebeugt werden. Soweit die bekannten Theorien. An den realpolitischen Verhältnissen und den staatsorganisatorischen Möglichkeiten gingen sie vorbei, es waren buchstäblich Utopien ohne Ort in der empirischen Wirklichkeit. Die laut werdenden Bestrebungen, das gesamte pädagogische Feld politisch zu vereinnahmen und lückenlos durchzustrukturieren, wurden weder in Athen noch im Hellenismus erziehungs- oder schulpolitisch in Angriff genommen.

Selbstsorgeexerzitien

In der römischen Philosophie finden sich keine staatspädagogischen Systementwürfe. Literarische Verbreitung erhielt in den gebildeten Kreisen des Imperiums eine vorwiegend unpolitisch gefasste Sorge um das eigene Wohlergehen. Charakteristisch sind die Vertreter der stoischen Weltanschauung (z.B. Seneca, Epiktet, Marc Aurel), deren Philosophie als eine Form der Erziehung und zugleich als eine „Lebensform" (Pierre Hadot) aufzufassen ist. Die überlieferten Lebensweisheiten besitzen Aufforderungscharakter. Sie sind an das aufgeschlossene, zur Selbsterziehung bereite Individuum adressiert und gegenüber den sozialen oder kulturellen Verhältnissen bewusst neutral gehalten. Klugheit, Selbstbeherrschung und Seelenruhe heißen die obersten Strebensziele. Dass diese therapeutisch eingefärbten Selbstsorgepraktiken, deren Ursprung in Griechenland liegt, von der breiten Masse beherzigt und „allgemein hoch geschätzt" wurden, wie Michel Foucault (2009, S. 601) meint, ist indessen zu bezweifeln. An der großen Mehrheit der Bevölkerung, die mit Philosophie höchstens flüchtig in Berührung kam, gingen die geistigen Selbstsorgeexerzitien in Wahrheit vorbei. Gerade deshalb lassen die philosophischen Schriftsteller nicht davon ab, die Erwachsenen unentwegt zur Sorge um sich selbst aufzufordern.

Fehlendes Erziehungsinteresse

Auch für die alltäglichen Verrichtungen der Kindererziehung warfen die elaborierten Lehren, sofern sie überhaupt in Schriftform zugänglich waren und Leser fanden, wenig ab. In den meisten Haushalten, speziell in den ländlichen Regionen, zerbrach man sich nicht den Kopf darüber, wie die Selbst- oder Fremderziehung zu gestalten sei. Dass Kinder der Behütung und Förderung bedürfen, war vielerorts offenbar unbekannt. Nicht von ungefähr fühlte sich der römische Rhetor Quintilian veranlasst, Vätern und Müttern einzubläuen, dass nicht der Mangel an natürlicher Veranlagung dafür verantwortlich sei, wenn Kinder hinter den Erwartungen ihrer Eltern zurückblieben, Ursache sei vielmehr die fehlende Aufmerksamkeit und die unterlassene Erziehung (vgl. Lyman 1980).

Umgang mit Kindern

Die Zeit und Lebenswelt der Kinder war damals nicht annähernd so lückenlos durchpädagogisiert, wie wir es aus unserer Zeit kennen. Zudem lag es der antiken Mentalität fern, Kindheit als eine Schonzeit anzusehen. In der Erziehungswirklichkeit ging es, quer durch alle sozialen Schichten, vergleichsweise nachlässig oder robust zur Sache. Die grundsätzliche Geringschätzung der kindlichen Lebensphase hat diese Haltung bestärkt. In der Gesellschaft dominierten gemeinschafts- und traditionssichernde Werte, das individuelle kindliche Wohlbefinden war dagegen kein Gut an sich. Dennoch waren die Eltern nicht empfindungslos, wie gelegentlich behauptet wird. Es war ihnen keineswegs gleichgültig, ob Kinder geboren wurden und schon gar nicht, ob sie starben. Euripides lässt in einer seiner Tragödien die Klage zum Himmel steigen: „Warum nur mußte, zum übrigen Leid, / Auch diesen, den allerempfindlichsten Schmerz, / Den Schmerz um das Kind, / Die Gottheit den Menschen bescheren?" (Euripides: Medea 1092 ff.). Intensive emotionale Bindungen entwickelten sich vor allem zwischen den Müttern und ihren Kindern. Aber auch die Väter bauten insbesondere zu ihren Söhnen eine Gefühlsbeziehung auf. Demokrit, ein Zeitgenosse von Euripides, will sogar beobachtet haben, dass sich *alle* Väter und Mütter um ihre Kinder ängstigten und sich nach Kräften bemühten, sie aufzuziehen (DK68 B278).

Disziplinierung und Prügel

Erziehungsbemühungen nahmen häufig die Gestalt von Domestizierung und Prügel an. Die Prügelstrafe als ein Mittel der Erziehung ist eine unrühmliche Errungenschaft sozial stratifizierter Hochkulturen. In den prähistorischen Gemeinschaften, jedenfalls in den egalitären, war sie wahrscheinlich weitgehend unbekannt. Zwar wuchsen Kinder auch dort unter unsentimentalen Bedingungen auf, aber nichts deutet auf pädagogische Schlagrituale hin; Bestattungsriten vorliteraler Kulturen sprechen eher dafür, dass Kinder und Erwachsene gleichgestellt waren (vgl. Alt 1956; Parzinger 2014). Anders in Athen. Passte das Kind in den Alltagsrhythmus der Eltern, so ließen sie es meistens unbehelligt. Andernfalls brachten sie es, nach einer Schilderung Platons, „mit Drohungen und Schlägen auf den rechten Weg" (Platon: Protagoras 325d). Die jungen Körper, deren edle Gestalt gerade die griechischen Künste feierten, mussten im Alltagsleben paradoxerweise permanent Erniedrigungen und Drangsalierungen erdulden. Eltern und Lehrer schlugen die Heranwachsenden mit allem, was griffbereit war, mit dem Stock, mit Sandalen, der Geißel oder mit der bloßen Hand.

In der römischen Literatur, bei Cato dem Älteren, in der Plutarch zugeschriebenen Erziehungsschrift *„Peri paidon agoges"* oder bei Quintilian, formierte sich Protest gegen die habituelle Züchtigungspraxis, da sie sklavische Charaktere und keine freien Persönlichkeiten hervorbringe. Doch einen fundamentalen Mentalitätswandel bewirkten die Einwände nicht. Die Furcht vor den alltäglichen Malträtierungen begleitete die Heranwachsenden weiterhin bis zum Ende ihrer Ausbildungszeit (vgl. Grasberger 1971). Das in der Moderne aufkommende nostalgisch verklärte Bild vom goldenen Zeitalter der Kindheit und Jugend, wäre den Menschen zu jener Zeit unbegreiflich gewesen.

Riskante Geburt

Kindheit war eine prekäre Lebensphase, die es auf dem Weg zum Erwachsensein zu bewältigen galt. Die größten Gefahren lauerten auf die Neugeborenen. Über den Säuglingen und Kleinkindern schwebten gleich zwei Damoklesschwerter, die etwa einem Drittel kurz nach der Geburt und ungefähr der Hälfte aller Kinder bis zur Pubertät das Leben kosteten. Zunächst war jede Geburt wegen unzureichender medizinischer Versorgung ein lebensgefährliches Unterfangen, für die Kinder ebenso wie für die mitunter noch sehr jungen Mütter. Überdies sorgten Epidemien, Infektionen und Krankheiten, denen die Schwachen und Geschwächten ausgeliefert waren, für eine hohe Kinder- und Müttersterblichkeit.

Kindesaussetzung

Neben dem natürlichen Tod drohte den Säuglingen noch eine zweite, mutwillig herbeigeführte Todesart: die Aussetzung, eine bis in die ältesten Perioden der Menschheitsgeschichte zurückreichende Praxis der Familienplanung (vgl. Alt 1955). In der griechisch-römischen Antike trafen die Väter kurz nach der Geburt die folgenschwere Entscheidung, ob das Neugeborene dem Haus angehören sollte oder nicht. Meistens entschieden sie sich dafür. Kritisch wurde es für den Sprössling bei Versorgungsengpässen, wenn er unehelich gezeugt worden war oder pathologische Auffälligkeiten aufwies. Kinder, die dem geltenden Tugendmaß und den körperlich-geistigen Vollkommenheitsidealen widersprachen, traf am häufigsten das Schicksal der Aussetzung; Mädchen, die nicht in die Familenplanung passten, waren noch gefährdeter als Knaben. Die Kinder wurden in Schluchten hinabgeworfen, ertränkt, an Wegesrändern abgestellt.

Aussetzungen sind in Europa bis in die Frühe Neuzeit in großem Umfang praktiziert worden, illegitime Kinder oder Kinder aus finanziell belasteten Familien blieben die häufigsten Opfer (vgl. Buguière/Lebrun 1996b). Doch während Aristoteles die Aussetzung (bei „missgestalteten" Kindern) noch unumwunden befürwortete, war sie seit der Spätantike sozial geächtet, zum Teil sogar gesetzeswidrig (vgl. Backe-Dahmen 2008).

Kleinkinderpflege: Frauensache

Nachdem die Väter von ihrem Recht Gebrauch gemacht hatten, über Leben und Tod zu entscheiden, zogen sie sich in aller Regel vom Erziehungsgeschäft zurück, bis das Kind sprechen konnte. Kleinkindererziehung war faktisch (nicht rechtlich) Frauensache. Vornehme Haushalte oder solche, die dafür gehalten werden wollten, besorgten sich zur Entlastung der Mütter Ammen, die umfangreiche Erziehungs- und Pflegeaufgaben übernahmen.

Stillammen

In vielen Familien, besonders in den kinderreichen, war es gebräuchlich, auch das Stillen an eigens dafür eingestellte Frauen zu delegieren. Mit Lieblosigkeit hatte das weniger zu tun als mit Überforderung und Pragmatik. Später wurde daraus ein soziales Distinktionsmerkmal: Wer sich Stillammen leisten konnte, demonstrierte damit Vornehmheit – auf Kosten der emotionalen Mutter-Kind-Beziehung. Um die Zeitenwende verschafften sich Stimmen Gehör, die die Mütter davon zu überzeugen suchten, das Stillen selbst zu übernehmen, da sie dadurch „immer mehr Zuneigung und Liebe zu ihren Kindern" gewönnen (Plutarch 1924, S. 5). Aber empfanden die Eltern die Gefühlsbeziehung zu ihren Kindern überhaupt als ungenügend? Dafür gibt es keine Belege.

Spielzeug

So funktional und unsentimental der Umgang mit den kleinen Kindern war, Liebkosungen und Hätscheleien fehlten nicht gänzlich (vgl. Schmitz 2007). Auch Kinderspielzeug war vorhanden. Mit aus Knochen hergestellten Würfeln, mit Bällen, Jojos, Reifen, Spielwagen und Puppen konnten sich die Heranwachsenden vergnügen. Der gezielte pädagogische Einsatz der Spielmaterialien, zur Einübung sozialer Rollen oder zur Unterstützung der geistigen und emotionalen Erziehung, war in der Gesamtbevölkerung noch nicht sonderlich verbreitet, aber hier und da schon absehbar.

Der Vater erzieht

Je älter das Kind wurde, desto stärker trat der Vater auf den Erziehungsplan. In seiner Doppelrolle als Familienoberhaupt und Staatsbürger fühlte er sich für die schrittweise Initiation der (männlichen) Jugend in die politische Gemeinschaft und Erwachsenenwelt verantwortlich.

paidagogós

Dem Hausherren zur Seite stand eine vierte Bezugsperson des Kindes, die wie die Ammen und das sonstige Dienstpersonal zur Gruppe der Sklaven gehörte: der *paidagogós* (lateinisch: *paedagogus*), was dem Wortsinne nach Knabenführer bedeutet. Er begleitete die Kinder in der Öffentlichkeit auf Schritt und Tritt. In seinem Aufgabenbereich vermischten sich Schutz-, Versorgungs- und Erziehungsfunktionen; es stand den Unfreien sogar frei, die ihrer Obhut überantworteten Kinder nach eigener Einschätzung zu sanktionieren. In Rom leisteten sich die gutgestellten Familien mit Vorliebe gebildete Griechen als „Pädagogen", was von Vorteil war, da diese auch zur Belehrung und Unterrichtung der Kinder verpflichtet werden konnten.

1.2 Unterricht und Ausbildung

Elementare Knabenerziehung

Platon gibt uns in einem seiner Dialoge einen realitätsnahen Einblick in die innere und äußere Organisation der elementaren Knabenerziehung Athens. Über die organisierte Erziehung der Mädchen, die Platon nachdrücklich befürwortete, erfahren wir nichts, weil sie kaum vorhanden war. Die meisten Mädchen erwarben rudimentäre Grundkenntnisse zu Hause, aber nur in sehr seltenen Fällen hielten es die Eltern für nötig, sie zusätzlich unterrichten zu lassen. Nachdem bei Platon die häusliche Erziehung abgehandelt wurde, fährt die Erzählung fort:

„Später schicken sie es [das Kind] in die Schule und beauftragen die Lehrer, sich weit mehr um ordentliches Benehmen der Kinder zu kümmern als um Lesen, Schreiben und Kithara-Spielen. Und die Lehrer kümmern sich darum, und sobald die Schüler dann Lesen und Schreiben gelernt haben und zu erwarten ist, daß sie das Geschriebene verstehen wie zuvor das gesprochene Wort, legen sie den auf ihren Hockern (sitzenden) Schülern zur Lektüre die Dichtungen wertvoller Dichter vor und zwingen sie zum Auswendiglernen [...]. Und die Kitharalehrer bemühen sich ihrerseits entsprechend darum, daß die Jungen sich gut benehmen und nichts Ungehöriges tun. Außerdem, wenn sie gelernt haben, Kithara zu spielen, lehren sie sie die Gedichte von wieder anderen wertvollen Dichtern, von Lyrikern, in der Form des Gesangs zu den zugehörigen Kitharastücken und bringen es mit Zwang dahin, daß die Rhythmen und Tonfolgen den Seelen der Kinder vertraut werden [...]. Ferner schicken sie ihre Kinder auch noch zum Sportlehrer, damit sie [...] nicht wegen körperlicher Schwäche in Kriegen und bei den übrigen Handlungen klein beigeben müssen. Und die genannten Erziehungsmaßnahmen ergreifen die einflußreichsten Leute in höchstem Grade – am einflußreichsten aber sind die Vermögensten –, d.h. deren Söhne beginnen mit dem Schulbesuch in besonders frühem Alter und beenden (die Schule) besonders spät" (Platon: Protagoras 325d–326c).

Zum Lehrer gehen

Dass in dieser Übersetzung von „Schule" gesprochen wird, ist irreführend. Die Organisationsform Schule existierte nicht, sie war erst langsam im Entstehen begriffen. Griechische Knaben gingen nach damaligem Verständnis nicht in die Schule, sondern zum Unterricht oder vielmehr: zum Lehrer (*eis didaskálou*), der ein bestimmtes Fach unterrichtete. Sie beendeten auch keine bestimmte *Schul*zeit, sondern verließen irgendwann, wie man originalgetreuer zu übersetzen hätte, das Haus des Lehrers. Diese Häuser waren keine spezifischen Schulgebäude mit gleichartiger Architektur und Ausstattung, sondern Gelegenheitsräume, die der Lehrer bereitstellte. Auch buchstäblich offener Unterricht unter freiem Himmel war zur Zeit der athenischen Demokratie gang und gäbe.

Organisation des Unterrichts

Spätestens im 2. vorchristlichen Jh. war in den meisten griechischen Gemeinden elementarer Unterricht vermutlich für eine große Zahl Kinder freier Stadtbewohner gewährleistet (vgl. Dreyer 2010). Da der hellenistische Staat, ebenso wie später die Römische Republik, geringe Anstalten machte, ins niedere Bildungswesen direkt einzugreifen, blieb es vielfach privaten Geldgebern überlassen, den Auf- und Ausbau von Unterrichtsorten zu finanzieren, was hauptsächlich in den kulturellen Ballungsräumen geschah (vgl. Baumgarten 2006). Dass Platon zufolge die angesehenen und wohlhabenden Schichten die Unterrichtsangebote am ausgiebigsten nutzten, ist ein Hinweis darauf, wie abhängig die Nachfrage von der Finanzkraft der Familien und ihrem sozialen Status war. Unterricht kostete Geld, das den Lehrern unmittelbar ausgezahlt wurde; unklar ist, wie hoch der von den Eltern zu entrichtende Betrag war. Weder der Zeitpunkt der „Einschulung" noch der Verlauf und die Gesamtdauer des Unterrichts waren verbindlich geregelt. Die Schüler werden meistens zwischen sechs und 14 Jahre alt gewesen sein und wenn es hoch kam, was die Ausnahme war, sieben Jahre Unterricht erhalten haben. Überlieferte Bildnisse von Unterrichtssituationen zeigen häufig einen Lehrer und einen Schüler im Einzelunterricht, manchmal ist noch der *paidagogós* zugegen. Aber auch Gruppenunterricht gehörte mehr und mehr zur Normalität, denn die zunehmend literale griechische Kultur ließ die Nachfrage nach Unterrichtsmöglichkeiten wachsen.

Alphabetisierung

Unter Adligen und Bürgern nahm die Alphabetisierung merklich zu. Dennoch beherrschten niemals mehr als maximal ein Viertel der männlichen Bevölkerung der griechisch-römischen Antike und höchstens 10 % der Gesamtbevölkerung die Kulturtechniken des Lesens und Schreibens (vgl. Harris 1989). In der zunehmend schrift- und buchbasierten Kultur des römischen Imperiums war Sprachbeherrschung das Eintrittstor zur Macht.

Solange die Mehrheit illiterat blieb, war die Elite hegemonial abgesichert. Allerdings waren die schreibe- und/oder leseunkundigen Menschen der unteren Schichten nicht komplett von der Schriftkultur ausgeschlossen. „Dafür sorgte ein kompensatorisches System von Abhilfen (Vorlesen, stellvertretendes Schreiben, Semialphabetismus usw.), dessen Reichweite kaum zu quantifizieren ist" (Stein 2006, S. 89).

Fachdisziplinen

Der Rechenunterricht wird bei Platon nicht erwähnt, er gehörte aber wie das Lesen, Schreiben, Musizieren und der Sport zum gängigen Lehrangebot, auch wenn er seltener genutzt wurde. Typisch für das griechische Erziehungswesen ist die starke Gewichtung musischer und bewegungsintensiver Disziplinen, so wie die griechische Kultur insgesamt ihr symbolisches Erbe in Musik, im Gesang, Tanz, Schauspiel und in Wettkämpfen tradierte. Überdies lagen die griechischen Staaten ständig im Krieg oder fühlten sich von Krieg bedroht, weshalb sich patriotisches Kulturgut und agonale Glanzleistungen großer Beliebtheit erfreuten. „Der gefeiertste Mann war in der Blütezeit der hellenischen Republiken nicht der Dichter, noch der Denker, sondern der Sieger in den olympischen Wettkämpfen" (Barth 1911, S. 97).

Unterricht

Die körperliche und geistige Ertüchtigung und das verordnete Erlernen kultureller Praktiken waren alles andere als vergnügliche Veranstaltungen. Platon selbst streicht mehrfach den Zwangscharakter des „erziehenden" Unterrichts heraus. Die für ihren Beruf nicht extra ausgebildeten Lehrer verfügten über ein sparsames Methodenrepertoire, ohne dass jemand daran Anstoß genommen hätte: Memorieren und Nachahmen in allen Fächern. Zeigten sich die Schüler unwillig, kam routinemäßig der Stock zum Einsatz.

Unterrichtsangebote

In den wohlhabenden Gebieten besaßen Eltern die Gelegenheit, ihre Kinder anspruchsvoller unterrichten zu lassen, wobei der Übergang von der elementaren zur höheren Erziehung institutionell uneindeutig war. Vertiefte Kenntnisse im Lesen und in der Literatur vermittelte der *grammatikós*; auf dem Gelände des Gymnasions – den Sport- und Kulturanlagen, die sich meist jenseits der Stadtmauern erstreckten – erteilten Gymnastiklehrer Lektionen in athletischen Übungen; für die Verbesserung der Sprach-, Debattier-, Gesangs- und Instrumentaltechnik standen Ausbilder für alle Altersgruppen bereit. Ein Benotungssystem gab es nicht, aber Leistungsbeurteilungen, Leistungsvergleiche und Auszeichnungen, insbesondere in den musischen und sportlichen Fächern, hatten einen festen Platz im Erziehungswesen (vgl. Schöneberg 1981).

Sophisten: Vermarktung von Wissen

Auch mobile Weisheitslehrer zogen durch die öffentlichen Räume, um ethisches, politisches, naturphilosophisches und historisches Wissen sowie die Kunst der Beredsamkeit in den Städten für stattliches Geld feilzubieten. Dass sich die Sophisten die Wissensvermittlung bezahlen ließen, buchstäblich Markt-Wirtschaft betrieben, ist ihnen über die Jahrhunderte angekreidet worden. Aber warum sollten sie für die Lehre keinen Lohn verlangen? Nur weil Sokrates, der zur selben Zeit unentgeltlich philosophierte, dies als schnöden Materialismus ablehnte? Dann wäre der Konflikt heute einigermaßen unbedeutend. Aber er offenbart einen tiefer sitzenden, bis in unsere Zeit reichenden Vorbehalt gegenüber der Vermarktung und Nutzbarmachung von Wissens- und Bildungsgütern: „Damit beginnt die Geschichte einer langen Feindschaft zwischen der intellektuellen und der Handelssphäre" (Ricœur 2006, S. 292).

Vorläufer des Studiums

Mit den Sophisten nahm im 5. Jh. v. Chr. eine Form exklusiver Erziehung Gestalt an, die man als eine Art Hochschulbildung ohne Hochschule bezeichnen könnte. Außerhalb eines festen organisatorischen Rahmens betätigten sich diese Intellektuellen in Personalunion als Forschende und Lehrende auf allen damals geläufigen Wissensgebieten, sie verkörperten „ihrem Wesen nach eine Artistik des Wissens, ja sogar eine Kunstlehre des Alles-Könnens und Alles-Wissens" (Sloterdijk 2009, S. 451). Der Keim des ortsgebundenen, institutionalisierten Studiums hingegen wurde ab dem 6. Jh. v. Chr. in den ruhmreichen Philosophen- und Rhetorikschulen gelegt, deren Lehrpläne und Lehrformen so unterschiedlich waren, wie die geistigen Profile ihrer Schulhäupter. Phytagoras, Platon, Aristoteles, Isokrates, Zenon, Epikur und ihre Nachfolger sorgten für die Verfachlichung des Wissens und für die Differenzierung der Fächerstruktur.

enkýklios paideía

Den als *enkýklios paideía* bekannt gewordenen curricularen Kanon aus Grammatik, Dialektik, Rhetorik sowie darauf aufbauend Arithmetik, Geometrie, Astronomie und Musiktheorie haben allerdings die wenigsten griechischen Schüler vollständig absolviert. Der erste „Lehrplan des Abendlandes" (Dolch 1982) systematisierte das zu erlernende Weltwissen, blieb aber ein in der sozialen Realität weitgehend unverwirklichtes Ordnungs- und Unterrichtsideal.

septem artes liberales

Im Römischen Reich hieß der Fächerkanon, mit Anspielung auf die Nutznießer, die freien Männer, *septem artes liberales*. Die Sieben Freien Künste setzten sich im Schul- und Studiensystem ebenfalls nur bruchstückhaft durch. Die einzelnen Fachgebiete tauchten zwar allesamt im höheren Unterrichtsangebot auf, im Allgemeinen jedoch konzentrierten sich die römischen Männer auf die literarisch-sprachliche Ausbildung, die gesellschaftlich angesehener und karrierefördernder war als das Studium mathematischer oder gar musischer Fächer. Insbesondere das künstlerisch-sportliche Spektrum büßte in Rom und seinen Provinzen rapide an Wert ein, während sich die rhetorische Artikulationsstärke und Literarität als das bedeutendste kulturelle Kapital behauptete.

Römische Schulen

In der römischen Welt blieb die Organisation des öffentlichen Unterrichts einzelnen Lehrern und Mäzenen überlassen, nur sporadisch schaltete sich in der Kaiserzeit die Staatsmacht ein. So entstand zwar kein normiertes Schulsystem, aber es kristallisierten sich kulturelle Übereinkünfte heraus. Der Unterrichtsbesuch war freiwillig, breite Schichten betrachteten ihn jedoch als unentbehrlich. Der Adel bevorzugte Privatunterricht, die übrige Bevölkerung schickte die Jungs (seltener die Mädchen) für ungefähr vier Jahre in elementare Schulen, die in den städtischen Regionen (seltener auf dem Land) in größerer Dichte entstanden. Die Kinder erwarben dort Basisfertigkeiten im Lesen, in der Orthographie, im Rechnen. Für diese Unterrichtsorte bürgerten sich – Zeichen der voranschreitenden Institutionalisierung der Lehr-Lern-Vorgänge – Allgemeinbegriffe ein: zunächst der Ausdruck *ludus*, später der Eigenname *schola*.

Weder Spiel noch Muße

So pompös im *imperium romanum* ansonsten Macht, Pracht und Stärke architektonisch zur Schau gestellt wurden, so nachlässig behandelte man die öffentlichen Orte der Erziehung. Die beliebigen Schulräumlichkeiten, wenn überhaupt welche zur Verfügung standen und nicht unmittelbar am Straßenrand unterrichtet wurde, konnten bescheidener nicht sein (vgl.

Weeber 2014). Das darin vorsichgehende Unterrichtsgeschehen passte sich sozusagen den dürftigen Äußerlichkeiten an. Niemand hätte damals von der schulischen Initiation in die Gesellschaft erwartet, dass dabei auf die Eigentätigkeit, Spielfreude oder Entdeckerlust der Kinder Rücksicht genommen werde. Von den Lehrmethoden der gering entlohnten und reputationsarmen *magister ludi*, wie die Elementarlehrer hießen, wird wenig Attraktives berichtet. Die wohlklingenden Namen *ludus* (Spiel) und *schola* (Muße), die zu verstehen gaben, dass Lernzeit keine Arbeitszeit sei, dürften manchem Schüler wie Hohn vorgekommen sein, angesichts eines bitter ernsten, anstrengenden und abwechslungslosen Schulalltags (vgl. Bormann 2006).

Gehobener Unterricht

Söhnen aus der Oberschicht, die ihre Kinder nicht unbedingt als Arbeitskräfte benötigten, und Kindern, deren Eltern sich für den sozialen Aufstieg rüsteten, standen im Römischen Reich ähnlich wie in Griechenland noch zwei zusätzliche Schulwege offen. Beim *grammaticus* wurde gelesen, auswendiggelernt, rezitiert und die Formanalyse von Klassikern betrieben – rund vier Jahre lang. Unterrichtssprachen waren Latein und Griechisch. Den Gipfel der Ausbildung erlangte man in der Rhetorikschule, die entweder parallel zum Sprach- und Literaturunterricht oder nach Abschluss des Grammatikunterrichts für mehrere Jahre zu besuchen war (vgl. Weeber 2014). Anwendungs- und praxisbezogener als auf den niederen Schulen, wurden die jungen Erwachsenen auf politische und juristische Berufslaufbahnen vorbereitet. Die Absolventen durften sicher sein, dass sie sich in den gesellschaftlichen und politischen Schlüsselpositionen wiederbegegneten.

cursus honorum, Leistungskontrollen

Das Emporkommen in politische Positionen und Verwaltungstätigkeiten regelte der *cursus honorum*. Er legte eine verbindliche Abfolge von Ämtern fest, die Stufe für Stufe bis ins höchste Gremium, den Senat, führte. Im 4. Jh. werden zudem Eignungsprüfungen und Leistungskontrollen für Studienabgänger eingeführt, weil die Herrschenden sicher gehen wollten, dass nur die Fähigsten im gehobenen Staatsdienst unterkamen. Roms Führungselite wies somit einen Grad an ausbildungsbedingter Homogenität auf, die historisch neuartig war.

Ende der öffentlichen Erziehung

Mit dem allmählichen Niedergang der antiken Welt zerbrachen auch die Elemente der öffentlichen Erziehung. Es dauerte Jahrhunderte, bevor sich in Europa unter den neuen Vorzeichen des Christentums vergleichbar dichte Erziehungs- und Berufslaufbahnstrukturen etablierten.

2 Erziehung während des Mittelalters

Dunkles Mittelalter

Zwei gegensätzliche Erzählungen verbinden sich mit dem Mittelalter. In der ersten dominieren die düsteren Töne. Berichtet wird von verheerenden Plagen der Pest, von verblendetem Glauben, unausrottbarem Aberglauben und verbreitetem Analphabetismus in allen Ständen, von fanatischen Inquisitionsgerichten, brennenden Scheiterhaufen und grausamen Kreuzzügen, von erbarmungslosen Kriegen und schockierenden Gewaltexzessen der Jugend, von dekadenter Ritterschaft, ausschweifenden Hofgesellschaften sowie von ausgebeuteter Land- und verwahrloster Stadtbevölkerung. Der Kontrast zum Bildungs- und Kulturstandard des römischen Imperiums könnte schroffer nicht sein.

Freundliches Mittelalter

Im zweiten Mittelalterbild überwiegen die freundlichen Farben. Es erzählt von sublimer Geistigkeit, die in Klöstern und Kirchen einen Ort sowie in den Schönen Künsten und theologisch-philosophischen Traktaten Ausdruck fand, von der Entstehung der Buchkultur und der Akademisierung der Erziehung, von stillen Taten christlicher Barmherzigkeit und Heiligenverehrung, von ausgelassener Festkultur und der Keuschheit höfischer Liebe, von politisch weitsichtig handelnden Herrschern, von ritterlicher Treue, Großmut und Tapferkeit, vom noblen Verhalten am Hof und in den Burgen und lebensfroher Naturverbundenheit in den Hütten. Das ist der Stoff, aus dem sich seit dem 19. Jh. romantische Sehnsüchte und Legendenbedürfnisse einer vom Zivilisationsprozess entzauberten Moderne nähren.

Gleichzeitigkeit der Gegensätze

Sieht man von den klischeehaften Simplifizierungen ab, die beide Bilder enthalten, so bestehen sie aus historischen Teilwahrheiten, die zusammen genommen die antagonistische Wirklichkeit des Mittelalters recht gut einfangen. Es kann nicht in Erstaunen setzen, dass in dieser langen Epoche Prozesse der Zivilisation und Akte der Unmenschlichkeit, die Vergeistigung des Verhaltens und die Verrohung der Sitten, massenhaftes soziales Elend und immenser Wohlstand von Minoritäten, Fortschritte in der Erziehung und stagnierende Unbildung koexistierten. Im Grunde ist die ganze Geschichte des Abendlandes beherrscht von der Gleichzeitigkeit solcher Gegensätze. Ungewöhnlich ist vielmehr, wie sehr die historischen Antagonismen des Mittelalters in einer seit der Renaissance tendenziösen Rezeption verwischt worden sind, die entweder die Schatten- oder die Lichtseiten überzeichnete.

Unterschiede in der Entwicklung

Für eine seriöse Analyse der mittelalterlichen Geschichte macht es einen gewaltigen Unterschied, mit welchem historischen Abschnitt, welchem geographischen und politischen Gebiet und mit welcher sozialen Gruppe man sich befasst. Das frühe und das späte Mittelalter weisen auf allen Ebenen dermaßen gewichtige Unterschiede auf, dass sogar an der Berechtigung einer gemeinsamen Epochenbezeichnung Zweifel aufkommen. So sah sich die ab 500 n. Chr. für rund fünf Jahrhunderte ziemlich eingefrorene Erziehungslandschaft im Hoch- und Spätmittelalter von neuen Kräften belebt, die das Gesicht der pädagogischen Landschaft so sehr veränderten, dass in manchen Zügen bereits die Neuzeit sichtbar wird. Eine ausführliche Studie des Mittelalters hätte, mehr als dies hier zu leisten ist, zudem die regionalen Besonderheiten und länderspezifischen Entwicklungen zu berücksichtigen; die Epoche nahm im Westen einen deutlich anderen Verlauf als im Osten und südlich der Alpen einen anderen als in den nordalpinen Regionen. Das gilt für alle nachfolgenden Zeitabschnitte ebenfalls, aber die für Europa typische Vielfalt der Länder, Kulturen, Volksprachen und Sitten sowie die damit einhergehenden Austausch-, Assimilations- und Abgrenzungsvorgänge treten erstmals im Mittelalter zu Tage.

Drei Stände und Kulturen

Allerdings weisen fast alle europäischen Länder dieser Epoche auf soziokultureller Ebene gleichartige Strukturen auf. Sie lassen sich am besten am Ständesystem festmachen. Vereinfacht gesprochen spalteten sich mittelalterliche Gesellschaften in zwei privilegierte, höhere Stände und einen niederen Stand. Die beiden höheren Stände waren: hinter Klostermauern der Klerus (der Lehrstand, die Betenden: *oratores*) und hinter Burgmauern, auf Guts- und Freihöfen der Adel, die Ritter und Ritterschaft (der Wehrstand: *bellatores*). Der niedere Stand umfasste die Arbeitenden (*laboratores*): Bauern auf dem Land, Bürger in den Städten. Jeder Stand verfügte über eigene Lebens- und Ausdrucksformen, Statussymbole und Wertesysteme, weshalb in der Forschung zwischen den voneinander relativ unabhängigen Feldern der klerikalen Kultur, der ritterlich-höfischen Kultur und der Volkskultur unterschieden wird (vgl. Paravicini 1999).

Überlieferung

Die Überlieferungslage bringt es mit sich, dass in den Vorstellungen vom Mittelalter die Praktiken und Anschauungsweisen der sozialen Eliten wesentlich umfangreicher repräsentiert sind als die Lebensgewohnheiten und Mentalitäten der Bevölkerungsmehrheit. Was an politischen Dokumenten, Selbstzeugnissen und künstlerischen wie wissenschaftlichen Werken erhalten ist, stammt fast ausschließlich aus ritterlich-höfischer und klerikaler Kultur. Die arbeitende Bevölkerung besaß so gut wie keine politischen Beteiligungsmöglichkeiten. Auch der Zugang zur institutionellen Erziehung, und somit das Erlernen der lateinischen Amts-, Literatur- und Wissenschaftssprache, war den meisten verwehrt. Jenseits der ohnedies wenig verbreiteten Schrift- und Bildmedien haben sich die niederen Stände kultureller Artikulations- und Enkulturationsformen bedient, die nicht fixiert wurden und deshalb nur spärlich überliefert sind: Lieder, Tänze, mündliche Erzählungen. Erst in den letzten Jahrhunderten des Mittelalters werden volkssprachliche Geschichten und Sagen aufgezeichnet, am bekanntesten das „Nibelungenlied".

Untergang des Römischen Reiches

Bei der Beschreibung dieses Zeitalters ist weiterhin belangvoll, von welcher Blickrichtung aus man es betrachtet. Schaut man vom Römischen Reich aus auf die das antike Imperium erfassenden Veränderungen, dann rücken besonders solche Vorgänge ins Sichtfeld, die in ihrer Gesamtheit wie ein Untergangsszenario anmuten, wodurch das anschließende Mittelalter in keinem besonders günstigen Licht erscheint. Zwei Vorgänge waren im Wesentlichen für die Auflösung der römischen Weltmacht und die gleichzeitige Entstehung des mittelalterlichen Europas verantwortlich: die Völkerwanderung und die Christianisierung.

Völkerwanderung

Von außen brachten Volksbewegungen allen voran germanischer Stämme die sozio-politische Stabilität des Römischen Reiches ins Wanken. Obgleich sich die Akkulturation der heterogenen ethnischen Gruppen in vielen Gebieten konfliktloser vollzog als es Zerrbilder vom Ansturm blutrünstiger Barbaren glauben machen, waren die Reichsstrukturen den massiven Expansions- und Eroberungszügen der Goten, Franken, Alemannen und Vandalen, die alle ihre eigenen Kulturen mitbrachten, auf Dauer nicht gewachsen. 410 eroberte Alarich, König der Westgoten, Rom und besiegelte den Untergang der alten Welt.

Ein Katastrophenpanorama

Was sich daraufhin in den Germanenstaaten ereignete, lässt sich, wenn man vor etwas pompösen Darstellungen nicht zurückschreckt, als ein Katastrophenpanorama schildern. „Etwa fünfhundert Jahre lang, von 500 bis 1000 n. Chr.", schreibt der Soziologe Richard Sennett (1997, S. 193), „welkten die großen römischen Städte dahin. Ein Großteil Europas fiel zurück in eine primitive Landwirtschaft; einfache Menschen standen oft am

Rande des Hungertodes, die Landbevölkerung war den Angriffen durchziehender Stämme in der Zeit der Völkerwanderung schutzlos ausgesetzt. Nur isolierte, von Mauern umschlossene Klöster und Abteien, die hier und da in der Landschaft lagen, boten den wenigen Zuflucht, die sie in der Not erreichten."

Aufstieg des Christentums

Die geschützten Orte der Geistlichkeit sollten sich auch als Zufluchtsorte und Impulsstätten der Erziehung entpuppen. Das führt zu einer anderen Lesart der mittelalterlichen Geschichte. Neben den Verwüstungen der Völkerwanderung gab nämlich eine zweite, eine geistige Macht von innen her dem geschwächten Imperium ein neues Gepräge: das Christentum. Nimmt man den Standpunkt der Christenheit ein, dann steht das Mittelalter nicht für das Ende einer Epoche, sondern für den eindrucksvollen Aufstieg einer winzigen Glaubensgemeinschaft zu einer Weltreligion. Noch Anfang des 4. Jhs. gnadenlos verfolgt und massenhaft hingerichtet, wuchs den Christen unaufhörlich eine Anhängerschaft heran, die gewillt war, den überkommenen Kulten, der heidnischen Lebensweise und dem Polytheismus abzuschwören. Der mächtigste Konvertit war der römische Kaiser Konstantin I., der die christliche Religion ins politische Kalkül aufnahm, sie im Jahre 313 legalisierte und ihr damit den Weg freimachte, auf dem sie, Rückschlägen trotzend, zur Staatsreligion aufstieg.

Religiöse Einheit der Epoche?

Das Christentum wurde zur bestimmenden Informations-, Deutungs- und Ordnungsmacht, die sich in der Kirche eine beispiellose soziale Organisationsform schuf, deren unangefochtene Monopolstellung erst am Ausgang des Mittelalters Anzeichen der Schwächung aufweist. Die Bedenken am einheitlichen Epochencharakter können also mit dem Hinweis auf die „religiöse Einheit" der mittelalterlichen Welt zerstreut, wenn auch nicht gänzlich beseitigt werden. Die Zeitspanne gilt zurecht als die schlechterdings christliche Epoche des Abendlandes, von der es heißt: „Alle Wertnormen des geistigen und sittlichen Lebens" speisten sich „ausschließlich aus den religiösen Dimensionen des Christentums", das als „absoluter Bezugsrahmen in allen Lebensbereichen", also auch in der Erziehung, fungierte (Boehm 1988, S. 145f.).

Andersgläubigkeit, jüdische Gemeinden

So vollkommen geschlossen, wie die christlichen Ordnungshüter es sich wünschten und historische Darstellungen gelegentlich suggerieren, war das mittelalterliche Wertesystem wiederum nicht. In den jüdischen Gemeinden etwa, die sich vorwiegend entlang des Rheins ansiedelten, wurden eine eigenständige Religiosität, charakteristische Lebensgewohnheiten und Erziehungskulturen gepflegt. Immer wieder waren Juden im Mittelalter Massakern und hasserfüllten Vertreibungen ausgesetzt. Sie gipfelten in den Pestpogromen um 1349, mit denen der Großteil des jüdischen Lebens, der Talmudschulen und rabbinischen Gelehrtentradition in den rheinischen Gebieten ausgelöscht wurde (vgl. Herzig 2013).

Unglaube

Besonders auf dem Land hielten sich zudem hartnäckig Volkstraditionen, Erziehungsgewohnheiten und Bräuche aus vorchristlicher Zeit. Die Menschen des Mittelalters waren auch beileibe nicht durchgängig gottesfürchtig und fromm. Die mitunter verbissenen Bemühungen der Kirche, über Vorschriften, Missionen, Predigten, Seelsorge und Sakramente das Volk zur Glaubenstreue zu erziehen, verraten, dass sich selbst in der von christlichen Ritualen und Symbolen durchdrungenen mittelalterlichen Gesellschaft die

Glaubensgewissheit nicht wie von selbst einstellte, und dass Unglaube und Areligosität niemals endgültig verschwanden.

Grundherrschaftliche Gesellschaft

Dass die „europäische Landschaft aus Furcht und Mangel" (Sennett 1997, S. 193) sich ungefähr ab dem Jahre 1000 zu erholen begann, hängt maßgeblich mit dem Aufkommen des Feudalismus zusammen, der den Grundherren Reichtum und den leibeigenen Untertanen ein größeres Maß an finanzieller und äußerer Sicherheit bescherte. Allerdings waren nur ein Bruchteil der Bevölkerung unmittelbar in feudale Strukturen und Lehnswesen eingebunden. Von Frankreich etwa ist bekannt, dass höchstens ein Fünftel der Gesamtbevölkerung ein Burgleben führte und nur jeder Dreißigste ein Lehen empfing. Das Alltagsleben der Mehrheit wurde vielmehr durch den Umstand geprägt, dass es in monokratischen Herrschaftsstrukturen eingebunden war. Mit dem französischen Mediävisten Robert Fossier (2009) wäre deshalb besser von einer guts- oder grundherrschaftlichen Gesellschaft statt wie üblich von einer Feudalgesellschaft zu sprechen.

Entwicklungen im Hoch- und Spätmittelalter

Die sich verfestigende Gesellschaftsordnung eröffnete im Hochmittelalter den Raum für eine Vielzahl von sozio-kulturellen Bewegungen, die sich gegenseitig, wenn auch niemals spannungsfrei, bei der Transformation der europäischen Verhältnisse in die Hände spielten. Nahezu sämtliche Lebensbereiche wurden von der Zugkraft dieses „unerhörten Aufschwungs" (Le Goff 2007, S. 203) ergriffen. Die Verstaatlichung von Territorien und die Verstädterung nahm seit dem 11. Jh. rapide zu, ein erstarkendes Bürgertum kurbelte den Handel an, die Agrarwirtschaft verbuchte dank des verbesserten Handwerkzeugs und der Auflösung des Fronhofsystems spürbare Effizienzgewinne. Auch das Christentum bewegte sich. Machtvolle Bettelorden, am berühmtesten die Franziskaner und Dominikaner, suchten anders als die älteren Ordensgemeinschaften die Nähe des urbanen Lebens, doch sie verweigerten sich der – letztendlich unaufhaltsamen – Ökonomisierung der Lebenswelt. Mit der Scholastik eines Anselm von Canterburys oder Thomas von Aquins hielten *ratio* und *disputatio* Einzug in das bis dahin vorwiegend doktrinäre klerikale Denken und Lehren. Sowohl in der Theologie, in der Jurisprudenz und der Medizin als auch in allen anderen damals bekannten Wissenszweigen begannen wissenschaftliche Methoden des Erkenntnisgewinns Fuß zu fassen. Der Bedarf an qualifizierten Fachkräften in den komplizierter werdenden Verwaltungs- und Herstellungssystemen stieg, neue Berufszweige und Ausbildungswege taten sich auf. Mit technischen Weiterentwicklungen und Erfindungen wie den Draht- und Papiermühlen, dem Spinnrad, dem Kompass und im 15. Jh. dem Buchdruck nahm die spätmittelalterliche Welt schließlich endgültig Kurs auf die neuzeitliche Produktionsgesellschaft.

2.1 Kindheit im Christentum

Kindheit

Im sehr unwahrscheinlichen Fall, dass ein höfisch gebildeter Edelmann, ein gelehrter Mönch und eine Bäuerin sich damals miteinander über Erziehungsfragen ausgetauscht hätten, darf man annehmen, sie wären sich problemlos einig geworden, dass Kinder prinzipiell von Erwachsenen zu unterscheiden seien. Das ist keine triviale Feststellung, da noch immer die Ansicht im Umlauf ist, in der mittelalterlichen Welt habe man das Kind wie einen „Abklatsch des Erwachsenen" (Caron 1997, S. 171) behandelt, und eine Differenzierung zwischen den beiden Lebensperioden sei schwach oder gar nicht vorhanden gewesen. Für diese These scheinen vor allem der raubeinige Umgang mit den Kleinen und ikonographische Darstellungen zu sprechen, auf denen Kinder die Gesichtszüge älterer Menschen tragen. Die neuere Forschung kommt dennoch zu anderen Schlüssen. Zahlreiche Dokumente des mittelalterlichen Schrifttums, in denen die Lebenswirklichkeit, das Verhalten, die Spielkultur und die äußere Erscheinung des Nachwuchses beschrieben werden, lassen keinen Zweifel daran, dass Kinder als solche wahrgenommen wurden (vgl. Shahar 1991; Orme 2001).

Noch-nicht-Erwachsene

In Knaben und Mädchen sah man keine Miniatur-Erwachsene, sondern Noch-nicht-Erwachsene. Auf den besagten Bildnissen ist ihnen ihre Bestimmung, erwachsen zu werden, buchstäblich ins Gesicht geschrieben. Für den momentanen Entwicklungs- oder Seinszustand der Kinder brachte das Mittelalter eine, verglichen mit modernen Einstellungen, geringe Wertschätzung auf. Erst in künstlerischen Darstellungen des 13. Jhs. wird eine Aufwertung der Kinder als Kinder sichtbar. Sie ging einher mit einer symbolischen Überhöhung und Verklärung der kindlichen Wesensart.

Fürsorge

Folgt man Mediävisten wie Nicholas Orme (2001) oder Robert Fossier, dann genossen Kinder im Mittelalter zwar für gewöhnlich nicht den Nimbus des Heiligen, aber an emotionaler Zuwendung mangelte es ihnen nicht: „Obwohl das Kind nicht wie heute König war, weil es rasch auf den Kampf ums Überleben vorbereitet werden musste, wurde es mit einer durchaus mit heute vergleichbaren Zärtlichkeit, Fürsorge und Aufmerksamkeit aufgezogen" (Fossier 2009, S. 61). Träfe dies zu, dann wäre die noch immer vorherrschende Meinung zu korrigieren, wonach die Eltern-Kind-Beziehung, speziell in den ersten, noch stark von Volksbräuchen bestimmten Jahrhunderten des Mittelalters, vor allem auf Strenge, Unachtsamkeit und Kühle beruhte (vgl. Lyman 1980). In der Tat nehmen seit dem 8. Jh. in den biographischen und autobiographischen Quellen die Hinweise auf wachsende Sensibilität und Herzlichkeit den Kindern gegenüber zu (vgl. McLaughlin 1980). Auch ethnographische Studien widersprechen der Annahme, Kinderliebe sei im Mittelalter unbekannt gewesen (vgl. Le Roy Ladurie 2000).

Misshandlungen

Nicht zu leugnen sind aber auch die mannigfachen Zeugnisse von Misshandlungen, von Kindsaussetzungen und Kindstötungen sowie die überwältigenden Belege unglaublich harter Züchtigungen. Die Prügelstrafe war im Haus, im Kloster und in der Schule eine Selbstverständlichkeit und wurde auch in der damaligen Erziehungsliteratur, sofern mit bedacht gehandhabt, zumeist gerechtfertigt (vgl. Shahar 1991). Fossier vermutet hinter den derben Mitteln, mit denen man erzieherisch zu Werke ging, keine Gleichgültigkeit oder Geringschätzung und auch keine Überbleibsel heidnischer Gesittung, sondern religiöse Motive: Störrische oder übermütige Kinder seien gezüchtigt worden, um sie auf den Pfad der Gottesfurcht zu bringen.

Lieblosigkeit

Ob überbordende Liebe und elterliche Empathie wirklich so verbreitet waren, wie mancher Mittelalterspezialist meint, ist zweifelhaft und zumindest für das frühe Mittelalter auszuschließen. Der Kirchenvater Augustinus etwa hat im ersten Buch seiner Lebenserinnerungen (Augustinus 2008) die mitleidlose Strafpraxis seiner Schulzeit plastisch beschrieben. Noch qualvoller allerdings als das fürchterliche Matern mit Stock oder Peitsche blieb ihm die herzlose Reaktion seiner Eltern in Erinnerung: Statt Trost spendeten die Erwachsenen nichts als Hohn.

Achtlosigkeit und Gefahren

Eher ein Indiz für Nachlässigkeit und Achtlosigkeit als für Behütung und Zuwendung sind auch die von Kindern erlittenen Unfälle in Haus und Hof, von denen in literarischen, medizinischen und pädagogischen Dokumenten vielfach die Rede ist. Zwischenfälle waren in den kinderreichen Familien, egal ob im Adel oder auf dem Land, an der Tagesordnung, ohne dass viel Aufhebens davon gemacht wurde: Säuglinge kippten aus der Wiege, Kleinkinder verschluckten Gegenstände, stürzten aus Fenstern und von Türmen, verbrannten sich. Solche Vorkommnisse waren eher Lappalien als Tragödien in einer Welt, in der existentielle Gefährdung, Zerstörung, natürlicher und gewaltsamer Tod zu den Alltagserfahrungen zählten; Norbert Elias nannte das Leben im Mittelalter nicht von ungefähr „ein Dasein ohne Sicherheit" (Elias 1976, S. 277). In klerikalen und weltlichen Kreisen erhoben sich indes Stimmen, die den Eltern einschärften, weniger Fahrlässigkeit im Umgang mit ihren Kindern walten zu lassen, zumal auch lebensgefährliche Körperverletzungen, nicht selten mit tödlichem Ausgang, zu den allgegenwärtigen Gefahren gehörten. In Haushalten der Oberschicht wurden Ammen für Betreuungs- und Erziehungstätigkeiten eingestellt, die meist aus sozial belasteten Verhältnissen stammten und nicht selten einen zusätzlichen Risikofaktor darstellten. „Viele Kinder, deren Ammen tranken, erstickten in deren Bett, wurden von Haustieren angefallen oder fielen der Amme ins Feuer oder ins Wasser" (Shahar 1991, S. 166).

Frei von Erziehung

Was heute als Sorglosigkeit anmutet, hatte für die Heranwachsenden die Konsequenz, dass sie ihre Tage recht ungezwungen verbringen konnten. Allerdings nicht Säuglinge und Kleinkinder, deren Bewegungsdrang im Wortsinne eingeschnürt wurde, da man die kreatürlichen Impulse für unerwünschte Überbleibsel des Animalischen hielt. Älteren Kindern erging es besser. „Im Alltag führten die Kinder bis ins Alter von sieben Jahren ein ziemlich freies Leben, mit Ausnahme derer, die früh ins Kloster geschickt wurden" (ebd., S. 120). Frei bedeutet hier: Sie bewegten sich, bis sie Unterricht erhielten, als Arbeitskraft eingebunden oder verheiratet wurden – was bei Mädchen früh eintreten konnte –, meist ungestört in der Natur oder in der Welt der Erwachsenen, in der kindgerechte Requisiten (Spielgeräte, Puppen, Murmeln etc.) nur in sparsamer Menge vorhanden waren. In der neuzeitlichen Pädagogik von Rousseau über Korczak bis in die Gegenwart wird gegen die zukunftsfixierte, pädagogische Verplanung der Kinder deren Recht auf den Augenblick eingeklagt. Solch eine Forderung wäre den Eltern des Mittelalters unverständlich gewesen, da sie gewohnt waren, ihren Nachwuchs, solange er keinen Unfrieden stiftete, bedenkenlos sich selbst zu überlassen. So lernten die Kinder hauptsächlich durch Teilnahme und Erfahrung, ohne dass dies bewusst als „partizipatorisches Lernen" intendiert oder erzieherisch gelenkt worden wäre. Ariès (1978) hat in seiner bahnbrechenden Studie vortrefflich den breiten Raum durchmessen, den das informelle, soziale Erfahrungslernen in jener Zeit einnahm.

Verbessert die Erziehung!

Die gezielte, planmäßige Erziehung der Kinder wurde derart inkonsequent gehandhabt, dass in den Predigten der Kirchenmänner die Klagen darüber niemals verstummten. Besonders hart gingen sie mit den Vätern ins

Gericht, deren Pflicht es sei, den Heranwachsenden sittliche Stärke und Glaubensfestigkeit beizubringen, während die Mütter vorwiegend mit den versorgenden Tätigkeiten der Ernährung und Pflege betraut wurden. Dass die Mütter viel häufiger als die Väter die „männlichen" Erziehungsaufgaben erfüllten, stimmte mit den Rollenvorstellungen der klerikalen und weltlichen Mächte nicht überein, ist meistens aber akzeptiert oder einfach ignoriert worden. Die Väter mussten sich jedoch den Vorwurf gefallen lassen, sie versorgten ihre Nachkommen zwar mit Hütten, Land und Pferden; „daß aber die Seele deines Sohnes schön und seine Gesinnung gottesfürchtig sei, darum kümmerst du dich überhaupt nicht" (Chrysostomos 1968, S. 34). Freilich war den hohen Ansprüchen der Geistlichkeit auch schwer zu genügen. Die Väter waren gewiss nicht generell uninteressiert an der geistigen und moralischen Wohlgeratenheit ihrer Kinder, und sie griffen auch ein, wenn ihnen deren Verhalten Ärger oder Sorge bereitete. Gleichwohl dürfte es nicht einmal den besorgtesten Eltern in den Sinn gekommen sein, dass sie in Belangen der Erziehung kompetenten Rat benötigten. Die Epoche hat nicht umsonst weit mehr Bücher über Pferdezucht als über Kinderpflege hervorgebracht (vgl. Fossier 2009).

Altersstufen nebensächlich

Ein bedeutsamer Unterschied zur modernen Kindheitsvorstellung folgt aus dem Umstand, dass die soziale Wirklichkeit des Mittelalters beinahe frei von altersstufenbezogenen Reglements war, die erst Jahrhunderte später mit der Normierung und Institutionalisierung des Erziehungs- und Berufswesens Einzug halten. Genaue Vorschriften etwa, ab wann und für wie lange ein Kind schulischen Unterricht erhalten solle, erlangen erst in der Neuzeit Geltung. Eine in Zeitstrukturen untergliederte Vorstellung vom Anfang, Verlauf und Ende der Kindheit war den Menschen des Mittelalters ebenfalls unbekannt. Insbesondere auf dem Land vermochten viele das eigene Alter nur ungenau anzugeben, von so nebensächlicher Bedeutung war es. Praktisch relevant war dagegen die Differenzierung der Lebensstadien nach physiologischen Merkmalen, sozialen Positionen und Funktionen. Säuglinge, Kinder, jugendliche Männer und Frauen, Jungverheiratete, Väter, Mütter, Witwen und dergleichen: Das waren für mittelalterliche Gesellschaften brauchbare Kategorien, die aber höchstens einen ungefähren Altersbezug aufwiesen (vgl. Pastoureau 1996).

Einteilung der Altersgruppen

Strengere Altersklassifikationen finden sich im gelehrten Schrifttum zur analytischen Beschreibung von Entwicklungs-, Verhaltens- und Statusunterschieden. Verbreitung erlangte die nach antikem Muster vorgenommene formale Untergliederung der Lebensspanne in Siebenjahresabschnitte. Zur Kindheit zählten drei Phasen: die *infantia* (null bis sieben Jahre), die *pueritia* (sieben bis 14 Jahre) und die *adulescentia* (14 bis 21 oder 28 Jahre). Zur Jugend (*juventus*) gehörten Männer ungefähr zwischen 21 und 35 Jahren, aber auch ältere. Besaß ein Mann weder Eigentum noch Ehefrau, so fehlten ihm die Insignien des Erwachsenseins und des Hausherren. Er verharrte somit im Stadium der Jugend, obgleich er kalendarisch seit Jahren oder Jahrzehnten die Gruppe der *virilitas* erreicht hatte.

Kinder als Rechtspersonen

In der Frage, mit welchem Alter die Volljährigkeit beginnt, erzielte die Epoche keine Übereinkunft. Doch die Entstehung des öffentlichen Strafrechts im Spätmittelalter, dessen entsetzliche Sanktionsformen an die Stelle des privatrechtlichen Bußensystems traten, erhöhte den Klärungsbedarf.

Die Entscheidung, ob Kinder und Jugendliche im Deliktfall dieselben Strafen zu gewärtigen haben wie Erwachsene, fiel in den Gerichtsbezirken uneinheitlich aus. Verhandlungsakten lassen den Schluss zu, dass Heranwachsenden bis zu einem Alter von 14 Jahren meistens eine verminderte Verantwortlichkeit zugute gehalten wurde. Das hinderte die Rechtsprechung jedoch nicht daran, gegen delinquente und vermeintlich abgrundtief böse Kinder erbarmungslose Strafen, selbst die Todesstrafe, zu verhängen. Barbarisches Mittelalter? Damit würde man es sich zu einfach machen. Das aus heutiger Sicht unverhältnismäßige Strafmaß und die geringfügige Berücksichtigung der eingeschränkten Schuldfähigkeit von Jugendlichen und Kindern sind keine typischen Merkmale des Mittelalters, sie überlebten die Epoche um etliche Jahrhunderte. Noch in den ersten Jahrzehnten der europäischen Aufklärung, als man das christliche Zeitalter hinter sich glaubte und den Strafvollzug auf gemäßigtere Formen einzustellen begann, fanden Hexenprozesse gegen Kinder (vgl. Beck 2011) und öffentliche Hinrichtungen statt, die mehr Schaulust als Empörung auslösten. Der spätere Pfarrer Johann Christian Müller etwa, dessen Erinnerungen wir viele aufschlussreiche Beobachtungen verdanken (Müller 2007), war Zeuge, wie um 1740 vor den Toren Jenas ein 16-Jähriger gehängt wurde, weil er neben geringfügigen Diebstählen der Kirchenschändung für schuldig befunden wurde: Der Junge hatte auf einem Altar seine Notdurft verrichtet.

Christliche Vorstellungen vom Kind

In Vielem erinnert die mittelalterliche Einstellung zum Kind an die des Altertums. Doch mit dem Christentum erlangten auch einschneidende Neubewertungen des Kindes Gültigkeit, die aber nicht von heute auf morgen ins Denken und Handeln der Menschen eindrangen. Obenan ist zu erwähnen, dass Neugeborene nach christlicher Überzeugung grundsätzlich für lebenswert erachtet wurden. Dem eigenmächtigen Töten oder Aussetzen von Kindern, häufig der sozialen Not geschuldet, war damit zwar noch lange nicht der Garaus gemacht, aber die moralische Basis entzogen. Als Geschöpfe Gottes, nach seinem Ebenbild erschaffen, besaßen prinzipiell alle Menschen ein Anrecht darauf, zur Seligkeit geführt zu werden. Das schloss auch geistig oder körperlich behinderte Kinder ein, die vielfach den Klöstern übergeben wurden. Beim griechischen Priester Johannes Chrysostomos steht die uneingeschränkte, dem Wohl des Aufwachsenden verpflichtete Richtlinie zu lesen: „[...] für unsere Kinder wollen wir große Sorge tragen, und überall wollen wir ihr Seelenheil suchen" (Chrysostomos 1968, S. 35).

Ambivalentes Verhältnis zum Kind

Doch die christliche Vorstellung vom Kind, die auch in der Praxis wirksam wurde, war von einem Zwiespalt gezeichnet. Kinder galten den Glaubenssätzen nach als lebenswert, aber das heißt nicht unbedingt als liebenswert. Man lese in den „Bekenntnissen" von Augustinus (2008) jene Passagen, in denen er mit dem unnachsichtigen Blick des affektkontrollierten Erwachsenen das triebhafte, ungestüme Wesen der Kleinkinder beschreibt. Deren Weinen und Schreien vermag der Kirchenvater nur so zu deuten: als Zeugnisse eingefleischter Sündhaftigkeit.

Sünde

Mit der großen Erzählung von der Sünde schreibt das Christentum ein neues Kapitel in der Geschichte der Kindheit. In seinem „Handbüchlein über Glauben, Hoffnung und Liebe" („Enchiridion"), eine der verbreitetsten Schriften der Epoche, erklärt Augustinus (1877b, S. 622) Kinder zu doppelten Sündenträgern: Sie tragen vom ersten Atemzug an die Last der Sünde Adams und sie sind „angesteckt" von den Sünden ihrer leiblichen Eltern. Jedes Kind stand zudem in der Gefahr, durch eigenes Handeln das ererbte Sündenregister zu verlängern. Die in der Neuzeit aufkommende Vorstellung von unbeschwerter, unschuldiger Kindheit konnte in dieser Atmosphäre des moralischen Vorbehalts nicht gedeihen.

Achtung und Anerkennung

Doch mit der Eingliederung in die ehrwürdige Generationenkette, die über den Familienstamm bis auf das erste Elternpaar der Schöpfung zurückreichte, wurde den Nachkommen nicht nur Schuld und Sünde aufgebürdet. Jedes Kind gewann zugleich das Ansehen eines menschheitsgeschichtlichen Erbfolgers, dem mit Eintritt in die Welt automatisch Achtung und Anerkennung gebührte. So verfestigte sich das von Grund auf zwiespältige Verhältnis zum Kind.

Erlösung von der Sünde

Ist es möglich, chronische Sünde zu kurieren? Diese Problematik bewegte das Mittelalter wie kaum eine andere. Zur Lossprechung von den un- und selbstverschuldeten Sünden machte die Kirche die Sakramente zur Pflicht: Taufe, Kommunion, Beichte, Eucharistie. Wer sie nicht empfing, mochte bestenfalls in den Vorhof der Erlösung gelangen, aber keinen Schritt weiter. Das drohte etwa Neugeborenen, die ungetauft starben, denn die Taufe galt gleichsam als „der unverzichtbare Paß zum Jenseits" (Buguière / Lebrun 1996b, S. 128). Eine andere Bedingung sündenfernen Lebens war das Handeln im Glauben, das wiederum angewiesen war auf die Gnade Gottes. Die Kirchengelehrten waren zerstritten in der Frage, ob die Menschen über einen freien Willen verfügten, der sie unter Umständen zu Komplizen des Bösen macht. Aber man war sich einig darin, dass niemand das Gute aus eigener Kraft vollbringen könne. Jeder Mensch, führte Thomas von Aquin aus, bedürfe „der göttlichen Hilfeleistung, daß er von ihr zum guten Tun" angeregt werde (Thomas von Aquino 1985, S. 511).

Grenzen der Erziehung

Dieser Sündenkomplex definierte maßgeblich den gesellschaftlichen Stellenwert der Erziehung. Das Mittelalter knüpfte zu keiner Zeit unmittelbare Heilserwartungen an das erzieherische Handeln; das blieb dem Zeitalter der Aufklärung vorbehalten. Mittelalterliche Erziehung geschah zum einen im Bewusstsein des Unverfügbaren der menschlichen Existenz und der letzten Endes gottgezogenen Grenzen, die den Gestaltungsspielräumen und Einflussmöglichkeiten der Menschen gezogen waren. Und zum anderen im Interesse der Überlieferung, die zu bewahren, zu verbreiten, zu lehren, aber nicht in Frage zu stellen war. Disziplinierung, Empfänglichmachen für das Wort Gottes und Wissensvermittlung – das waren sowohl die Eckpfeiler in der privaten Erziehung als auch die drei tragenden Säulen, auf denen das öffentliche Erziehungswesen aufbaute.

2.2 Universitäten und Schulen

Aufbau aus Trümmern

Die Völkerwanderung hinterließ vom antiken Bildungswesen, abgesehen von vereinzelten Überresten, die sich hier und da bis ins 7. Jh. hielten, nur wenig mehr als Schutt und Asche. Im darauf errichteten Neubau, aus dem in langen Prozessen die europäischen Schulsysteme hervorgingen, befand sich kein Stein, dem nicht die Prägungen des Christentums eingebrannt waren. Die nach dem Triumph der christlichen Religion entwickelten Unterrichtsstrukturen verfügten über einen unverwechselbaren Charakter, wären aber ohne die konzeptionellen Vorgaben der Antike undenkbar.

Institutionalisierung

Der Schultheoretiker Helmut Fend hat den Unterschied zwischen dem antiken und dem christlichen Bildungswesen am Bestreben festgemacht, Lehrangebote und Bildungsverläufe zu institutionalisieren. Die Organisation spätantiker Schulen hing überwiegend von der Willkür Einzelner ab, es fehlten übergeordnete Kontrollinstanzen, feste Lokalitäten, verbindliche Kodifikationen und Statuten. Die Bildungsprozesse römischer Bürger gingen, je nach standesspezifischen Gutdünken und Vermögen, überwiegend privat vonstatten. Es bedurfte sozusagen der Institution der Kirche, damit eine planvolle Vereinheitlichung der Unterrichtsstrukturen und infolgedessen eine Entprivatisierung der Erziehung in Angriff genommen werden konnte. „Im Schoß der Kirche bestand ein *institutionelles* Interesse an einem geschulten Nachwuchs und an geschulten Experten. Es verhalf zu Kontinuität in der Ausbildung und zu festen Orten des Lehrens und Lernens" (Fend 2006, S. 65). Als glorreichen Musterfall der institutionalisierten Erziehung hebt Fend, wie ungezählte Autoren vor ihm, die Entstehung der mittelalterlichen Universität hervor, mit der die Wissens-, Experten- und Ausbildungskultur des Abendlandes in organisatorischer und methodischer Beziehung einen vergleichslosen Weg einschlug, den sie nicht wieder verlassen sollte.

Universitätsgründungen

Ausgerechnet die Geschichte der Universität nötigt aber auch zu einer abweichenden Lesart, in der das institutionelle Interesse des Christentums in einem nicht ganz so glänzenden Licht erscheint. Bildungshistorisch sind die Universitätsgründungen des Mittelalters von epochaler Bedeutung, doch sie sind bei weitem nicht exemplarisch für das gesamte Unterrichtswesen der 1000-jährigen Epoche. Allein die Tatsache, dass die ersten universitären Körperschaften erst im Lauf des 12. Jhs. den Lehrbetrieb aufnahmen, schmälert ihren repräsentativen Charakter. Was die allgemeine Wahrnehmung und die Absolventenfrequenzen der Universitäten anlangt, hat man sich ebenfalls vor übertriebenen Vorstellungen zu hüten. An den meisten Menschen ging die Erfindung unbemerkt vorüber, was Robert Fossier zu dem spöttischen Kommentar bewegte: „Die Schaffung des sogenannten *studium generale* ist ein ausschließlich städtisches Phänomen: Pech für die vier Fünftel der Bevölkerung, die auf dem Land leben und wahrscheinlich nie davon gehört haben!" (Fossier 2009, S. 426).

Selbstorganisierte Wissenschaft

Irrtümlich wäre auch die Annahme, hauptsächlich religiöse Beweggründe hätten die Grundsteinlegung der europäischen Universität veranlasst. Die Entstehung verdankte sich der Initiativen von Lehrenden (in Paris) und Lernenden (in Bologna) und nicht etwa klerikaler oder königlicher Entscheidungen. Geistliche wie weltliche Gewalten bemächtigten sich zwar der neu entstandenen Stätten exklusiven Wissenstransfers, doch der freigesetzte Geist selbstorganisierter Wissenschaft konnte sich der fremdbestimmten Lenkung durch Kirche und König auch immer wieder entziehen.

Ortsunabhängige Universitäten

Schwach institutionalisiert zeigt sich die mittelalterliche Universität auch in ihrer wenig ausgeprägten Ortsgebundenheit. Die ersten Anstalten besaßen keine festen Lehrstätten, kein eigenes Inventar, keinen Besitz. Unterrichtet wurde, ähnlich wie zur Zeit des Römischen Reichs, in angemieteten Räumen oder im Freien. Selbst die Ende des 17. Jhs. in Halle gegründete Universität, deren Reputation bald alle anderen Hochschulen Deutschlands übertraf, musste zunächst mit städtischen Mieträumen Vorlieb nehmen. Das war, wenn man es recht bedenkt, auch von gewissem Vorteil, denn die Universität gewann dadurch an Unabhängigkeit: vom Ort, den Machthabern und ihren Erwartungen. Diese räumlich bedingte Unabhängigkeit büßten die Fakultäten mit dem Ende des Mittelalters zusehends ein, da sie meistens in kirchlichen Gebäuden eine dauerhafte Bleibe fanden. Ein erkennbares, eigenständiges architektonisches Profil gewannen die Universitäten erst im Zuge ihrer neuzeitlichen Verweltlichung, die in säkularer Herrschaftsarchitektur zum Ausdruck kommen wird.

Keine Schulen für alle

Wie äußerte sich das besagte institutionelle Interesse der Kirche auf dem Gebiet des allgemeinen Schulwesens? Auch hier sind Einschränkungen angebracht. Unleugbar hat die Kirche die Kodifizierung des Unterrichts in die Hand genommen. Ebenso fraglos aber ist, dass sich der Klerus und die meisten germanischen Könige christlichen Glaubens beim Aufbau der Unterrichtsstätten über viele Jahrhunderte nicht im Geringsten als treibende Kräfte betätigten. Die systematische Beschulung *aller* Kinder, dem angeblichen Alleinstellungsmerkmal des okzidentalen Bildungswesens, war in Wahrheit weder den politischen noch den geistlichen Oberhäuptern ein besonderes Anliegen.

Initiativen Karls des Großen

Eine die Regel bestätigende Ausnahme ist Karl I. Der König des gewaltigen Frankenreichs und spätere Kaiser hat im 8. Jh. mithilfe eines international besetzten Zirkels von Experten und in Absprache mit kirchlichen Verantwortungsträgern mehrere Reformpakete geschnürt, die die Vereinheitlichung und Qualitätsverbesserung des Kirchenschulwesens bezweckten und in denen ferner der Aufbau eines flächendeckenden Gemeindeschulsystems vorgesehen war. Diese Verfügungen (etwa die 789 erlassenen „Admonitio generalis") erreichten so gut wie nichts. Das Reich war zu groß, die Machtkalküle und Interessenlagen in den Territorien zu widersprüchlich, die politische Steuerungsgewalt zu schwach.

Schulpflicht

In den Verlautbarungen des karolingischen Herrschers taucht auch erstmalig die Idee einer allgemeinen Schulpflicht auf. Doch ein Interesse an schulischer Erziehung gab es in der Allgemeinheit so wenig, wie es öffentliche Schulen gab. Die Nachfolger Karls des Großen setzten sich nicht mehr für den obligatorischen Schulbesuch ein, die Idee geriet für lange Zeit in Vergessenheit (vgl. Thalhofer 1928).

Keine öffentlichen Schulen

Auch der Klerus tat so gut wie nichts, um den Schulbesuch aller in die Wege zu leiten. Im Gegenteil. Der Kirche widerfährt kein Unrecht, wenn man feststellt, sie habe einige Jahrhunderte lang versucht, weltliche und christliche Wissensbestände und Lehrmeinungen „vor der Masse der Gläubigen abzuschirmen" (Illmer 1987, S. 64). Die ursprünglich „antieducational priorities of the Christians" (Harris 1989, S. 312) kamen immer wieder zum Vorschein. Für die Einrichtung öffentlicher Schulen brachte die Kirche wenig Energie auf, da sie der Überzeugung folgte, für Seelenheil und Volksfrömmigkeit seien theoretische Kenntnisse, ja überhaupt Lese- und Schreibfähigkeiten überflüssig oder sogar abträglich. Die auf Konversion der Lebensweise und Rechtgläubigkeit ausgerichtete Missionspolitik der frühen Kirche verließ sich vornehmlich auf liturgische Zeremonien. Man war eingestellt auf „eine analphabetische Gemeinde" (Luhmann 2002, S. 16). Der Predigt, der Ikonographie, dem Gebet, dem gemeinsamen Gesang und anderen rituellen Handlungen traute man eine größere und unverfänglichere Breitenwirkung zu als der gezielten Unterweisung.

Pfarr- und Lateinschulen

Eine Tendenzwende läutete 1215 das vierte Laterankonzil ein. Die dort erlassene Anweisung (Canon 11) besagte, jede Kirche solle unentgeltlich, insofern sie einen geistlichen Lehrer für diese Aufgabe abzustellen vermochte, Elementarwissen an Kleriker und mittellose Schüler vermitteln. Dies sorgte dafür, dass in größeren Städten die Einrichtung von Pfarr- und Lateinschulen vorangetrieben wurde.

Ablehnung des klassischen Curriculums

Mit Skepsis oder radikaler Ablehnung begegneten die meisten Wortführer der lateinischen Kirche den heidnischen Lehrinhalten, die an den übrig gebliebenen antiken Schulen unterrichtet wurden. Charakteristische Worte finden sich erneut bei Augustinus, der seinen Sprach- und Literaturunterricht retrospektiv in Bausch und Bogen verwarf: Jahr für Jahr griechische und lateinische Dichtung hersagen? „Ist das denn nicht alles Schall und Rauch? Gab es denn sonst keine Themen, an denen ich Einfallsreichtum und Stil hätte erproben können?" Die gab es natürlich in Gestalt der Heiligen Schrift: „Dein Lob, Herr, dein Lob aus der Schrift, das hätte den schwankenden Ranken meines Herzens Halt geboten" (Augustinus 2008, S. 58). So in etwa lautete auch die offizielle Leitlinie der Kirche, nur konnte sie sich nicht dazu durchringen, der Allgemeinheit das selbstständige Lesen der lateinischen Bibeltexte zu ermöglichen. Unter Papst Gregor I. schritt im 6. Jh. die Abkehr von den weltlichen Unterrichtsgegenständen voran. Davon waren insbesondere der öffentliche Grammatik- und Rhetorikunterricht betroffen. Mit den klassischen Lehrinhalten verschwanden auch die übrig gebliebenen Lehrer und mit den Lehrern die frei zugänglichen Unterrichtsgelegenheiten – die *scola publica* war endgültig am Ende.

Alphabetisierung

Da für Ersatz nicht gesorgt, Lateinunterricht nur einer Minderheit, den angehenden Klerikern und wenigen anderen, angeboten und schulische Unterweisungen in den Volkssprachen erst ab dem 11. Jh. in Betracht gezogen wurden, erlebte die Alphabetisierung am Neubeginn der abendländischen Erziehungsgeschichte einen Einbruch. Davon erholte sich das christliche Zeitalter nur mühsam. In dem noch stark von oraler Kultur geprägten Mittelalter gehörten Lese- und Schreibfähigkeiten hauptsächlich im Klerus zu den unentbehrlichen Kulturtechniken, die Bevölkerungsmehrheit dagegen kommunizierte ohne direkten Bezug zur Schrift (vgl. Stein 2006). Selbst im Adel und unter den politisch Herrschenden blieben Buchstabenkundige noch im 10. Jh. eine Seltenheit – und in der Landbevölkerung bis weit über das Mittelalter hinaus.

Lernen jenseits von Schule

Das Gros der Menschen, ob Bauer, Ritter oder Landesfürsten, erwarb im Frühmittelalter das nötige Handlungswissen außerhalb eines geregelten Unterrichts. Wenn es allen dabei so ergangen wäre (wovon nicht auszugehen ist), wie dem überaus gescheiten Augustinus beim Erlernen seiner Muttersprache, dem Latein, dann fuhren sie nicht einmal schlecht damit: „Zwar konnte ich als kleines Kind auch von der lateinischen Sprache noch kein einziges Wort, aber ich hatte Interesse daran und lernte sie dann ohne Angst und Qual, verbunden gar mit den Schmeichelwörtchen der Ammen, mit Scherzen lachender Menschen, die mit mir spielten. Ich erlernte sie ohne den Alptraum von Strafen und ohne dass Lehrer mich drängten" (Augustinus 2008, S. 55).

Lernen am Hof

Unabhängig von der klerikalen Erziehung und Abseits des Erziehungsalltags der arbeitenden Bevölkerung entstanden an den Höfen seit der zweiten Hälfte des Mittelalters eigene Formen einer Lernkultur, die allein dem Adel vorbehalten war und besonders auf literarische, musikalische und sportliche Veranstaltungen aufbaute. Auch Beispiele ritterlicher Gelehrsamkeit sind bekannt – alles Männer, versteht sich. An gelehrten Frauen ist das Mittelalter – wie die nachfolgenden Epochen – äußerst arm, die Aneignung komplexer Wissensgüter wurde ihnen fast unmöglich gemacht. Am ehesten gelang dies einigen Nonnen, die populärste dürfte Hildegard von Bingen sein (vgl. Klueting/Klueting 2010). An den Höfen nahmen Frauen zwar an den kulturellen Darbietungen teil, waren aber eher Zierde der Männer als gleichberechtigte Partner. Von der im Mittelalter so betörend besungenen höfischen Liebe, in der die Frauen sich vor Zuwendung kaum retten können, darf man sich nicht blenden lassen: „Grobheit, Gewalt, Vergewaltigung sind selbst bei höchsten Herren alltäglich" (Paravicini 1999, S. 11). Ein bedeutsames Element höfischer Erziehungskultur war ferner die von äußerer Notwendigkeit entlastete Reise (vgl. Hoyer 2011), auf deren erzieherischen Wert die Oberschicht (und alsbald das gehobene Bürgertum) seit dem Spätmittelalter und verstärkt im 16. und 17. Jh. nicht mehr verzichten wollte. Auf ihrer sog. Kavalierstour lernten die Edelmänner, meist in Begleitung eines Gefolges und unter der Obhut eines Hofmeisters und Präzeptors, als Krönung ihrer Erziehung für Monate oder Jahre die Sitten und Kulturen anderer Adelshäuser kennen. Mit den Lebensgewohnheiten niederer Stände oder fremder Kulturen wurden Kontakte hingegen vermieden (vgl. Grosser 1999).

Ausbau von Schulen

In örtlicher Nachbarschaft und dennoch isoliert von den Entwicklungen am Hof vollzog sich am Ende der Epoche die Wende vom informellen Lernen zum schulischen Unterricht. Das kam vorrangig der nicht-adligen städtischen Bevölkerung zugute, die ab dem 13. Jh. permanent zunahm. Dem wachsenden Schulwesen gelang es nun im Schnitt über die Hälfte, mancherorts sogar bis zu zwei Drittel der Stadtkinder, mitunter auch Mädchen, zu erfassen; die Zahl derjenigen, die anschließend fließend schreiben und lesen konnten, lag aber vermutlich deutlich darunter (vgl. Le Goff 2007). Die Geistlichkeit trat wohlgemerkt nicht als Schrittmacher dieser Schulexpansion hervor. Bedeutsamer waren soziale Veränderungen, ökonomische und politische Triebkräfte: Aufblühende Gewerbe, die als soziale Handlungssubjekte hervortretenden Bürger und kommunale Interessen forcierten den Ausbau schulischer Institutionen.

Schulhoheit

Die Kirche sah nicht tatenlos zu, als städtische Instanzen damit anfingen, ihr die Schulhoheit zu entziehen. Verbissene juristische Verfahren zwischen Stadträten, die eigene Schulen gründen wollten, und klerikalen Amtsträgern, die dies mit Hinweis auf die vorhandenen Pfarrschulen zu verhindern suchten, beschäftigten im ausgehenden Mittelalter die höchsten Gerichte. Manchmal brachte erst ein päpstlicher Richterspruch den lokalen Schulstreit zum Verstummen (vgl. Kintzinger 2003).

Klosterschulen

Diese Gegnerschaft der Kirche ist nicht mit grundsätzlicher Bildungsfeindschaft zu verwechseln. Schließlich schlug das Herz der mittelalterlichen Gelehrsamkeit bis zum Aufkommen der Universitäten vor allem in den Klöstern. Um dieses Herz am Schlagen zu erhalten, errichtete die Kirche auch Schulen. Die bis ins 12. Jh. fast gänzlich auf kirchlichem Territorium beheimateten Unterrichtsorte des Mittelalters waren in erster Linie für den Priesternachwuchs bzw. in den Frauenklöstern zur Ausbildung von Nonnen vorgesehen.

Lehr-Lern-Gemeinschaften

Die klösterliche Unterweisung kann als eine religiöse Umerziehung verstanden werden, die den Regeln der christlichen *communicatio* gehorchte und die gesamte Lebensweise der Novizen umfasste. Ein realtiv kleiner Teil davon bestand in organisierter Wissensvermittlung, die angestoßen durch die Reformimpulse Karls des Großen in den Klöstern und Bischofssitzen in Schwung kam. Die räumlichen Bereiche, in denen unterrichtet wurde, hießen *schola*. Diese sog. Kloster- und Domschulen waren also keine unabhängigen Erziehungsstätten, sondern in einem internatsähnlichen Ensemble eingerichtete Orte, in denen Lehrende und Lernende zusammentrafen. Das gesamte Mittelalter hindurch wurden Schulen vorwiegend als eine hierarchische Lehr-Lern-Gemeinschaft und nicht als eine Organisationsform begriffen; „ausschlaggebend war die Persönlichkeit und das Wirken des Lehrers" (Thalhofer 1928, S. 66). Das Gleiche gilt für die später entstandenen Universitäten. Der Ausdruck *schola* bezeichnet dort die bindende Gemeinschaft zwischen einem Professor und der ihm zur Lehre und sittlichen Instruktion überantworteten Studentengruppe. Der Name *universitas* steht ursprünglich für eine sich selbst verwaltende Rechtsgemeinschaft Lehrender und Lernender, die sich aus Doktoren, Magistern und Studenten zusammensetzt.

Oblaten

Was die Klöster anbelangt, so waren sie darauf angewiesen, dass Eltern ihre Kinder dem Konvent übergaben, damit sie zur Mitgliedschaft in den Orden erzogen werden konnten. Im frühen Mittelalter war es üblich, dass die so genannten Oblaten mit fünf oder sieben Jahren (zuweilen auch früher) in die Klostergemeinschaft eintraten. Ungewiss ist, ob man sogleich mit der Unterrichtung der Kinder begann und wann die Schulzeit in der Regel endete.

Flexible Schul- und Unterrichtszeiten

Generell ist zu berücksichtigen, dass das mittelalterliche Schulwesen mit dem Faktor Zeit einen flexiblen Umgang pflegte; erst im Übergang zur Frühen Neuzeit deuteten Schulordnungen und Selbstzeugnisse auf etwas strenger geregelte Verhältnisse hin. Die Einschulung erfolgte mehrheitlich mit sieben Jahren, aber auch ein früherer Eintritt war möglich. Hatten Kinder anderswo als in einer Lateinschule, im volkssprachlichen Unterricht oder in einer der in den Städten aufkommenden Winkelschulen Elementarkenntnisse erworben, hinderte die Eltern nichts daran, sie erst mit zehn Jahren einem Lehrer zu übergeben. Da kein Klassenstufensystem und kein abgestufter Lehrplan existierten, mischten sich im Unterricht Schüler unterschiedlichen Alters und Leistungsniveaus. Über die Länge der täglichen Unterrichtseinheiten bestimmte der Lehrer (vgl. Ariès 1978; Kintzinger 2008).

Dauer des Schul- und Universitätsbesuchs

Denkbar stark variierte auch die Dauer der absolvierten Schulzeit. Eine nicht exakt bestimmbare, aber sicherlich beträchtliche Zahl erhielt überhaupt keinen Unterricht, einige beendeten ihre Schullaufbahn nach zwei Jahren, andere besuchten niedere und anspruchsvollere Lehrgänge fünf oder auch acht Jahre; Mädchen sind in der Regel, wenn ihnen überhaupt der Besuch erlaubt wurde, früher aus der Schule genommen worden als Knaben. Die meisten Söhne waren parallel zur Schule in den landwirtschaftlichen oder handwerklichen Arbeitsbereichen ihrer Väter eingebunden, in deren Fußstapfen sie für gewöhnlich traten. Nach dem Schulabgang bestand die Möglichkeit, eine Lehre zu ergreifen, andere versuchten sich als Hilfsarbeiter, Knecht oder andersweitig zu verdingen.

Nur eine sehr kleine Zahl – männliche Stadtkinder der oberen Stände – bildete sich akademisch weiter und eine noch kleinere Zahl trat die Karriere eines Gelehrten an. Die universitären Einrichtungen, die über keine Altersreglements verfügten, standen schon zwölfjährigen Knaben offen. Das mit dem Bakkalarat, dem Magistertitel oder der Promotion abzuschließende Studium konnte sich über zwei bis fünf Jahre erstrecken, aber von Fall zu Fall auch beträchtlich mehr Zeit beanspruchen; über 25-jährige Absolventen waren ebenso selbstverständlich wie erwachsene Studienanfänger, die vorhatten, sich für einen gehobenen Dienst zu qualifizieren.

Schulunterricht

Was wurde im Mittelalter unterrichtet und wie? Wir haben noch Augustinus Wehklage über die von ihm erduldeten Peinigungen seiner Lehrer im Ohr. Das war auf spätantike Schulen gemünzt, hätte sich aber genauso gut auf christliche Schulhäuser beziehen können. Gelungener Unterricht nach mittelalterlichem Verständnis besaß einen dominant erzieherischen Kern, der sich in Disziplinierungsprozeduren zu erkennen gab. Verhaltens- und Affektregulierungen beherrschten den Schulalltag. Mit der eifrig eingesetzten Rute (auf Bildern sieht man Lehrer selten ohne ein Schlaggerät) und anderen Sanktionsinstrumenten sollte Sittlichkeit herbeigeführt werden. In den Klöstern war alles Tun und Lassen der Zöglinge in ein dichtes Gewebe aus Vorschriften und Verpflichtungen eingesponnen. Das klösterliche Disziplinierungssystem bildet, gemeinsam mit der vom Militär geforderten Disziplin und der Disziplin in Wirtschaftsbetrieben, die Keimzelle der von Max Weber (1980) und Michel Foucault (1977) analysierten Formierung der Disziplinargesellschaft.

Lehrmethoden

So reich die Formen der Disziplinierung, so arm die Lehr-Lernmethoden. Im Vordergrund stand reproduzierendes Lernen: Memorierschulung, Auswendiglernen, Ordnen und Nachbeten des Gehörten gemäß der von Augustinus ausgegebenen Maxime: „Euer Gedächtnis sei euer Buch! Was ihr hören werdet, das sollt ihr glauben, und was ihr glaubet, das sollt ihr mündlich wiedergeben!“ (Augustinus 1877a, S. 353). Dass solche Mnemotechniken hoch im Kurs standen, ist begreiflich. In einer auf mündliche Überlieferung angewiesenen Kultur, die Pergament und sonstige Schriftträger nur als knappe und kostbare Ressourcen kannte, war ein mit Wissen und Traditionsgütern angefülltes Gedächtnis beinahe so wertvoll wie eine Bibliothek. Manch ein Gelehrter brachte es in seinen Merkleistungen zu sagenhafter Meisterschaft. Im Spätmittelalter erweiterten handschriftliche, oftmals von den Lateinschülern selbst nach Diktat aufgezeichnete Schulbücher und allmählich auch gedruckte Lehrwerke die Unterrichtsmöglichkeiten; die mündliche Vermittlung des Lehrstoffs blieb jedoch tonangebend (vgl. Baldzuhn 2012).

Universitätslehre

Mit den Universitäten kam ein wenig mehr Bewegung in die monotonen Lehr-Lernformen. Auch dort dominierte zwar das konventionelle Verfahren des Lehrvortrags (*lectio*), den die *scolares* teilweise oder komplett mitzuschreiben hatten, doch daneben traten Übungen (*exercitationes*) und sog. Disputationen, die den Studierenden eine größere intellektuelle Selbsttätigkeit abverlangten und sich unter den Studenten hoher Beliebtheit erfreuten. In einer *disputatio* legte der Lehrende eine kontrovers zu diskutierende Frage vor, auf die ausgesuchte Studenten in einer Art Wortgefecht Antworten und Gegenantworten entwickelten. Das Schlusswort lag wieder beim Dozenten, der die kanonische Auflösung der aufgeworfenen Problematik mitteilte.

septem artes

Bei der inhaltlichen Konzeption des Unterrichts standen die Kirchenmänner vor der prekären Aufgabe, ihre angesprochenen Widerstände gegen die heidnische Wissenskultur mit dem Umstand zu versöhnen, dass zu den *septem artes liberales* kein alternatives Strukturmodell zur Verfügung stand. Die mittelalterliche Lehrplangestaltung wird deshalb von Anstrengungen vorangetrieben, den siebenstufigen Kanon der Antike in eine theologisch akzeptable, mit biblischen Texten und christlicher Schöpfungslogik ausgefüllte Gestalt zu überführen (vgl. Dolch 1982). In der monastischen Theorie bestand die etappenweise aufzubauende Wissenskultur aus der Beherrschung der lateinischen Sprache (Grammatik), in der Kunst zu reden und zu predigen (Rhetorik) und aus Kenntnissen in der Argumentationstechnik (Dialektik oder Logik). Die Welt war umso besser verstanden, je vollendeter man über sie sprechen und je genauer man sie berechnen konnte. Dem Trivium der Sprache sollte daher das Quadrivium der Mathematik folgen: Zahlenlehre, musiktheoretische Betrachtungen, Raumberechnungen, Sternenkunde. In der Theorie. In der Wirklichkeit indessen erreichten nur wenige Gelehrte den Gipfelpunkt des Wissens. Nicht einmal die am besten ausgestatteten Kloster- und Domschulen vermochten dem Anspruch, das volle Programm in gegliederter Anordnung zu lehren, jederzeit gerecht zu werden; an bescheideneren Unterrichtsstätten boten die Lehrer, aus Mangel an Kompetenz und Nachfrage, sowieso nur Fragmente des Triviums an. Vieles musste auch deshalb Stückwerk bleiben, weil die Lehre der Sieben Freien Künste bei den Schülern eine gewisse Vorbildung voraussetzte, woran es vielen fehlte. So erschöpfte sich der Unterricht auch in den höheren Schulen häufig in der Vermittlung grundlegender Lese- und Schreibfertigkeiten.

Unterscheidung von Schulen und Universitäten

Dieses Dilemma wiederholte sich an den Universitäten. Da längst nicht alle Studienanfänger in der Lage waren, den komplizierten lateinischen Vorlesungen zu folgen, etablierten sich an den Körperschaften Lateinklassen und Förderkurse, propädeutische Pädagogien, die dazu beitrugen, dass die institutionelle Trennung zwischen der Schule und dem *studium generale* uneindeutig blieb. In Erfurt, einer Bildungshochburg, die im 13. Jh. gleich über vier *scholae principales* (drei Kollegiatschulen und eine Klosterschule) mit insgesamt 1000 Schülern verfügte, war es genau andersherum. Dort besaß das Lehrangebot ein differenziertes und anspruchsvolles Niveau, das kaum von dem der Universitäten zu unterscheiden war (vgl. Lindner 2003).

Universitäre Fächerstruktur

Als Fächerstruktur bürgerte sich an den Hochschulen eine Unterteilung in Grund- und Fachstudium ein. Auf der ersten Ebene, der Artisten- oder philosophischen Fakultät, begegneten den Studenten die Freien Künste wieder. Wer in den sieben Fächern bereits beschlagen war, konnte sogleich ins Fachstudium einsteigen und sich in Rechtswissenschaft oder Medizin immatrikulieren. Lediglich für das Studium der Theologie war der

Magisterabschluss, also das erfolgreiche Studium der Artistenfakultät, Voraussetzung.

Bologna und Paris: die ersten Universitäten

Die in vielen Ländern Europas seit dem 13. Jh. entstehenden Hochschulen (1395 zählte der Kontinent mehr als 30) waren bemüht, sofern ihnen eine längere Existenz beschieden war, sich mit fachlichen Schwerpunktsetzungen einen Namen zu machen. Die beiden ersten Einrichtungen besaßen Modellcharakter. Bologna war von Anfang an auf Jurisprudenz spezialisiert. Berühmt waren bereits die Bologneser Rechtsschulen des 11. Jhs., aus denen sich auf Drängen der Scholaren, die 1155 vom designierten Kaiser Friedrich I. eine förmliche Rechtssicherheit ihres Ausbildungsstandes forderten und erhielten, die *universitas* herauskristallisierte. An der Universität in Paris dagegen, wo etwa zur selben Zeit Kirche, Stadt und Dozenten nach einer einheitlichen Organisationsform für das zersplitterte Unterrichtswesen suchten, wurde der ganze Fakultätenkanon angeboten. Aushängeschild war die Theologie, die in der aufblühenden Residenzstadt traditionell einen starken Standort besaß. Vereinfacht gesagt schlug in Paris vor allem das wachsende Bedürfnis nach akademisch gebildeten Kirchenamtsträgern zu Buche, während die langobardische Hochschule besonders vom steigenden Bedarf an Rechtsexperten und Verwaltungskräften profitierte (vgl. Weber 2002). In der Geburtsstunde der europäischen Universität kreuzten sich somit Veränderungen in der Wissens- und Bildungskultur mit Strategien der Berufs- und Karriereplanung sowie den niemals ruhenden Herrschaftsinteressen. Sämtliche daraufhin gestifteten Universitäten des Mittelalters tragen den Stempel der religiösen und politischen Obrigkeiten. Die erste deutsche Universität wurde 1346 von Karl IV. in Prag gegründet, ihr folgten, zumeist ans Pariser Modell angelehnt, bis zum Beginn des 16. Jhs. 17 weitere Studieneinrichtungen (vgl. Hammerstein 2003).

Angewandte Künste

Die *artes mechanicae* fanden im Fächerspektrum der Universität, mit Ausnahme der hoch angesehenen Heilkunde, keinen Platz. Handwerkskünste, Waffen- und Gewerbekunde, Buchführung, Agrikulturtechniken, kurz: die anwendungsbezogenen Lehrbereiche gewannen zwar die Aufmerksamkeit der scholastischen Wissenssystematiker (vgl. Boehm 1988), in der Lehre indes fristeten sie ein kümmerliches Dasein; sie blieben eine Domäne der spätmittelalterlichen Stadt- und Handelsschulen, die im Zeichen der Bürgerbildung standen.

Äußere Schulen

Das führt noch einmal zurück zu dem Sachverhalt, dass die auf kirchlichem Areal eingerichteten Schulen auf die Klerikererziehung zugeschnitten waren. Was geschah mit Kindern von bildungsambitionierten Eltern, denen andere, nichtklerikale Lebenspläne vorschwebten? Dem Drängen solcher Familien haben sich die Klöster nicht komplett verschlossen. Jenseits der Klostermauern stellten einige Konvente Unterrichtseinrichtungen zur Verfügung, die einer kleinen Zahl von Gläubigen, die nicht dem Orden beitreten wollten, den sog. Laien und angehenden Weltklerikern, vorbehalten waren. Möglicherweise existierten solche „äußeren Schulen" bereits im frühen Mittelalter, das ist allerdings nicht belegt; nicht einmal der aufschlussreiche Gebäudeplan des berühmten Klosters St. Gallen bezeugt zweifelsfrei ihre Realität (vgl. Kintzinger 2003). Gesichert ist die Existenz der *scholae exteriores* seit dem Hochmittelalter. Auftrieb erhielt der von klerikaler Hand organisierte Laienunterricht im 10. Jh. unter Kaiser Otto I. und seinem Bruder Brun, dem Erzbischof von Köln. In dieser Phase der engen Allianz zwischen Politik und Kirche erlebten die Bischofssitze einen anhaltenden Bedeutungsaufschwung. Davon profitierten auch die in den Bischofskirchen integrierten Schulen, deren Schülerfrequenz allmählich höher lag als in den Klosterschulen.

Öffnung für Laien

Verglichen mit den Unterrichtsstätten der Ordensgemeinschaften waren die Dom- und Stiftsschulen entwicklungsfähiger und flexibler. Primär als Kaderschmiede für den Diözesanklerus gedacht, öffneten sie sich mit der Zeit für Adlige, die Bildungslaufbahnen anstrebten, für wohlhabende Bürger, die das Bistum finanziell unterstützten, und für mittellose Schüler, die unentgeltlich unterricht wurden. Die Aufnahme von Laien blieb nicht ohne Auswirkungen auf das Lehrangebot. Dabei legten die kirchlichen Schulträger durchaus Anpassungsbereitschaft an den Tag. Sie milderten ihre Abneigung gegen volkssprachlichen Unterricht und gaben gelegentlich sogar den handwerklichen Künsten Raum. Schlussendlich standen sie aber auf verlorenem Posten. Für das immer dringlicher werdende utilitaristisch-pragmatische Bildungsbedürfnis der Kaufmanns- und Handwerkerfamilien waren diese Schulen einfach nicht gerüstet.

Weltliche Schulen

Die Mittelschicht begann sich von den kirchlichen Einrichtungen zu distanzieren. In den städtischen Schulen fühlte sie sich heimischer, wenngleich sich die ein- oder zweistufigen Elementar- und Grammatikschulen, gleichgültig in welcher Trägerschaft sie sich befanden, vielerorts weniger klar voneinander unterschieden, als der erwähnte Schulstreit zwischen den Stadt- und Kirchenvertretern erwarten lässt.

Das Christentum verlor im Spätmittelalter gegenüber der Weltlichkeit zwar an Boden, behielt das Erziehungswesen aber insgesamt fest im Griff. Gradezu friedlich muten die Veränderungs- und Anpassungsprozesse am Ende der Epoche an verglichen mit den Druckwellen, die über das Bildungswesen in den kommenden Jahrhunderten hereinbrechen werden.

Was Sie wissen sollten, wenn Sie Teil A (Kapitel 1 und 2) gelesen haben:

- Sie können erklären, inwiefern in der griechisch-römischen Antike und im Mittelalter sozialgeschichtlich die zwei Anfänge der abendländischen Erziehung liegen.
- Sie können die Eltern-Kind-Beziehung und Erziehungspraktiken im Altertum beschreiben.
- Sie wissen, welche Disziplinen in der Antike unterrichtet wurden und kennen Unterschiede zwischen Athen und Rom.
- Sie kennen die wesentlichen Merkmale der Epoche des Mittelalters und können sie mit den mittelalterlichen Erziehungsverhältnissen in Beziehung setzen.
- Sie haben eine Vorstellung davon, wie Kinder im christlichen Mittelalter aufwuchsen.
- Sie können beschreiben, wie die Institutionalisierung von Schulen und Universitäten im Mittelalter vor sich ging und welche Lehr- und Erziehungsmethoden zum Einsatz kamen.

Weiterführende Literatur zu Teil A

Kapitel 1

Familie, Kindheit, Jugend, Schule, Studium und Berufsbildung in der griechisch-römischen Antike:
Christes, Johannes / Klein, Richard / Lüth, Christoph (Hg.) (2006): Handbuch der Erziehung und Bildung in der Antike. Darmstadt.

Das jung gebliebene Standardwerk zur Erziehung in Griechenland und im Römischen Reich:
Marrou, Henri-Irénée (1957): Geschichte der Erziehung im klassischen Altertum. Freiburg, München.

Familienverhältnisse
– im alten Griechenland:
Schmitz, Winfried (2007): Haus und Familie im antiken Griechenland. München.

– im Römischen Reich:
Gardner, Jane F. (1998): Family and Familia in Roman Law and Life. Oxford.

Kindheit im Altertum:
– anschaulich:
Backe-Dahmen, Annika (2008): Die Welt der Kinder in der Antike. Mainz.

– faktenreich und komplex:
Cohan, Ada / Rutter, Jeremy B. (Ed.) (2007): Constructions of childhood in ancient Greece and Italy. Princeton, New Jersey.

Organisierter Unterricht im Römischen Reich:
Weeber, Karl-Wilhelm (2014): Lernen und Leiden. Schule im Alten Rom. Darmstadt.

Kapitel 2

Einführungen in die Geschichte und Kultur des Mittelalters:
Borst, Arno (1973): Lebensformen im Mittelalter. Frankfurt/M.
Fossier, Robert (2009): Das Leben im Mittelalter. München.
Le Goff, Jacques (2007): Die Geburt Europas im Mittelalter. München.
Paravicini, Werner (1999): Die ritterlich-höfische Kultur des Mittelalters. Enzyklopädie deutscher Geschichte Bd. 32. München.

Kindheit im Mittelalter:
Orme, Nicholas (2001): Medieval Children. New Haven, London.
Shahar, Shulamith (1991): Kindheit im Mittelalter. München, Zürich.

Jugend im Mittelalter:
Felzer, Heinrich (1971): Jugend in der mittelalterlichen Ständegesellschaft. Ein Beitrag zum Problem der Generationen. Wien.
Goldberg, Peter J. P. (Ed.) (2004): Youth in the Middle Ages. Woodbridge et al.

Institutionalisierte Erziehung:
– etwas veraltet, aber als kurze Einführung hilfreich:
Thalhofer, Franz Xaver (1928): Unterricht und Bildung im Mittelalter. München.

– aktueller Forschungsstand, gekonnt geschrieben:
Kintzinger, Martin (2003): Wissen wird Macht. Bildung im Mittelalter. Darmstadt.

Universitäten:
Rüegg, Walter (Hg.) (1993): Geschichte der Universität in Europa. Bd. 1: Mittelalter. München.

B Erziehung zwischen Konfessionalität und Säkularisierung: Frühe Neuzeit

Eingrenzung der Epoche

Mit dem zeitlichen Umfang der beiden vorangegangenen Zeitalter verglichen scheint die Frühe Neuzeit eine überschaubare Periode. Nach gebräuchlichem Epochenmuster umfasst sie jene 300 Jahre europäischer Geschichte, die am Ende des Mittelalters (um 1500) begann und mit dem Beginn der sog. Moderne (um 1800) endete.

3 Widersprüche der Epoche

Kulturhistorische Epochenbegriffe

Zur Beschreibung dieses Zeitraums haben sich aus der Kulturhistorik stammende Epochenbegriffe eingebürgert, die sich allzu leicht zu einer verführerischen Fortschrittsgeschichte zusammenziehen lassen. Von der „Reformation", die in das Glaubensmonopol von Kirche und Papst einbrach, über die „Renaissance" und den „Humanismus", deren Kultivierung antiker Lebenshaltungen das Mittelalter in Vergessenheit brachte, bis zur „Aufklärung" des 18. Jhs. spannte sich demnach eine Brücke, auf der sich die Menschen Europas in Richtung Moderne bewegten. Was die Frühe Neuzeit nach dieser Lesart mit der modernen Welt verbindet und von der des Mittelalters trennt, ist eine vom kulturell erstarkten Bürgertum ausgehende Geisteskultur: das Wiedererwachen von Rationalität und Diesseitigkeit, die „Entdeckung" des Individuums (vgl. Hubig 1988) und nicht zuletzt der Siegeszug der Persönlichkeitserziehung (vgl. Burckhardt 1988).

Kein radikaler Bruch mit dem Mittelalter

Wendet man den Blick jedoch von den Zeugnissen der Hochkultur ab und den alltagskulturellen Gegebenheiten und lokalen Sozialgefügen zu, dann müssen diese glanzvollen Beschreibungen einer vielschichtigeren Einschätzung weichen. Die Strukturen, Lebens- und Denkweisen des Mittelalters gerieten um 1500 zusehends in krisenhafte Bedrängnis, waren aber keineswegs passé. Viele Traditionen überdauerten die angebliche „Zeitenwende" relativ unbeschadet viele Jahrzehnte, verkümmerten nur partiell oder vermischten sich mit Neuem.

Aufklärung, eine Subepoche?

Die Geschichtswissenschaft diskutiert darüber, ob es nicht angebracht sei, das Zeitalter der Aufklärung innerhalb der Frühen Neuzeit als eine einheitliche Subepoche abzugrenzen, da sich im 18. Jh. sowohl im intellektuellen als auch im sozio-politischen Bereich kapitale Veränderungen abspielten, deren Charakter und Qualität eine epochenanalytische Sonderstellung rechtfertigten. Dem wäre entgegenzuhalten, dass sich die angebliche Einheit dieser Subepoche aus Antagonismen speiste, die aus den Konstellationen des 16. und 17. Jhs. rührten, ein Umstand, den eine isolierte Epochenanalyse verdunkeln würde.

Doch ohne Frage verlieh die Aufklärung dem 18. Jh. (und das 18. Jh. der Frühen Neuzeit) eine markante Stoßrichtung. Betrachtet man die Aufklärung als eine europäische Geistesströmung, dann gingen von ihr Anstrengungen aus, die „Herrschaft der Vernunft" (Paul Hazard), die allgemeinen Menschenrechte, die Moral und Wohlfahrt des selbstbestimmten Bürgers, ein naturwissenschaftliches, fortschrittsoptimistisches Weltverständnis und eine vernunftgeprüfte Religion ins Recht zu setzen. Die staatliche Konfessionsneutralität, die Toleranz gegenüber Andersgläubigen, der parlamentarische Verfassungsstaat bahnten sich an. Die Herausbildung einer Schicht kritischer Intellektueller, eine erstarkende Lesekultur sowie das aufblühende Zeitschriften- und Vereinswesen sind weitere Merkmale der Aufklärungszeit.

Pädagogische Jahrhunderte

Die während dieser Zeit in Deutschland entstehende bürgerliche Öffentlichkeit (vgl. Habermas 1990) gewann ihre soziale Identität allen voran über die noch wenig voneinander geschiedenen Ideen der Aufklärung, Kultur und Bildung (vgl. Bollenbeck 1996). Stolz auf die eigenen Leistungen bezeichnete sich die Aufklärungsepoche als ein „pädagogisches Jahrhundert" – eine Selbsteinschätzung, die der historischen Überprüfung insofern standhält, als die öffentlichen Erziehungsinitiativen und -diskurse quantitativ einen deutlichen Anstieg erlebten (vgl. Roessler 1961; Herrmann 1981). Haben wir uns deshalb am Ende der Frühen Neuzeit auf ein volles Jahrhundert blühender Erziehungslandschaften einzustellen? Wer dies erwartet, ahnt wenig von den Wechselfällen und Diskrepanzen, die für das Erscheinungsbild des 18. Jhs. genauso bezeichnend sind wie für die Gesamtepoche der Frühen Neuzeit. Niemand geringerer als Friedrich Paulsen fühlte sich in seiner überbordenden Studie über die Gelehrtenschulen Deutschlands nicht umsonst berechtigt, über das höhere Schulwesen in der ersten Hälfte des vermeintlich pädagogischen Jahrhunderts ein vernichtendes Urteil zu fällen: „Um 1740 sind die Schulen auf den tiefsten Stand in der öffentlichen Schätzung gesunken, den sie überhaupt erreicht haben. Was sie trieben, galt in der Welt draußen nicht mehr; was draußen galt, trieben sie noch kaum. Der althumanistische Schulbetrieb mit samt seinem Ziel, der lateinischen Poesie und Eloquenz, war tot" (Paulsen 1919a, S. 622 f.). Wäre die Geschichte damals stehen geblieben, dann hätten sich das 16. und 17. Jh. eher noch das Attribut „pädagogisch" verdient als das 18., denn nicht erst während der lautstark auftrumpfenden Spätaufklärung erhielt die Erziehung beachtliche Impulse.

Vielfaltige Wirkungskräfte

Es waren auch bei weitem nicht nur bekennende Aufklärer oder aufklärerische Absichten, die sich im 18. Jh. zu einer Erziehungsoffensive formierten, um dem totgesagten Bildungswesen neues Leben einzuhauchen. Eine im besten Sinne reformpädagogische Strömung wie der Philanthropismus eines Basedows, Campes, Rochows oder Salzmanns hat im Namen der Aufklärung gewiss im Erziehungs- und Schulsystem innovative Bewegung gestiftet (vgl. Schmitt 2005). Ebenso wirksam jedoch wurden parallel dazu neuhumanistische Bestrebungen sowie in den protestantischen Ländern der Pietismus und in den katholischen Gebieten (nach dem Niedergang der Jesuiten) beispielsweise die Piaristen und der Benediktinerorden. Und nicht zuletzt waren es Veränderungen der Sozialstrukturen, eine steigende Bildungsnachfrage sowie obrigkeitliche Regulierungs- und Normierungsbestrebungen, die zum Aus- und Umbau der öffentlichen wie privaten Erziehungsverhältnisse beitrugen.

Nimmt man noch die erheblichen territorialen, regionalen und lokalen Besonderheiten der Frühen Neuzeit hinzu, dann wird man allen Aussagen über geradlinige Entwicklungsverläufe und einheitliche Subepochen mit großer Vorsicht begegnen.

Heiliges Römisches Reich Deutscher Nation

Um der Debatte über generalisierbare Epochenmerkmale auszuweichen, könnte man sich mit einem passablen Schachzug behelfen und einfach den politischen Reichsverband zum Schauplatz der nachfolgenden Ausführungen erklären. Wir bewegen uns durchweg auf dem Gebiet des Heiligen Römischen Reiches Deutscher Nation, das man abgrenzend vom Deutschen Kaiserreich kurz das „Alte Reich" zu nennen pflegt. Urkundlich wird das lockere Reichsgebilde bereits im Mittelalter. Der Beginn der politischen Stabilisierung indes datiert auf den Ausgang des 15. Jhs. „Die Jahre um 1500 waren die Formationsphase für alle wichtigen Reichsorgane außer dem Kaisertum – also für Reichstag, Reichskreise, Reichsgerichte. Offenkundig hob damals auch verfassungstechnisch Neuzeit an!" (Gotthard 2009, S. 31).

Das Ende des Alten Reichs

Das Reich überdauerte 300 Jahre, 16 Mal wechselte die Kaiserkrone. Konfessionelle Zerreißproben, kulturelle und politische Spaltungen und zermürbende Kriege – obenan der 1618 entfachte und 30 Jahre währende –, ließen das Territorium niemals zur Ruhe kommen. Ende des 18. Jhs. war der Zerfall nicht mehr aufzuhalten. Im Inneren trieben die beiden absolutistisch regierten Großmächte Preußen und Österreich in die Separation, von außen sorgten die gescheiterten Kriege gegen das revolutionsbeflügelte napoleonische Frankreich für eine endgültige Destabilisierung der Reichsbalance. Man kann diesen Zusammenbruch als Niederlage eines veralteten Gesellschaftssystems deuten, das am Modernisierungs- und Demokratisierungsdruck zerbrach, weil es ihm nur halbherzig nachgegeben hatte: „Vor dem Ansturm einer wirklich revolutionären Macht, in der insbesondere die politische Freiheit des Einzelnen ein wichtiger Programmpunkt war, erwiesen sich die Staaten des Aufgeklärten Absolutismus als nicht viel standfester als das Reich, dessen Stände noch in der alten ständisch gegliederten feudalen Verfassung verharrt hatten" (Aretin 1993, S. 196). Mit der Abdankung seines letzten Kaisers Franz II. konnte man das *Sacrum Romanum Imperium Nationis Germanicae* 1806 von der politischen Landkarte streichen.

Kein Nationalstaat

Ein Nationalstaat, wie Frankreich oder England, ist dieser gigantische, multikulturelle Reichsverband, in dem längst nicht nur deutsch und schon gar nicht „hochdeutsch" gesprochen wurde, nie gewesen. Dafür war er zu grenzenlos und zusammengewürfelt – ein Zweckbündnis, in dem eine Menge an Macht- und Herrschaftszentren auf ihre Eigenständigkeit beharrten. Keinem Monarchen gelang es, diese „schier unentwirrbare Gemengelage von großen Territorialstaaten, von ständisch mitregierten Landesfürstentümern, theokratischen Herrschaften mit geburtsaristokratischen Leitungsgremien, halbautonomen Städten mit patrizischen Geschlechteroligarchien, Adelssitzen mit fast privatwirtschaftlichem Charakter, obskuren Zwergobrigkeiten" (Wehler 1987, S. 47) zu einer flächendeckenden Regierungseinheit umzuformen.

Verstaatlichung und Föderation

Gleichwohl bilden staatliche Zentralisierung, Bürokratisierung und die Stärkung der öffentlichen Hand die Fluchtlinie frühneuzeitlicher Staaten. Den meisten sozialen Bereichen ist sie inskribiert, auch dem Schulwesen, das schrittweise, wenngleich nicht linear oder gleichmäßig, in staatliche

Verantwortung überging. Im 1794 in Kraft getretenen „Allgemeinen Landrecht für die Preußischen Staaten" (Hattenhauer 1970) wird der politische Anspruch unzweideutig reklamiert: Schulen, Erziehungsanstalten und Universitäten werden als „Veranstaltungen des Staats" ausgewiesen (2. Teil, 12. Titel, § 1), was bedeutet, dass sich die Staaten für die Genehmigung (§ 2), die Aufsicht (§ 9) sowie die innere und äußere Gestaltung (§ 15) der Bildungseinrichtungen zuständig erklärten. Damit mutete sich die Staatsmacht mehr zu, als sie zu leisten imstande war. Das ausladende Reich war mit der Bewältigung umfassender Steuerungs- und Verwaltungsaufgaben schlichtweg überfordert. Lokale Rechtsordnungen blieben weiterhin in Geltung. Der schon früher begonnene Aufbau von politischen Dachorganen – Reichstag, Reichsgerichte – ließ die parzellierten Grundstrukturen des Imperiums so gut wie unangetastet. Das Alte Reich endete in dieser Hinsicht wie es begann: „als ein ausgeprägt dezentrales, föderatives Gebilde" (Gotthard 2009, S. 2).

Ständesystem

Was die Gesellschaftsform angeht, so beobachten wir zunächst die Umwandlung der mittelalterlichen lehnsfeudalistisch-großherrschaftlichen Verhältnisse in ein Ständesystem: „Das typisch feudalistische Netz vertikaler persönlicher Abhängigkeitsbeziehungen löste sich erst stellenweise, dann immer häufiger auf und machte im Prinzip einem neuen horizontalen System sozialer Ungleichheit Platz, die jedoch vielerorts mit zahlreichen, wie unberührt fortbestehenden feudalrechtlichen Verhältnissen weiterexistierte. In dieser sogenannten Ständegesellschaft lebten die sozialen Großgruppen, zum Teil bis ins frühe 19. Jh. hinein, in einer strikt gestuften Rangordnung. Sie unterschied politisch-herrschaftlich und sozio-kulturell scharf getrennte Personenverbände, denen durch komplizierte, mit dem Anspruch auf vollständige Abschottung ausgestattete Rechtsnormen genau fixierte Lebenssphären zugewiesen wurden, wo jeder seinen festen Platz besaß" (Wehler 1987, S. 41). Die Standeszugehörigkeit kam einer Statusdefinition gleich, die das soziale Verhalten, gesellschaftliche Karrieremöglichkeiten, Rechte und Pflichten reglementierte. Die standesgemäße Differenzierung des Gesellschaftskörpers ließ das grobmaschige Ordnungsmodell des Mittelalters hinter sich. Das Bayerische Landrecht – „Codex Maximilianeus Bavaricus Civilis" (Danzer 1894) – unterschied 1756 beispielsweise zwischen naturwüchsigen Ständen und Ständen „menschlicher Anordnung oder selbstiger Auswahl". Welchem *natürlichen* Stand man zugerechnet wurde, hing ab vom Geschlecht, vom Verhältnis der biologischen Eltern (nur eheliche Geburten wurden als „ächt- und rechtmäßig" anerkannt) sowie von etwaigen Beeinträchtigungen an Körper und Geist („Blinde, Stumme, Taube, Blöd- und Unsinnige" galten dem Wortlaut nach als „mangelhafte Personen"). Die *soziale* Standeszugehörigkeit entschied sich nach der Stellung im Haus (dem Familien-Stand: Vater, Mutter, Kind, Dienstpersonal), nach der Position im Staat, nach Amt, Vermögen und Beruf, nach Herkommen und Religion.

Geringe soziale Mobilität

Die ein oder andere Standesgrenze war im bescheidenen Umfang für gesellschaftliche Auf- und Abstiegsbewegungen durchlässig. Aber soziale Mobilität widersprach der eigentlichen Funktion des Ständesystems, das auf Ab- und Ausgrenzung fußt und auch so funktionierte. Standesspezifische Kommunikationsregeln, klar voneinander unterscheidbare Kleiderordnungen, unvereinbare Umgangs- und Erziehungsformen durchzogen den Sozialraum mit zahllosen Barrieren, die ein Fluktuieren zwischen den Gesellschaftsschichten verhinderten. An seiner Starrheit sollte das Ständesystem im 18. und 19. Jh. stückweise zerbrechen. Vor allem das sich selbstermächtigende Bildungsbürgertum und die desintegrierte Arbeiterschaft forderten Rechtsgleichheit, die ihnen der Ständestaat versagte, der moderne Verwaltungsstaat auf Dauer aber nicht vorenthalten konnte.

Kirchenspaltung

Die soziale, kulturelle und politische Vielfalt war zwar groß, aber am Absolutheitsanspruch der einen und einzigen Kirche Christi rüttelte das nicht. So jedenfalls sah die Erfahrung noch im 15. Jh. aus. Doch dann überschlugen sich die Ereignisse. Dem Katholizismus wurde in der ersten Hälfte des 16. Jhs. seine Alleinherrschaft streitig gemacht, aber nicht etwa von Un- oder Andersgläubigen. Von der jüdischen Bevölkerung etwa war nichts derartiges zu erwarten, da sie sich von den Pestpogromen nur sehr mühsam erholte, weiterhin unter Feindseligkeiten und Erniedrigungen litt und von den landesherrlichen Judenordnungen an freier Entfaltung und Meinungsäußerung gehindert wurde (vgl. Ries 2013). Die epochemachende Missbilligung kirchlicher Praxis ging vielmehr von bekennenden Christen und katholisch sozialisierten Männern aus, vorneweg vom geweihten Priester Martin Luther. Rasch verbreitete sich seine geharnischte Kritik an der kirchlichen Autoritätsanmaßung, am Papst, am selbstgefälligen Amtsmissbrauch von Pfarrern und Bischöfen, an der bibelunkundigen, fremdbestimmten Glaubenspraxis der Bevölkerung sowie nicht zuletzt an den maroden Klöstern und christlichen Erziehungsstätten – der Wittenberger Theologieprofessor traute sich zu, letztere als „Mordgruben und eitel Vorburgen der Hölle" zu verunglimpfen (Luther 1530, S. 91).

Konfessionalisierung

Die Reformation ergriff, mit unterschiedlichen Akzentsetzungen, weite Teile Europas. Die umkämpfte Spaltung des Christentums, von den Reformatoren der ersten Stunde keineswegs bezweckt, nahm ihren Lauf und das konfessionelle Zeitalter seinen Anfang. Als Gründungsdokument kann der 1555 besiegelte Augsburger Religionsfrieden gelten, in dem die katholischen und protestantischen Reichsstände sich vertraglich zur gegenseitigen Anerkennung verpflichteten. Den Landesherren stand nunmehr frei, zwischen den beiden Bekenntnissen zu wählen, die Untertanen mussten ihre Glaubensrichtung anpassen oder auswandern. Die Konfessionszugehörigkeit wurde zu einer sozialen und politischen Größe, an der es kein Vorbeikommen gab.

Gestärktes Christentum

Das Christentum ging aus der Reformation nicht etwa geschwächt hervor. Die evangelische Kirche konnte sich als Alternative zu Rom behaupten, erlebte aber in den nächsten 300 Jahren ebenfalls zahlreiche Spaltungen und Erneuerungsbewegungen: Lutheraner, Calvinisten, Reformierte, Pietisten und andere Bekenntnisgruppierungen legten sich erheblich voneinander abweichende Glaubens- und Erziehungskonzepte zu. Auch im Katholizismus sorgte der Widerstand gegen die protestantischen Anfechtungen für Belebung; der gegenreformatorische Elan kam insbesondere den erziehungs- und sendungsbewussten Jesuiten zugute (vgl. Weiß 2005). Somit blieben die Kirchen in der Frühen Neuzeit allgegenwärtige, machtvolle Institutionen, die ihr theologisches Selbstverständnis in Kirchenordnungen, Erlassen und Richtlinien klärten, normierten und kodifizierten, die missionierend auszogen, um der „wahren Lehre" Geltung zu verschaffen, die in europaweiten Religionskriegen einen dunklen Schatten über die christliche Friedens- und Liebesbotschaft legten und die gesellschaftspolitische Hoheitsgebiete – u. a. das Erziehungswesen – nur widerstrebend an staatliche Instanzen abtraten.

Säkularisierung

Auch die Aufklärung, die für Religionskritik und voranschreitende Verweltlichungsimpulse bekannt ist, marginalisierte das Christentum keineswegs. Mit der Säkularisierung, dem Rückgang von religiösen Einstellungen und Glaubenspraktiken, verhält es sich wie mit den meisten „Geschichtszeichen" der Frühen Neuzeit. Zunächst sind es vereinzelte, temporäre Erscheinungen, sie verdichten sich im 18. Jh., werden aber regelmäßig von gegenläufigen Bewegungen unterwandert. Mit der Verweltlichung gingen auch Momente der Rechristianisierung einher (vgl. Lehmann 2008). Außerdem erfuhren die Menschen zwar eine Erweiterung von Handlungs- und Entscheidungsfreiheiten, mussten aber zugleich ein Mehr an staatlicher Kontrolle, institutioneller Reglementierung und sozialer Disziplinierung in Kauf nehmen. Solche Gegensätze versetzten auch das Feld der Erziehung in eine spannungsvolle Dynamik.

4 Haus und Kindheit

Geringe funktionale Differenzierungen

Frühneuzeitliche Gesellschaften weisen, ähnlich wie die mittelalterlichen, einen relativ geringen Grad an funktionaler Differenzierung auf. „Nichts war separiert, alles öffnete sich allem: die Arbeit und der Ort des Durchgangs, das Haus und die Straße, das Land und die Stadt, Tausch und Produktion. Privatheit und Öffentlichkeit" (Lefebvre 1978, S. 147). Bis zum Ende der Epoche wird diese soziale Offenheit zwar sukzessive abnehmen, aber für die Familien- und Kindheitsverhältnisse wesentlich bleiben.

4.1 Familienleben

Gleichbleibende Aspekte des häuslichen Lebens

Nähert man sich dem Familienleben aus der Vogelperspektive, dann begegnen einem als erstes ebenfalls aus dem Mittelalter bekannte Phänomene, die den einsetzenden Veränderungen trotzten. „Die zunehmende Marktverdichtung, das verstärkte Bemühen des frühmodernen Staates, das Alltagsleben der Menschen seinen ‚rationalen' Normen zu unterwerfen, sowie die expansiven Interessen der Kirchen, das Familienleben ganz zu verchristlichen, hatten, was die gesamte Ständegesellschaft betrifft, zunächst nur beschränkte Wirkung auf das konkrete Familienleben und die Lebensordnung der Menschen" (Dülmen 1990, S. 244).

Patriarchat

In bäuerlichen, bürgerlichen und adligen Familien, so unterschiedliche Kulturen sie ansonsten pflegten, herrschten weiterhin das patriarchale Prinzip und eine Praxis des Zusammenlebens, die dem Modell des Hauses verpflichtet blieb. Die geistlichen und weltlichen Obrigkeiten zeigten sich an einer Auflösung dieser traditionellen Herrschaftsverhältnisse desinteressiert, sie versuchten sie vielmehr festzuschreiben. Wenn Luther (1529) im Großen Katechismus alle Bewohner und die Bediensteten des Hauses mit Verweis auf antike Vorbilder dem „Hausregiment" des Vaters unterstellt, dann meint man denselben Geist noch gut 200 Jahre später aus dem katholischen „Codex Maximilianeus Bavaricus" sprechen zu hören, nur das man jetzt das seit dem 17. Jh. verbreitete Wort „Familie" gebrauchte. Der Punkt „Was eine Familie seye" wird im Bayerischen Zivilgesetz von 1756 mit unverkennbaren Anleihen an römische Rechtsbegriffe erläutert (§§ 1 u. 2): „Die Familie ist eine Versammlung deren unter einem Gemeinschaftlichen Haus-Vatter beysammen lebender Personen, bedeutet aber auch öffters eine Verwandtschaft, und begreift mithin nicht nur Eheleut, Kinder und Eltern, sondern auch Dienstboten, Anverwandt- und Verschwägerte in sich." Weiterhin heißt es lakonisch: Der „Paterfamilias" habe den „bey ihm lebenden Haus-Genossenen (Domesticis) in Haus-Sachen zu gebieten" (Danzer 1894).

Veränderungen im Familienleben

Rückt man näher an die Verhältnisse heran, dann werden allerdings Strukturwandlungen sichtbar, die Ausgang der Epoche besonders die bürgerliche Familienordnung betrafen. Richard van Dülmen hat wesentliche Tendenzen benannt: „Einmal ist eine generelle Verhäuslichung des Familienlebens feststellbar. Die Grenzen zwischen dem Haus und der Straße, d.h. zur Nachbarschaft bzw. zum Stadtleben, werden für die Angehörigen des Hauses schärfer gezogen. Die Klein-Familie wollte unter sich sein. Die zunehmende Trennung von Haus und Betrieb wirkte hier nach" (Dülmen 1990, S. 244). Das Auseinandertreten von Wohn- und Arbeitsbereichen ging auf Kosten jener Familienkonstellation, für die in der Literatur die umstrittene Metapher des „ganzen Hauses" steht (vgl. Brunner 1956).

„Ganzes Haus"

Das sozialromantisch aufgeladene Bild des „ganzen Hauses" hat einen nur begrenzten sozialgeschichtlichen Erklärungswert, denn es erfasst lediglich einen Teilbereich der vorindustriellen Familienformen. Mit dem „ganzen Haus" ist eine relativ autarke Lebens- und zugleich Wirtschaftsgemeinschaft gemeint. Sie besteht aus einer vielköpfigen Familie, mit dem Ehepaar als Nukleus, und umfasst überdies Arbeitskräfte, Angestellte und sonstiges Hilfspersonal. Solche Hausgemeinschaften gab es am häufigsten auf dem Land, beim Adel oder unter vermögenden Bauern. Aber nicht einmal dort fand man solche Gemeinschaftsformen allenthalben und in der städtischen Mittelschicht, die schon Jahrhunderte vor der Industrialisierung mit arbeitsteiligen Marktgesetzen in Berührung kam, schon gar nicht (vgl. Wehler 1987).

Familiengröße

In die Mythenkammer der Geschichte gehört folglich auch die Vorstellung, in der Vormoderne seien einem auf Schritt und Tritt Großfamilien begegnet. Nicht, dass es keine Mehrgenerationenhaushalte oder äußerst kinderreiche Familien mit zehn oder auch 15 Kindern gegeben hätte; das legendären Reichtum erwirtschaftende Ehepaar Mayer Amschel und Gutle Rothschild beispielsweise hat zwischen 1771 und 1792 mindestens 19 Geburten erlebt. Doch Großfamilien waren zu keiner Zeit der Regelfall, sie wurden mehr und mehr zur Ausnahme, während die sog. Gatten-, Kern- oder Kleinfamilie spätestens seit dem Hochmittelalter überwog (vgl. Gestrich et al. 2003). Obgleich zuverlässige demographische Fakten schwierig zu ermitteln sind, darf man annehmen, dass einem Haushalt im Durchschnitt nicht mehr als fünf Personen angehörten. Die meisten Eltern haben höchstens zwei oder drei Kinder aufgezogen, wobei die Zahl der Geburten üblicherweise um ein Doppeltes oder sogar Dreifaches darüber lag; in der Familie Rothschild blieben zehn Kinder am Leben. Numerisch änderte sich also an den Familienverhältnissen seit dem frühen Mittelalter verhältnismäßig wenig (vgl. Toubert 1996).

Hohe Säuglingssterblichkeit

Die medizinischen Möglichkeiten waren nach wie vor beschränkt und die hygienischen Belastungen massiv, sodass auch diese Epoche die hohe Säuglings- und Kindersterblichkeit nicht in den Griff bekam (unter Wöchnerinnen und generell unter jungen Erwachsenen blieb die Sterblichkeitsrate ebenfalls sehr hoch, viele Kinder wuchsen als Halb- oder Vollwaisen auf). Um 1500 sterben ungefähr 65 % der Neugeborenen, bevor sie das erste Lebensjahr vollendet haben (vgl. Bresc 1996). Mitte des 18. Jhs. kommen von 1000 Lebendgeburten zwischen 200 und 300 Kleinkinder vor ihrem zweiten Geburtstag zu Tode, von den übrigen werden nur wenig mehr als die Hälfte älter als 15 Jahre; auch die oberen Stände bleiben von frühem und zahlreichem Kindertod nicht verschont (vgl. Buguière/Lebrun 1996a). Die beständige Gegenwart von Sterben und Tod härtete die Gemüter nicht ab, wie man denken könnte, sie belastete eher den mehr und mehr gefühlsbesetzten Raum der Familie.

Privatisierung des Hauses

Mit der Verhäuslichung der Familie bzw. mit der Privatisierung des Hauses ging die „Emotionalisierung und Intimisierung des Familienlebens" einher (Dülmen 1990, S. 244). Die Familie stand im Begriff, sich zu einem Schutz- und Rückzugsraum zu entwickeln, dessen Innenleben hinter verschlossenen Türen und Fenstern vor den Blicken von draußen gehütet wurde. Die ausgelagerten Arbeitsplätze brachten es mit sich, dass sich der zur Arbeit gehende Vater als eine soziale Routine einspielte, die die Familienkultur und das Stereotyp des männlichen Familienernährers prägte. Am Ende der Frühneuzeit ereignete sich ein historischer Umschlag: vom omnipräsenten Haus- zum teilgegenwärtigen Familienvater, den seine Frau und seine Kinder nur noch in seiner privaten Rolle vor oder nach, aber nicht mehr während der Arbeit zu Gesicht bekommen. Das blieb nicht ohne Auswirkungen auf die patriarchalen Ordnungsstrukturen. Sie begannen in dem Maße aufzuweichen, wie der tagsüber außer Haus tätige Vater Bereiche des „Hausregiments" der Regie seiner Ehefrau überantworten musste.

Haus-Frauen

Das Preußische Landrecht brachte den Status der Frau 1794 auf die amtliche Formel: Die Ehefrau sei „schuldig, dem Hauswesen des Mannes nach dessen Stande und Range vorzustehen" (2. Teil, 1. Titel, § 194). Für diese Aufgabe sollten die Mädchen erzogen werden. Hier und da begann man zu erkennen, dass die Hausfrauenerziehung mehr Sorgfalt, Systematik und Verstand verlangte, als man bislang für nötig hielt. „Gewohnheit und die Launen der Mütter entscheiden oft ganz allein über diesen Gegenstand", beklagte Fénelon in seiner Abhandlung „Traité de l'éducation des filles" aus dem Jahr 1687, „man geht von der Voraussetzung aus, daß das weibliche Geschlecht eines sonderlich eingehenden Unterrichtes nicht bedürfe" (Fénelon 1956, S. 9). Das sei aber ein Irrtum, denn schließlich Ruhe das Wohlergehen der Familie auf den Schultern der Frauen.

Private Frauen, öffentliche Männer

Die Familie war auf dem Weg, sich vom öffentlichen Raum abzusondern. Das sollte Folgen für das Geschlechterverhälnis haben. Während in der

Öffentlichkeit Konventionen, Kultur und Konkurrenz den Ton angaben, umgab die Familie die Aura des Natürlichen und Behüteten (vgl. Sennett 1983). Den beiden Welten gehörten nach dem Geschlecht getrennte Repräsentanten an. Männer vertraten die Öffentlichkeit, die Kultur, Rationalität, Bildung und Tatkraft. „Der Mann muß hinaus / Ins feindliche Leben, / Muß wirken und streben", besang Friedrich Schiller 1799 diesen vielfach belegten Aspekt sozialer Wirklichkeit im „Lied von der Glocke" (Schiller 1983). Frauen (und Kinder) repräsentierten das Private, die Natürlichkeit, das Unverfälschte, aber auch das Ungeschliffene, Impulsive, Emotionale. Als öffentliche oder gar politische Personen und Entscheidungsträgerinnen sollten sie nach dem Willen von Kirche und Krone und nach der gesellschaftlichen Überkunft nicht in Erscheinung treten, und das taten sie auch nicht. Ausnahmefälle, wie die durchsetzungsstarke Regentin und Reformatorin Elisabeth von Rochlitz oder einige „gelehrte Frauenzimmer", die Ende des 17., Anfang des 18. Jhs. vorübergehend protegiert wurden (vgl. Bovenschen 1979; Jacobi 2013), blieben Randfiguren in der durch und durch von Männern dominierten Öffentlichkeit. In der Privatsphäre dagegen gewannen Frauen an Unabhängigkeit vom Diktat des Mannes, da ihnen zahlreiche Belange des Alltagsgeschäfts, allen voran die Erziehung der Kinder und die Haushaltsführung, eigenständige Entscheidungen, praktische und theoretische Kompetenzen abverlangten. Schillers Gedicht verklärt auch diese soziale Realität und entrückt sie dadurch zugleich ins Ideelle: „Und drinnen waltet / Die züchtige Hausfrau, / Die Mutter der Kinder, / Und herrschet weise / Im häuslichen Kreise / Und lehret die Mädchen / Und wehret den Knaben".

4.2 Kindheit in der Erwachsenenwelt

Vieles spricht dafür, dass Kinder grosso modo weiterhin in einer Erwachsenenwelt aufwuchsen. Ausgesprochene Kinderkleidung kam erst nach 1800 auf, kindgemäß eingerichtete Zimmer waren so gut wie unbekannt, in den meisten Häusern stand dem Nachwuchs kein eigenes Bett zur Verfügung. Es bleibt, um dies vorauszuschicken, der bürgerlichen Gesellschaft des 19. Jhs. vorbehalten, Kinder in einem kulturell und symbolisch klarer definierten Lebensraum von der älteren Generation abzugrenzen.

Emotionalisierung

Im Lichte schriftlicher und bildlicher Überlieferungen ist aber ebenfalls erkennbar, dass Kinder in der Frühen Neuzeit die Aufmerksamkeit der Erwachsenenwelt auf sich zogen, dass sie elterliches Engagement und Opferbereitschaft weckten, vielfach positive Emotionen und Affekte hervorriefen (Liebe, Rührung, Stolz), dass sie Geschenke und Spielzeuge erhielten und, einige wenige zumindest, in mehr oder weniger komfortablen Wiegen nächtigten (vgl. Dülmen 1990; Weber-Kellermann 1997). Der überwiegend unsentimentale, derbe Umgang mit dem Nachwuchs gehörte zwar noch nicht der Vergangenheit an, aber eine gefühlsintensivere Eltern-Kind-Beziehung, in der auch der kindlichen Wesensart mehr Beachtung geschenkt wurde, sind den Zeugnissen seit dem 17. Jh. ablesbar. Diese Zeugnisse sind Ausdruck eines einsetzenden Wertewandels, über den Charles Taylor zutreffend bemerkte: „Die Änderung liegt nicht darin, daß die Leute nun beginnen, ihre Kinder zu lieben [...], sondern darin, daß diese Neigungen jetzt als maßgeblicher Bestandteil dessen angesehen werden, was das Leben lebenswert macht und ihm Sinn verleiht" (Taylor 1996, S. 517).

Geburt und Kindstot

Wurde ein Kind geboren, dann war das in Familien aller Stände eine mit hohen Erwartungen und Bangen begleitete Angelegenheit. Wenn Säuglinge im Wochenbett starben, nahm dies die Bedeutung eines Schicksalsschlags an, die Trauer war im Allgemeinen groß. Das verraten nicht nur Leichenreden, Grabsteine und Trauerbriefe (vgl. Arnold 1980), das bestätigt auch der 1533 geborene Michel de Montaigne, dessen Bemerkung, er habe ohne zu jammern „zwei oder drei Kinder" verloren, fälschlicherweise als ein zeitspezifischer Ausdruck von Desinteresse und Kaltherzigkeit gilt. In Wahrheit wollte der Humanist dort stoischen Gleichmut demonstrieren, wo es den Zeitgenossen am schwersten fiel – beim Tod des eigenen Nachwuchses. Das Ableben eines Säuglings, schreibt er weiter, sei ein „Ungemach, das die Menschen heftiger in die Seele träfe" als irgendetwas anderes (Montaigne 1985, S. 105).

Säuglingspflege

Wie mit den Neugeborenen nach der meist schwierigen Geburt verfahren wurde – die selten in Gegenwart eines Mannes oder Arztes, dafür häufiger im ungezwungenen Beisein von Kindern vonstatten ging –, können wir uns von einem Mediziner aus Rostock, einem gewissen A. F. Nolde, schildern lassen. Er registrierte 1807 mit Genugtuung, dass die traditionelle Prozedur des Ganzkörperwickelns und -einschnürens endlich außer Mode gekommen sei: „Man wickelte die Kinder gleich nach der Geburt in Windeln, doch so, daß die Arme frey blieben, und fuhr damit eine geraume Zeit fort; man sorgte für eine warme Kopfbedeckung, auch bey den größern Kindern; man wußte bald Anstalt zu einem Schnürleibchen zu machen, wenn die Wickelzeit verflossen war; und beschwerte die Kinder mit so vielen und dicken Kleidern, daß sie kaum die Last tragen konnten; kurz man verfuhr hier noch ganz nach der alten wohlhergebrachten Methode" (zit. n. Schlumbohm 1983, S. 234). Das Bandagement besaß, wie die meisten Praktiken und Behelfsmittel, die den Eltern zur Pflege und Erziehung ihrer Kinder an die Hand gegeben wurden, eine Doppelfunktion. Es diente dem Schutz der Sprösslinge und schränkte zugleich deren Bewegungsmöglichkeiten ein, was die Erziehenden von ununterbrochener Beaufsichtigung entlastete.

Freiheit und Reglements

Der Schnürphase entwachsen, gewannen die Kinder an körperlicher Freiheit, dafür sahen sie sich mit einer Reihe von Reglements, pädagogischen Gerätschaften und Arbeitsanforderungen konfrontiert, die ihnen allerhand an Ungezwungenheit raubten. Allen voran am Hof ließ man keine Zeit verstreichen, um die Aufwachsenden ins Korsett der standesgemäßen Etikette einzupassen. Augenfällig wird dies an den äußerlichen Requisiten – man vergegenwärtige sich die von Diego Velázquez gemalten Königskinder –, mit denen der Nachwuchs ausstaffiert wurde: unbequeme Bekleidung, aufwendig ondulierte Frisuren, erlesener Schmuck. In allem treten die prestigehaltigen, repräsentativen Codes der Adelsgesellschaft in Erscheinung; für Kompromisse an die Wesensart der Kinder, für deren Bewegungsbedürnis und „Spieltrieb", zeigte sich die Oberschicht wenig aufgeschlossen.

Erziehungsgeräte

Eine technische Erziehungshilfe, die unter den Vermögenden in Gebrauch kam, gewinnt vor diesem Hintergrund geradewegs symbolische Bedeutung. Im Landadel und unter den Patriziern fand man Gefallen daran, Kinder, die das Laufen lernten, buchstäblich am Gängelband zu führen. Die an der Rückenseite der Kinder befestigten, von den Erziehenden in den Händen gehaltenen Stoffbänder sollten den tapsenden Sprösslingen Sicherheit geben – ohne dass die Erwachsenen (deren noble Bekleidung für spontane Aktionen denkbar ungeeignet war) ihre distanzierte Haltung aufgeben, sich hinabbeugen und den Kleinen unter die Arme greifen brauchten.

In kinderreichen Familien griffen die Mütter dankbar zu Utensilien, die ihnen bei der Bewältigung der Kinderpflege Erleichterung versprachen. Da die Umwelt lediglich geringfügige Anstalten machte, sich dem kindlichen Bewegungs- und Entdeckungsdrang anzupassen, verlegte man sich darauf, das Kind wirksamer vor den ringsum lauernden Unfallgefahren zu behüten. Zu diesem Zweck wurde der sog. Fallhut gebräuchlich: in Aussehen und Machart vergleichbar mit einem Sturz- oder Epileptikerhelm.

Damit die Kinder sich beim unbeaufsichtigten Herumlaufen nicht ernsthaft verletzen, wurde endlich ein drittes Gerät entwickelt: Laufgehschulen: „kleine Gitterkäfige mit vier Rädchen, in denen sich das Kind in der Stube oder auch auf dem Hof gehen lernend fortbewegen konnte, ohne zu fallen und ohne daß sich die Erwachsenen darum zu kümmern brauchten. Diesen Eindruck vermitteln deutlich die alten Bilder, auf denen die Kinder sich ganz selbst überlassen sind und sogar in einer Wochenstube frei herumrutschen, während die vielen dort vorhandenen Frauen den Gebärenden helfen oder sich mit einem Imbiß stärken" (Weber-Kellermann 1997, S. 50).

Praktischer Nutzen

Die Erziehenden bedienten sich dieses Hilfsmittels aus praktischen Erwägungen, und nicht etwa, weil sie der Überzeugung folgten, Kinder bedürften der selbsttätigen, freiheitlichen Entfaltung. Solche Ideen haben in der fortschrittlichen Erziehungsliteratur des 18. Jhs. ihren Platz, einige dafür aufgeschlossene Hauslehrer haben sie bisweilen auch für die pädagogische Praxis nutzbar zu machen versucht. Aber in den Erziehungsalltag der Bevölkerungsmehrheit drang davon sehr wenig. Dort gaben vorwiegend entgegengesetzte Prinzipien den Ton an.

Unter der Gewalt des Vaters

Dem hierarchischen, patriarchalen Familienmuster entsprechend unterstanden die Kinder der väterlichen Gewalt, die zugleich ein Macht-, Verantwortungs- und Abhängigkeitsverhältnis begründete. „Die Vätterliche Gewalt ist eine Herrschaft, welche der Vatter über seine Kinder denen Rechten gemäß auszuüben hat. Sie gebührt nur dem Vatter allein, nicht aber der Mutter, oder anderen […]", heißt es im Amtsdeutsch des Bayerischen Landrechts (1. Teil, 5. Kapitel, § 1). Das preußische Gegenstück, das „Allgemeine Landrecht", setzte die väterliche Gewalt erst beim fünfjährigen Kind in Kraft, bis dato standen die Kleinkinder von Rechts wegen unter der „Aufsicht und Pflege" der Mütter (1. Teil, 1. Titel, § 4). Diese Verordnung deckte sich mit der sozialen Wirklichkeit, in der die Betreuung der kleinen Kinder hauptsächlich von den Müttern geleistet wurde.

Stillen

Das schloss auch das Stillen der Kinder ein, zumindest in den unteren Schichten. Je höher der gesellschaftliche Familienstatus, desto häufiger traf man auf Ammen, die den Müttern das als unvornehm angesehene Stillen abnahmen. Dieser vermehrt beanstandeten Sitte versuchte die aufgeklärte Legislative, die im Stillen eine natürliche Mutterpflicht zu erkennen glaubte, einen Riegel vorzuschieben. Preußens Landrecht statuierte etwa: „Eine gesunde Mutter ist ihr Kind selbst zu säugen verpflichtet" (2. Teil, 2. Titel, § 67). Doch die habitualisierte soziale Praktik ließ sich nicht so einfach delegitimieren. Weder in Preußen noch in anderen Teilen Europas war die Oberschicht bereit, sich solch einer moralischen Verpflichtung zu beugen. Edgar Degas' auf das Jahr 1869 datierte Gemälde „Auf dem Rennplatz" zeigt, dass man in mondänen Kreisen noch im späten 19. Jh. in aller Öffentlichkeit sein Kind von einer Amme stillen ließ, ohne dass die Umwelt Notiz oder gar Anstoß nahm. Regionale historische Forschungen bestätigen das Bild. In den gehobenen Kreisen blieb es bis in die 1880er Jahre unüblich, dass Mütter ihre Kinder längere Zeit stillten, die deutliche Mehrzahl griff, sofern keine Stillamme angeheuert werden konnte, zu künstlicher Ernährung. Man vermutet, dass dies ein Grund dafür war, weshalb die Kindersterblichkeit in wohlhabenden Familien über Erwarten hoch blieb (vgl. Gestrich et al. 2003).

Gehorsamspflicht

Die beiden genannten Gesetzbücher kodifizierten ferner in exemplarischer Weise die landläufige Vorstellung, Kinder seien den Eltern – im Wortlaut des „Codex Maximilianeus Bavaricus" – „gebührenden Gehorsam, Ehrfurcht und Dankbarkeit" schuldig, und sie besiegelten, dass die Heranwachsenden in allerlei Arbeitsgeschäfte einzubinden seien, „ohne daß sie derwegen eine besondere Belohnung zu fordern hätten, ausgenommen, wenn ihnen für ihre Mühe, Dienst und Arbeit ausdrücklich etwas bedungen worden" (1. Teil, 4. Kapitel, § 3).

Arbeit der Kinder

Kinder der arbeitenden Bevölkerung zählten, sobald sie physisch dazu in der Lage waren (ungefähr ab vier Jahren), zu den Hilfskräften. Der lateinische Ausspruch *fac totum!* (mach alles!) war für sie eine Art Tätigkeitsbeschreibung. In den landwirtschaftlichen Anwesen und in manchen bürgerlichen Haushalten beteiligten sich die Kinder so früh und selbstverständlich an den Arbeitsvorgängen, dass eine soziale Differenz zum Dienstpersonal, das häufig aus Kindern anderer Haushalte bestand, kaum auszumachen war. „In Tätigkeit und Stellung unterschied sich das Gesinde wenig von den Kindern; oft waren sie sogar miteinander verwandt, lange teilten sie die Schlafkammern und arbeiteten und aßen zusammen" (Dülmen 1990, S. 51).

Unterschiede bei Knaben und Mädchen

Der Übergang vom partizipativen Modelllernen zur instruierten Lehre war für die meisten Kinder, die buchstäblich in die Arbeitswelt hineinwuchsen, fließend. Erst die beginnende Auslagerung der häuslichen Arbeitsstätten zerriss – für die Knaben – die Einheit von Alltagsbildung und beruflicher Ausbildung in zwei voneinander getrennte Hälften. Für die Mehrzahl der Mädchen gestaltete sich die Situation insofern anders, als sie daheim auf die Bewirtschaftung des Hauses vorbereitet wurden, während ihnen Berufslaufbahnen, die nicht mit Hausarbeit in Berührung standen, weitgehend verwehrt blieben.

Arbeitsanforderungen

Wie sehr die Kindheit, ausgenommen in der Aristokratie, noch zu Beginn des 19. Jhs. von Arbeitsanforderungen gezeichnet war, ist beispielhaft einer Erinnerungsminiatur zu entnehmen, die der 1792 geborene Sylvester Jordan in der dritten Person verfasste. Der als Staatsrechtler und Politiker bekannt gewordene Sohn eines Dorfschuhmachers – ein für damalige Verhältnisse ungewöhnlicher sozialer Aufstieg – schaut mit sichtlichem Befremden auf seine arbeitsbelasteten frühen Jahre zurück:

„In seinem neunten Jahre wurde er zur Erlernung des Schumacherhandwerkes angehalten, das er auch vollständig ausgelernt und mit seinem Vater und ältern Bruder theils zu Hause, theils auf der Stöhr (d.i. in fremden Häusern, deren Besitzer die Schumacher in die Arbeit nahmen) bis zu seinem dreizehnten Jahre ausgeübt hat. Nebenbei mußte er auch alle Arten ökonomischer Arbeiten verrichten. Seine Aeltern besaßen nämlich ein kleines Haus und einige Grundstücke und Wiesen, die sie, da sie kein Zugvieh hatten, mit Hülfe ihrer Kinder anbauten und bearbeiteten. Dünger, Holz, Früchte, Heu usw. alles mußte entweder im Winter auf Schlitten gezogen oder getragen werden, und so kam es, daß ihm keine Arbeit fremd blieb; daß er gerade in seinem zartesten Alter, auf eine fast unglaubliche Weise, zu Verrichtungen aller Art, selbst zu den ekelhaftesten, angestrengt wurde, und dabei erhielt er nur schlechte und karge Nahrung. Sogar um Tagelohn mußte er als Drescher und Flachsbrecher arbeiten" (zit. n. Schlumbohm 1983, S. 97f.).

Der Brauch, Kinder in zahllose Arbeiten einzubeziehen, überlebte auch dort, wo kein funktionaler Zusammenhang von Hauswirtschaft und Berufsleben bestand. Dazu ein zweites Selbstzeugnis aus der Feder eines Mannes, der im mittelständischen Milieu aufwuchs. Dem 1792 geborenen Johann Friedrich Bruch gelang ebenfalls eine untypische, weil steile Bildungskarriere: vom Kind eines Apothekers zum evangelischen Professor für Theologie bis zum Rektor der Universität Straßburg. Seine Kindheit erlebte er als eine unendliche Aneinanderreihung von „tausenderlei Dienstleistungen":

„Dabei wurde ich zu vielen Arbeiten in der Apotheke angezogen. Die meisten Commissionen mußte ich machen. Je nach der Jahreszeit mußte ich auf dem Markt das Obst einkaufen, aus dem Garten die Gemüse nach Hause tragen, die Raupen von den Krautstöcken ablesen, auch wohl im Garten graben und pflanzen. Für die Apotheke mußte ich helfen die Kräuter abzupfen und auspressen. Ich wurde angehalten, Wurzeln zu schneiden und Pulver zu stoßen. Gegen Neujahr mußte ich helfen Schachteln überziehen, Rauchkerzchen und Storax bereiten zu Neujahrsgeschenken an die Kunden. Viele Tausende von Schildern für Büchsen und Gläser habe ich gemalt und beschrieben, zuweilen auch mit Vergoldungen auf den Porzellanbüchsen. Kam im Herbst der Tag, wo das Schwein geschlachtet wurde, so half ich das Schwein stechen und die Würste hacken. Wurden Birnen- oder Zwetschenmus gekocht, so mußte ich Stunden lang den Kessel rühren, kurzum, ich versah in gewisser Beziehung die Functionen eines Factotum" (zit. n. Hardach Pinke/Hardach 1981, S. 182f.).

Spielzeug

Kindheit war sowohl eine Zeit der Arbeit als auch eine Zeit des Spiels, sofern freie Zeit vorhanden war und die Etikette dies erlaubte. Spielformen und Spielgegenstände sind vielfach verbürgt. Auf ungezählten Illustrationen sieht man, wie sich Kinder und Erwachsene einträchtig an denselben Spiel- und Sportarten erfreuen. Die bei kleineren Kindern beliebtesten Gegenstände wie Puppen, Puppenhäuser, Steckenpferde, Schaukelpferde, Reifen, Kreisel und Trommeln entstanden in steigender Zahl in Manufakturen, was eine ästhetische und materielle Vereinheitlichung nach sich zog. Auch ihre Erziehungsfunktion verstärkte sich. Über die protoindustrielle Herstellung und ökonomische Verbreitung des Spielzeugs gelangten, besonders auffällig seit dem 18. Jh., die gesellschaftlich erwünschten Standes-, Rollen- und

Geschlechtsstereotypen in die Wohnstuben. Die Spielgeräte gaben ihren Adressaten hintergründig, aber eindeutig zu verstehen, welche Verhaltensweisen und Lebensart man von ihnen erwartete. Etwas schematisch, aber im Prinzip zutreffend: Kampftüchtiges und aktivierendes Spielzeug für die tapferen Jungs (Zinnsoldaten!), hauswirtschaftsbezogene und familienfreundliche Spielsachen für die braven Mädchen. Die Konfessionen hielten sich auf diesem Gebiet im Übrigen zurück; sie überließen den Bereich der Spielmedien weltlichen Interessengruppen.

Spielen im Freien

Die Kinder bedurften selbstverständlich nicht unbedingt vorgefertigtes Material, um sich die Zeit im Freien zu vertreiben. Den Zeitzeugnissen zufolge herrschte an Gelegenheiten zu ungezwungenem Toben und erfinderischem Spiel, trotz der vielen Arbeit, kein Mangel – ausgenommen in den distinguierten Kreisen, wo sich das gesamte Alltagsleben unter strengerer Beobachtung und in gelenkteren Bahnen abspielte. Den städtischen Instanzen wurde das unkontrollierte Spiel der Kinder alsbald zu bunt. Seit dem Spätmittelalter häufen sich kirchliche und amtliche Verordnungen, die den Spielräumen und -zeiten der Heranwachsenden in der Öffentlichkeit Einschränkungen auferlegten (vgl. Weber-Kellermann 1997).

4.3 Erziehungsalltag

Was den Erziehungsalltag anbelangt, fallen einem zunächst bekannte Erscheinungen auf. Erziehung im Sinne einer planvollen, überlegten Handlungsweise, die auf Förderung und Verhaltensregulierung abzielt, kam in den Haushalten weiterhin nur am Rande zum Zuge, und wenn, dann verschaffte sie sich nicht selten mit Strenge und Härte, insbesondere von Vaters Hand, Gehör. Den Eindruck, die meisten Familien hätten sich hauptsächlich auf funktionale, also beiläufige Erziehungseffekte verlassen, während intentionale Schritte selten ergriffen wurden, gewinnt man vor allem aus den zahlreichen Äußerungen von Personen, die an diesem Umstand Anstoß nahmen. Das sind brauchbare, aber parteiische Stimmen. Luther etwa überbot sich regelrecht in seinen geharnischten Ermahnungen, die Eltern sollten endlich dem Schlendrian in der Erziehung ein Ende bereiten. „Da denke nur selbst", rief er im Katechismus den Erziehenden ins Gewissen, „wie mordlichen Schaden du tust, wo du darinnen versäumlich bist und an dir lässest fehlen, daß dein Kind nützlich und seliglich erzogen werde; darzu alle Sünd und Zorn auf dich bringest, und also die Hölle an deinen eigenen Kindern verdienst, ob du gleich sonst fromm und heilig wärest" (Luther 1529, S. 135).

Nachlässigkeit in der Erziehung

Aber Bitten und Drohungen, selbst wenn sie das Höllenfeuer beschworen, richteten alles in allem wenig aus. Warum auch sollten die von Anstandsregeln gesättigten, von Arbeit erschöpften oder von Armut belasteten Familien zusätzlich Energie in die Erziehung investieren, wo sich die herkömmlichen Sozialisierungspraktiken doch seit Generationen bewährt hatten? Genau diese Bewährung musste in die Krise geraten, das Vertrauen in die traditionellen Praktiken musste erschüttert werden, damit sich auf breiter Ebene neue soziale Praxisformen Geltung verschaffen konnten. Erst als sich die Ständeordnung und die sich selbst reproduzierenden Familien- und

Arbeitsstrukturen aufzulösen begannen, erst als sich Bildungs- und Berufswege öffneten und qualifizierte Vorleistungen, persönliche Eignungen und erwerbbare Fähigkeiten lebenslaufentscheidendes Gewicht gewannen, also mit der anbrechenden Moderne, verbreitete sich ein Bewusstsein davon, dass man das Schicksal der nachwachsenden Generation mittels Erziehung gezielter lenken könne und müsse.

Bis dahin rissen die Klagen aus der geistlich-gelehrten Welt nicht ab, um die Erziehung stünde es miserabel, weil sie praktisch nicht ausgeübt werde. In einer „Moralischen Wochenschrift" von 1740 brüskierte sich beispielsweise ein namenloser Verfasser: „Wie ist denn die gewöhnliche Kinderzucht beschaffen? In den ersten sieben oder acht Jahren des Lebens werden die Verrichtungen der Kinder gar nicht geachtet. Sie machen in uns nicht mehrere Empfindungen, als daß sie uns zuweilen zum Lachen und Vergnügen bewegen" (zit. n. Schlumbohm 1983, S. 316). Zwischen Gleichmut, Resignation und Verantwortungslosigkeit schwankte die Erziehungssorgfalt besonders in bedürftigen Familien und in ländlichen Gebieten. Ein schweizer Dorfpfarrer teilte 1785 diese Beobachtung mit:

„Die erste Erziehung wird ganz physisch und moralisch vernachlässigt: Indem sie wenig für die Reinlichkeit ihrer Kinder sorgen, sie oft in Lumpen einwikeln, die kaum ein Bettler von der Straße aufheben würde. Daher dann die ekelhaftesten Krankheiten häufig bey Kindern angetroffen werden. Moralisch: da Kinder bis ins 6te und 7te Jahr ohne alle Zucht in Müßiggang dahinleben, eher Zotten und Schwören, Fluchen und lügen als aber die bekanntesten Gebethsformeln lernen" (ebd., S. 90).

Erziehungspflicht

Auch dem absolutistischen Staat blieb die vielfach angezeigte Erziehungsmisere nicht verborgen. Sittliche Verwahrlosung und Eltern, die ihren Kindern keine Glaubenstreue und keinen Gemeinschaftsgeist einimpften, mochten die Herrschenden nicht länger dulden. Deshalb erklärten sie die Erziehung zu einer allgemeinen Pflicht und zu einer Pflicht an der Allgemeinheit. Der Bayerische Codex etwa verfügte: „Die Eltern sollen [...] ihre Kinder Christlich und ehrlich zum Dienst Gottes und des gemeinen Weesens erziehen, mögen sich auch hierunter nöthigen Zwangs und allenfalliger Züchtigung mit Vernunft und Mäßigkeit gegen sie gebrauchen" (1. Teil, 4. Kapitel, § 3).

Züchtigungen

Körperliche Züchtigungen blieben über die gesamte Frühe Neuzeit ein sozial gepflegtes und weithin akzeptiertes Mittel der mehr und mehr als Elternpflicht angesehenen Kinderzucht (vgl. Buguière / Lebrun 1996b, S. 130ff.). Martin Luther (1529, S. 125f.) empfahl allen Eltern, was diese längst praktizierten: „flugs mit der Ruten" Kinder zu attackieren, die sich vom „Warnen und Schrecken, Wehren und Strafen" noch nicht zum Besseren haben bekehren lassen. Dass freilich „alleine mit Ruten und Schlägen" wenig Gutes gedeihen könne, war dem Reformator ebenfalls bewusst und nicht nur ihm. Nur für den Schaden, den die Kinderseelen an den Schlagritualen nahmen, entwickelte sich im Allgemeinen wenig Verständnis. Das Preußische Landrecht nahm deshalb zum verbrieften Recht der Eltern, ihren Nachwuchs zu züchtigen, die vage Klausel hinzu, die verwendeten „Zwangsmittel" dürften die Gesundheit der sanktionierten Kinder nicht beeinträchtigen (2. Teil, 2. Titel, § 86). So bewegte sich die Epoche in dieser Frage auf einen Kompromiss zu und der hieß: Mäßigung.

Vater- und Mutterrollen

Häusliche Sanktionen und körperliche Strafmaßnahmen gingen überwiegend, aber nicht ausschließlich von den Vätern aus, die zumeist als distanziert, beherrscht, respekt- und angsteinflößend geschildert werden. Die Mütter fanden sich oft in der Rolle der Friedensstifterinnen wieder, die eine Eskalation der väterlichen Gewaltausbrüche zu verhüten suchten. Ein 1735 in kleinbäuerliche Verhältnisse hineingeborener Garnhändler namens Ulrich Bräker gibt Einblick in die konfliktgeladene Eltern-Kind-Konstellation im Inneren des Hauses:

„In meinen ersten Lebensjahren mag ich wohl ein wenig verzärtelt worden seyn, wie's gewöhnlich mit allen ersten Kindern geht. Doch wollte mein Vater schon frühe genug mit der Ruthe auf mich dar; aber die Mutter und Großmutter nahmen mich in Schutz. Mein Vater war wenig daheim; er brennte hie und da im Land an benachbarten Orten Salpeter. Wenn er dann wieder nach Hause kam, war er mir fremd. Ich floh ihn. Das verdroß den guten Mann so sehr, daß er mich mit der Ruthe zahm machen wollte" (zit. n. Hardach-Pinke/Hardach 1981, S. 80f.).

Auch solche Väter, die in den Erinnerungen ihrer Söhne (von den Töchtern sind die Aufzeichnungen rar) in einem freundlichen Licht erscheinen, versäumten nicht, zum Stock zu greifen. Stellvertretend hier die im demütigen Ton gehaltene Schilderung des 1780 in einem Pfarrhaus aufgewachsenen Gotthilf Heinrich Schubert, der sich offenkundig auch als reifer Mann nicht einzugestehen traute, dass ihm der Vater eine höchst zwiespältige Bezugsperson gewesen war:

„Unser Vater gebot und verbot uns nur selten etwas, noch seltener aber strafte er. Es lag in seiner liebevoll ernsten Haltung gegen uns eine stillschweigende Anforderung zur Zucht und Ordnung, wie zum Gehorsam, der wir nicht widerstehen konnten. Nur wenn, selbst im Kleinsten von uns, der Eigenwille in unverkennbarer Weise hervortrat, dann pflegte er diesen durch ernste Züchtigung so zu brechen, daß derselbe für lange Zeit, wenigstens in seiner Gegenwart, nicht wieder aufzukommen wagte. Dem vorlaut kindischen Geschwätz war er nicht hold; wir hatten in seiner Gegenwart Schweigen gelernt" (zit. n. Schlumbohm 1983, S. 415f.).

Psychologisierte Erziehung

Nun waren bei weitem nicht sämtliche Väter ehrfurchtgebietende Tyrannen und nicht in allen Häusern wurden Kinder andauernd geprügelt. Glaubwürdige Zeugnisse von Herzlichkeit, Sanftmut und Nachsichtigkeit gibt es reichlich. Die Lebenserinnerungen Johann Christian Müllers schildern zum Beispiel ein von Liebe und Besorgnis erfülltes Elternhaus, in dem Stock und Schläge offenbar gänzlich durch subtilere, psychologische Erziehungsmethoden ersetzt wurden. Am wirksamsten erwies sich bei zunehmender Intimisierung der Eltern-Kind-Beziehung die zeitweilige Abkühlung der Beziehung, der Liebesentzug. Ein strenger Blick des Vaters, seine anschließende Ignoranz oder eine schweigende Mutter waren schmerzvollere Strafen als manche Tracht Prügel. Gerade die emotionale Nähe gewöhnte die Kinder daran, wie Müller notierte, auf die kleinste Verstimmung der Eltern zu achten, „und eine Mine war hinlänglich uns zu zeigen ob wir uns wohl oder übel verhalten" (Müller 2007, S. 11).

„Affenliebe"

Die auf Nähe und emotionale Zuwendung gründende Erziehung weckte prompt Kritik, die ein Zuviel an Zärtlichkeit und *laissez-faire* und ein Zuwenig an Disziplin und Kontrolle witterte. Das sattsam strapazierte pädagogische Schmähwort dafür lautete „Affenliebe". Der englische Philosoph John Locke hat das Phänomen im 17. Jh. als einer der ersten moniert; mit den Übersetzungen seiner „Gedanken über Erziehung" wird der Ausdruck (für den es im englischen Original keine wörtliche Entsprechung gibt) im Deutschen zu einer stehenden Wendung:

„Eltern sind von der Natur in weiser Voraussicht dazu ausersehen worden, ihre Kinder zu lieben; sie neigen jedoch dazu, wenn die Vernunft diese natürliche Zuneigung nicht sehr sorgsam überwacht, sie zur Affenliebe anwachsen zu lassen. Sie lieben ihre Kleinen, und das ist ihre Pflicht; aber oft hätscheln sie mit ihnen auch ihre Fehler" (Locke 1966, S. 25).

Aristokratische Erziehung

Das von Locke kritisierte Hätscheln und „Verzärteln" der Kinder war am ehesten in vornehmen Häusern zu beobachten. Die Aristokratie stellte, nach den Studien von Norbert Elias (1976), eine soziale Keimzelle rationalisierten, affekt- und gewaltkontrollierten Verhaltens dar, was sich auch im nachsichtigeren Umgang mit den Kindern bemerkbar machte. Doch auch der Hof war für die Heranwachsenden keine gewaltfreie Zone. Selbst Ludwig XIII. (1601–1643), der künftige König von Frankreich, bekam als Kind die Peitsche und andere Körperstrafen zu spüren, mit fast traumatischen Folgen (vgl. Hunt 1970). Auch eine Epoche später wäre es dem Kronprinzen nicht wesentlich besser ergangen. Als Beispiel sei die Erziehung des 1751 geborenen Prinz Ferdinand von Parma erwähnt, dessen Entwicklung damals für Diskussionsstoff sorgte, da in seiner späteren Politik nicht, wie von seinen aufgeklärten Erziehern erwartet, das luzide Licht der Aufklärung, sondern das komplette Gegenteil, finstere Frömmelei, zu Tage trat (vgl. Badinter 2010).

Fürstenspiegel

Der Prinz hatte in seiner Kindheit unbeugsame Strenge und heftige Züchtigungen erdulden müssen. Seine Erzieher haben ihn keinen Augenblick aus den Augen gelassen. Von Vertrauen in die Natur der Kinder, ins kindliche Wesen und Gemüt, wovon in den fortschrittlichen pädagogischen Schriften jener Tage oft die Rede ist, kam in der Erziehungpraxis wenig zum Vorschein. Man baute auf Kontrolle, Intervention und moralische Belehrung und folgte damit im Wesentlichen den Maßgaben der sog. „Fürstenspiegel", die seit dem frühen Mittelalter zur sittlichen Ermahnung und Unterweisung von Regenten verfasst wurden (vgl. Mühleisen et al. 1997).

Ungeschickte Erzieher

Es fehlte in den wohlhabenden Häusern nicht an Händen, die sich gegen Bezahlung der Erziehung annahmen, wohl aber fehlte es an geeigneten Personen, die, wie man so sagt, „ein Händchen" für diese Tätigkeit besaßen. Hören wir beispielhaft die launige, im Grunde jedoch bestürzende Erzählung von Wilhelm Ludwig Victor Graf Henckel von Donnersmarck, Jahrgang 1775, der über seine Erziehung und namentlich über seinen Hofmeister Folgendes berichtete:

„Er mochte ein redlicher Mann sein, wie er auch in seiner spätern Anstellung bewiesen, aber er war herzlich einseitig und beschränkt, schlug jedoch ein sehr kräftiges Lineal. So wuchs ich denn heran unter den reichhaltigen Ohrfeigen meiner Mutter und dem Lineal meines Herrn Kühlwein, und kann jetzt mit Offenheit bekennen, daß meine Erziehung recht mangelhaft betrieben wurde. Man überhäufte mich mit Lehrern und Stunden, aber leider hatte mein Vater zu viele Geschäfte; es bekümmerte sich also eigentlich Niemand darum, ob ich etwas lernte oder nicht" (zit. n. Hardach-Pinke/Hardach 1981, S. 188).

Hofmeister und Gouvernanten

Der Adel und das ihm nacheifernde wohlhabende Bürgertum schalteten, um den steigenden Erziehungsansprüchen Genüge zu tun, eine Vielzahl von Personen ein, die sich arbeitsteilig um den Nachwuchs kümmerten. Beim Prinzen von Parma zogen sich die keineswegs gleichgültigen oder herzlosen Eltern fast geschlossen aus dem unmittelbaren Erziehungsgeschäft zurück; die meiste Zeit waren sie außer Hof. Umso zahlreicher waren die Betreuungspersonen. Der kleine Ferdinand wurde von Ammen gestillt und von einer Gouvernante versorgt, die ihrerseits unter der Aufsicht einer ihr übergeordneten Gouvernante stand. Mit vier Jahren begann der Lese- und Religionsunterricht, den ein jesuitischer Pater übernahm. Zwei Jahre später endete für den Prinzen die Kindheit. Der Übergang in die nächste Lebensphase, dem „kingly state of youth" (W. Shakespeare), wurde zeremoniell durch den Wechsel der Bezugspersonen eingeleitet. Die Gouvernanten verschwanden, für die nächsten zwölf Jahre begleitete ein Hofmeister den Prinzen auf seinem Weg ins Erwachsenenleben (vgl. Badinter 2010). Dass es so dauerhaft ein und derselbe Hofmeister war, ist allerdings untypisch. Auf den Erzieherstellen herrschte für üblich ein Kommen und Gehen und wenig Stetigkeit.

Erziehung und Unterricht

Hofmeister besaßen diffizile, höchst weitreichende Aufgaben. Sie sollten sich vornehmlich um die sittliche, „manierliche" und gegebenenfalls religiöse Entwicklung der Heranwachsenden, also deren Lebens- und Denkungsart kümmern, gaben bei Bedarf aber auch Fachunterricht (vgl. Fertig 1979). In der Hauptsache war der Unterricht allerdings – in Häusern, denen es an Geld nicht mangelte – die Aufgabe zusätzlich angestellter Hauslehrer oder Informatoren, wie man sie auch nannte, die sich wiederum von Fall zu Fall massiv in die sittliche Erziehung einmischten. Kompetenzstreitigkeiten unter den Erziehern waren unausweichlich. Die Erfahrungsberichte von Hofmeistern machen aber auch ersichtlich, dass die sich hier professionalitätsgeschichtlich manifestierende Trennung von Erziehung und Unterricht von den Ausübenden selbst als künstlich empfunden und nur widerstrebend praktiziert wurde. Das pädagogische Arbeitspensum von Johann Christian Müller beispielshalber, der von 1746 bis 1755 drei Hofmeisterstellen ausfüllte, veranschaulicht, wie fließend Fachunterricht und Verhaltenserziehung ineinander übergingen: „Wir namen wieder fleißig unsere Bücher vor", hält er in seinen Erinnerungen fest, „wir übersetzten, wir moralisirten, und suchten das Gemüth sowohl aus dem vergangenen Vergnügen zu beßern, als auch auf ein Künftiges zum rechten Gebrauch gesetzter zu machen" (Müller 2013, S. 77 f.).

Condillac als Hofmeister

Müller war Theologiekandidat, all die Jahre seiner Hofmeistertätigkeit wartete er auf eine Anstellung als Pfarrer. Das entsprach der damals gängigen Lebenslaufplanung von Hochschulabsolventen. Im Falle Ferdinands hatte sich indes kein geringerer als der namhafte Aufklärungsphilosoph Condillac bereit erklärt, den Prinzen auf den neuesten Stand des Weltwissens zu bringen. Die Hauslehrertätigkeit war gewöhnlich weit unter dem Niveau eines hochkarätigen Gelehrten. Condillac gab sich dennoch dafür her, weil er an dem Thronfolger den praktischen Beweis für die vernünftigen Erziehungsprämissen der sensualistischen Philosophie antreten wollte; über den Misserfolg schwieg er, an seinen Prämissen hielt er ein Leben lang fest.

Hofmeister und Töchter

Üblicherweise standen den heranwachsenden Knaben gleichgeschlechtliche Erzieher zur Seite; dementsprechend oblag die Einübung des galanten Auftretens der Mädchen weiblichen Angestellten, den Gouvernanten (vgl. Hardach-Pinke 1993). Diese geschlechtsspezifische Zuordnung ließ sich jedoch nicht stets einhalten, was prekäre Situationen heraufbeschwor. Davon handelt die Komödie „Der Hofmeister oder Vorteile der Privaterziehung" aus dem Jahr 1774. Das von Jacob Michael Reinhold Lenz verfasste Stück bezeugt, dass die nahe Beziehung zwischen den jungen Hofmeistern und den noch jüngeren Töchtern des Hauses bisweilen Gefühle freisetzte, die die Umwelt nicht zu tolerieren imstande war. Die Konflikte dürften selten so versöhnlich beigelegt worden sein, wie in diesem Stück.

Standeskonflikte

Prinzipiell unerwünscht waren solche intimen Verhältnisse schon allein deshalb, weil die Hofmeister im Normalfall aus der Mittelschicht, dem Bürgertum stammten. Der Standesunterschied belastete die Arbeitsatmosphäre erheblich. Die zum Teil hochgebildeten Hofmeister hatten damit zu kämpfen, sich einer Standesmacht unterzuordnen, die es an demonstrativen Demütigungen und unverholener Respektlosigkeit nicht fehlen ließ. Und für die noble Herrschaft war es wiederum nicht immer einfach, die Erziehung ihrer Kinder Personen eines niederen Standes anzuvertrauen. Um sicherzustellen, dass dabei alles nach ihren Vorstellungen vor sich ging, häuften sich die Regelwerke, in denen die Hausherren den Bediensteten präzise Vorgaben machten, welche Gesichtspunkte bei der Erziehung zu beachten seien. Die berufsmäßigen Aufseher wurden ihrerseits observiert, instruiert und sanktioniert (vgl. Schlumbohm 1993).

Schwierige Erziehungsgeschäfte

Den meist adligen Gouvernanten machte noch ein anderer Umstand das Leben schwer. Sie hatten sich mit der Tatsache abzufinden, dass sie zwar von Geburt zu den Dienst*erteilenden* gehörten, nun aber eine Tätigkeit ausübten (überwiegend aus finanziellen Gründen), die sie zu den Dienst*leistenden* degradierte. Ob das oft als herrisch, ja mitunter als sadistisch beschriebene Verhalten der Erzieherinnen aus dieser sozialen Abstufung rührte, bleibt dahingestellt.

Vom Unbehagen der Hofmeister

Über das pädagogische Vorgehen der Hofmeister und Fürstenerzieher sei noch festgehalten, dass in den adligen Häusern kindorientierte, abwechslungs- und erfindungsreiche Lehrmethoden, wie sie die bürgerliche Aufklärungspädagogik verbreitete, durchaus häufiger anzutreffen waren als in den öffentlichen Schulen (vgl. Kollbach 2009). Unzweifelhaft ist aber auch, dass sich etliche Hofmeister in der Erzieherposition ausgesprochen unbehaglich fühlten und nicht selten lustlos oder brachial zu Werke gingen. Viele wählten das Amt allein deshalb, weil sie sich ein soziales Emporkommen versprachen. Andere fanden nach Abschluss ihres Studiums keine andere Anstellung, und die meisten blieben nur so lange Hauslehrer, bis sich eine attraktivere Beschäftigung auftat. Für die besonders feinsinnigen Gemüter, die mit pädagogischem Idealismus, aber ohne pädagogische Vorbildung an die Sache herangingen, bot der Erziehungsalltag leidlich Grund zur Verzweiflung. Nur wenige kleideten ihr Scheitern in so gestochene Worte wie der Dichter Friedrich Hölderlin, der am 16. Januar 1795 seiner Mutter den Abbruch seiner Hauslehrertätigkeit zu erklären versuchte:

„Daß mein Zögling bei einer mittelmäßigen Naturanlage noch im höchsten Grade unwissend war, als ich seine Bildung begann, war freilich nicht angenehm, doch eben kein Grund, seine Bildung nicht allen Ernstes vorzunehmen, und ich tat dies, wie Gott mein Zeuge ist, wie auch seine Eltern es erkennen, mit aller Gewissenhaftigkeit, nach meiner besten Einsicht. Daß aber eine gänzliche Unempfindlichkeit für alle vernünftige Lehre, womit ich auf seine verwilderte Natur wirken wollte, in ihm war, daß hier weder ein ernstes Wort Achtung, noch ein freundliches Anhänglichkeit ans Gute hervorbrachte, war für mich freilich eine bittere Entdeckung. Ich suchte die Ursache dieser beinahe fortdauernden Verstocktheit in der Prügelmethode, welche vor meiner Ankunft allem nach bis zum höchsten Exzeß gegen ihn ausgeübt wurde. Oft schien, als hätt ich ihn aus seinem Schlafe geweckt, er war offen, verständig [...]. [...] Aber ebenso schnell und unvermutet fiel er auch wieder in die höchste Stumpfheit und Trägheit zurück" (Hölderlin 1970, S. 630).

Der Adel grenzt sich ab

Was hinderte die Wohlhabenden daran, sich von der konfliktträchtigen Hofmeistertradition schleunigst zu verabschieden? Die Antwort liegt auf der Hand: Die Oberschicht wollte kein Vorrecht preisgeben, das den Abstand zu den unteren Gesellschaftsgruppen aufrecht erhielt. Alternativen zum Privatunterricht hätte es gegeben, breite Akzeptanz fand indes nur eine: die Gründung von speziellen Erziehungsinstitutionen, die ausschließlich für junge Edelmänner reserviert waren, sog. Ritterakademien. Eine andere Möglichkeit wäre gewesen, den Kindern der Oberschicht Unterricht im bestehenden öffentlichen Schulwesen zu erteilen, was auf eine gemeinsame Schule für alle Stände hinausgelaufen wäre. Diese Option hatte jedoch im 16., 17. und selbst im 18. Jh. höchstens einen theoretischen Charakter. Nur wenige eigensinnige Köpfe, wie Johann Amos Comenius in seiner „Didactica magna", wagten sie überhaupt auszusprechen. Das bewirkte wenig. Privatlehrer behielten in der Bevölkerung allemal ein höheres Ansehen als das Gemeindeschulwesen, das die gesellschaftliche Ungleichheit ziemlich getreu abbildete.

5 Das öffentliche Erziehungswesen

Reformation und Humanismus

Weiter oben war von Druckwellen die Rede, die das Erziehungswesen an der Schwelle zur neuen Zeit erfasst haben. Woran ist dabei zu denken? Als erstes an die reformatorischen Bestrebungen, die sich von der beschaulichen Universität zu Wittenberg aus wie ein Lauffeuer verbreiteten, und an die humanistischen Vorstöße, die von Italien her auch nördlich der Alpen die Bildungsterritorien eroberten. Reformation und Humanismus wirkten als soziale Katalysatoren. Zuweilen lösten sie unbeabsichtigte, kollaterale Effekte aus, wie im Falle der ritterlich-höfischen Kultur, zu deren Niedergang beide Strömungen beitrugen (vgl. Paravicini 1999). Im Erziehungswesen indes besaßen ihre Wirkungen durchaus System und Vorsatz, was jedoch nicht bedeutet, dass die Verhältnisse auf Anhieb umgewälzt worden wären. Vielmehr wurden hier neue Akzente gesetzt, dort Innovationen angestoßen, aber auch Gegenkräfte mobilisiert und zahllose Kompromisslösungen gefunden, die in der örtlichen Erziehungspraxis meist viel unaufgeregter gehandhabt wurden als die überlieferten Streitschriften und Proklamationen ahnen lassen.

5.1 Schulentwicklungen

Kritik am Schulwesen

Auch untereinander lagen die zwei Reformströmungen mal im Zwist und mal zogen sie an einem Strang. Was sie verband, war eine kräftige Abneigung gegen die von Rom gegängelte Kirche, die man für unfähig und unwillens erachtete, das im Argen liegende Schulwesen und den in scholastischen Routinen erstarrten Universitätsbetrieb wiederzubeleben. Einig zeigte man sich ferner in der Auffassung, dass der Sprache und der sprachlichen Bildung eine exorbitante pädagogische Beachtung gebühre. Das Zeitalter Gutenbergs brach an. Johannes Gutenbergs Perfektionierung des Buchdrucks schuf die technische Voraussetzung für die Verbreitung von Lese-, Schreiblern- und Rechenbüchern (vgl. Velten 2012; Wesoly 2012). Der Rechenkunst schenkten die damaligen Schulreformer allerdings relativ wenig Aufmerksamkeit; das begründet eine Tradition: Noch im 19. Jh. gehört die Mathematik in der höheren Bildung zu den zweitrangigen Fächern. Dafür traten die Reformatoren und humanistischen Gelehrten umso vehementer als intellektuelle Schrittmacher und erste Nutznießer der anhebenden Lese- und Schriftkultur auf den Plan (vgl. Stein 2006).

Differenzen zwischen Protestanten und Humanisten

Nach evangelischem Verständnis war die Sprache – die deutsche und die Sprachen der Heiligen Schrift – der Schlüssel zum Evangelium. Der Humanismus hingegen erkannte in der gewandten Sprachbeherrschung – für wertvoll galten die klassischen Sprachen – ein Medium geistig-personaler Vervollkommnung. Das ist ein Beispiel für die vielen Differenzen, die sich zwischen den beiden Reformkräften auftaten. Martin Luther waren die meisten Anliegen eines Erasmus von Rotterdam, Johannes Reuchlins oder Ulrich von Huttens fremd und verdächtig – was zumeist auf Gegenseitigkeit beruhte. Die aufflammende Begeisterung für die Modellhaftigkeit antiker Denk- und Lebensformen, für die schönen und der Natur zugewandten Wissenschaften, das große Gewicht, welches der gelehrten Erziehung beigemessen wurde, also der harte Kern dessen, was die Humanisten ins (höhere) Erziehungswesen einbrachten, hatte mit den Intentionen der Ultra-Lutheraner so viel gemein wie philologische Bibelkritik mit frommer Bibellektüre. Orthodoxe Gewährsmänner der Reformation, die wie Luther der Ansicht waren, die Schriften von Aristoteles und anderer heidnischer Denker seien als Teufelwerk aus Schulstuben und Hörsälen zu verbannen (vgl. Luther 1520, S. 9f.), spürten die Gefahr, die mit den Humanisten aufzog. Deren Vorbehalte gegenüber fraglosen Glaubensgewissheiten und dogmatischen Lehrsätzen sowie die beschleunigte Verwissenschaftlichung des kulturellen Lebens waren eine religionskritische Saat, für deren Verbreitung ungewollt selbst jene Männer der Renaissance sorgten, die sich als gläubige Christen der evangelischen oder katholischen Kirche zugehörig fühlten.

Humanistischer Protestantismus

Selbst der Protestantismus konnte sich der Einflüsse des Humanismus nicht erwehren. In den gehobenen Erziehungseinrichtungen um 1500, aus denen die meisten Exponenten der Reformation hervorgingen, führten nur wenige Wege an humanistischen Lehrkonzepten vorbei (vgl. Paulsen 1919a). Philipp Melanchthon, der sich um die Neuorganisation des Unterrichtswesens wie kein Zweiter aus dem Gefolge Luthers Verdienste erwarb, kann hierfür mit seiner Bildungsbiographie Pate stehen. Bevor der unter dem Namen Philipp Schwartzerdt geborene Sohn eines Rüstmeisters mit zwölf Jahren sein Universitätsstudium aufnahm, hatte der bildungshungrige Junge in einer Lateinschule bereits eine gründliche humanistische Erziehung erfahren. An den Universitäten in Heidelberg und Tübingen studierte er umgeben vom Geist der Renaissance, bis er 1518 auf Vorschlag seines Großonkels und Mentors, des Humanisten und Hebraisten Johannes Reuchlin, an der Universität in Wittenberg die Griechischprofessur erhielt. Melanchthon entwickelte sich dort – gegen den Willen seines humanistischen Förderers – zu einem der produktivsten Weggefährten Luthers, blieb aber in seinen schulorganisatorischen Aktivitäten seinen ursprünglichen Bildungswurzeln treu (vgl. Kühlmann 1996). Er verkörpert, vergleichbar nur mit dem in seinem Sinne agierenden Schulreformer Johannes Sturm, den Aufbruch in eine Ära, die rückbesinnend nach vorne strebte, und dabei die Aufgabe gewärtigte, Religiosität und Weltlichkeit in ein verträgliches Verhältnis zu setzen.

Kampfschauplatz Schule

Es verwundert nicht, dass sich die Reformation von Beginn an energisch auf dem Schauplatz der öffentlichen Erziehung zu behaupten versuchte. Über nahezu allen Erziehungseinrichtungen lag die Hand der Kirche, an deren Führung Luther einiges zu beanstanden hatte. Seine Invektiven, die Schulen befänden sich landauf, landab in einem desolaten Zustand, waren provokant zugespitzt, aber nicht aus der Luft gegriffen. Der Kirchenstreit weitete sich zu einem Schulstreit aus, weil Luther und einige seiner Kontrahenten erkannten: Wer die Gestaltung der Schule übernimmt, dem gehört die Zukunft. Mit der Spaltung der Konfession, der Aufteilung des kirchlichen Hoheitsgebiets und den daraus resultierenden Frontstellungen wandelte sich die Schule zum Brückenkopf, über den die Herrschaftsgruppen – die kirchlichen wie die politischen – ihre gesellschaftliche Macht zu verteidigen, zu vermehren und zu festigen suchten.

Primärinstitution Schule

Auch jenseits der konfessionell geprägten Dispute gerieten die Erziehungseinrichtungen von nun an ins Feuer der Kritik. Die Schule war im Begriff, von einer stiefmütterlich behandelten sozialen Institution unterer Ordnung zu einer Primärinstitution aufzusteigen, deren Organisation keine der führenden Gesellschaftsgruppen kalt ließ.

Schulalltag

Um zu veranschaulich, an welchen inneren Zuständen sich die Kritik entzündete, kann Erasmus von Rotterdam zu Wort kommen, der die Grammatikschule 1511 in summa als „Sorgenhaus“, „Tretmühle“ und „Folterkammer“ verwarf. Seine Schilderungen des gewöhnlichen Schulalltags sind alles andere als ein sachlicher Tatsachenbericht, doch in der satirischen Überzeichnung steckt, wie andere Quellen bestätigen, ein stattlicher Wirklichkeitskern. Über das Dasein der Lehrer schreibt er: „Inmitten einer Kinderherde altern sie früh vor Ärger, werden taub vom Geschrei und vegetieren in der schlechten Luft und in dem Schmutz der Schule bei schnell abnehmender Gesundheit mühsam dahin.“ Die Leiden ihres freudlosen, anerkennungsarmen Geschäfts kompensierten viele mit hybrider Selbstherrlichkeit und Aggressionen, die sie nicht zuletzt an ihren Schülern ausließen. Es bereite ihnen „Vergnügen“, so Erasmus, „ihre ängstliche Schulklasse mit drohendem Blick und donnernder Stimme zu erschrecken, die Ärmsten mit Rohrstock, Rute und Riemen zu prügeln und in jeder Weise nach eigener Willkür zu wüten“ (Erasmus von Rotterdam 1966, S. 65).

Strafmaßnahmen

Was die schulische Prügelpraxis anbelangte, übertrieb Erasmus nur gelinde. Zahllose Dokumente bestätigen, dass sich der Usus, Schulkinder mit heftigen Körperstrafen zu belegen, auch in den folgenden zwei Jahrhunderten nicht änderte. Karl Friedrich von Klöden etwa, der Nestor der Gewerbeschule, nahm erst um Mitte des 19. Jhs. einen deutlichen Umschwung wahr. Die vorangegangene Erziehung, teilte er in seinen Memoiren mit, sei der „jetzigen nicht im mindesten ähnlich; denn auch in den Schulen galt das Prügeln als die Hauptsache der Erziehung, und je mehr Geschrei aus der Schulstube erschallte, um so besser tat der Schulmeister seine Pflicht, um so besser war die Schule" (Klöden 1976, S. 45). Auf Unterschiede im Geschlecht wurde dabei ebenso wenig Rücksicht genommen wie auf Alter oder Bildungsgrad. Aus dem autobiographischen Roman „Anton Reiser" von 1790 erfährt man, dass noch junge Erwachsene in den obersten gymnasialen Klassen unentwegt „sehr erniedrigende Strafen" – Ohrfeigen, Peitschenhiebe usw. – zu erdulden hatten (Moritz 1959, S. 139).

Disziplinarvorschriften

Weit davon entfernt, Züchtigungen und Sanktionen sozial oder politisch zu ächten, begann man, sie im Zuge der obrigkeitlichen Strukturierung und Verwaltung des Schulwesens mit bürokratischer Akkuratesse zu ordnen sowie in sorgfältig ausgeklügelten Straf- und Disziplinarvorschriften zu fixieren. Kaum eine Schulordnung ließ es sich nehmen, säuberlich festzulegen, welche Vergehen (vom Zunge rausstrecken übers Schuleschwänzen bis zur Gewalt gegen Mitschüler) mit welchen Maßnahmen (Verweise, Rutenschläge, Kerkerarrest usw.) zu bestrafen seien. Die Schule als eine durchorganisierte Disziplinaranstalt trieb zunächst auf evangelischem Boden Blüten (vgl. Kreiker 2008), bevor Ausgang des 16. Jhs. in den katholischen Territorien die jesuitischen Erziehungsstätten Maßnahmen der Schulzucht an den Tag legten, für deren drakonisches Reglement sie berühmt und berüchtigt waren (vgl. Ariès 1978; Hammerstein/Müller 2005).

Luthers Anstöße

Zurück zu den Anstößen, die zu Beginn der Frühen Neuzeit den Stein der Schulreformen ins Rollen brachten. Erasmus und andere Zeitgenossen hatten Strohfeuer gelegt, die sich allen voran dank Luthers Einsatz für die Sanierung der Schullandschaft förmlich zu einem Flächenbrand ausweiteten. Der einstige Lateinschüler wurde nicht müde, die politischen Entscheidungsträger („An die Bürgermeister und Ratsherrn aller Stände in deutschen Landen, daß sie christliche Schulen aufrichten sollen", 1524) und die Erziehungsverantwortlichen („Eine Predigt, daß man die Kinder zur Schule halten solle", 1530) mit deutlichen Worten daran zu erinnern, dass allen Kindern, ob arm, ob reich, ob zu höherem Amt oder niederen Aufgaben bestimmt, eine angemessene Schulbildung zustehe. Alles andere, schrieb er den privaten und öffentlichen Adressaten ins Stammbuch, komme einer Unterlassungssünde gleich, die nicht allein Gottes Reich, Kirche und Christentum, sondern auch das weltliche Reich, Städte und Staaten, in Mitleidenschaft ziehe.

Luthers schulpolitische Strategie

In Luthers schulpolitisch geschickter Strategie mischt sich religiöse Erneuerungsemphase mit nüchternem Realitätssinn. Auf der einen Seite drängte er darauf, dass die Schule eine öffentliche Anstalt werde, um sämtliche Kinder (und nicht nur angehende Kleriker) in den Dienst Gottes einzuweisen. Auf der anderen Seite war sich Luther nicht zu schade, die Schule für alltägliche Ausbildungszwecke und gesellschaftliche Zulieferdienste in Gebrauch zu nehmen. Zum Tragen kam hier, was der Soziologe Max Weber (1993) als hervorstechendes Kennzeichen der protestantischen (insbesondere calvinistischen und pietistischen) Ethik hervorheben wird: die sittlich-religiöse Aufwertung der Berufsarbeit. Als aufmerksamer Zeuge der sich auffächernden Arbeitsfelder und des anwachsenden Verwaltungswesens trug Luther keine Bedenken, Erziehungsstätten auf berufliche Propädeutik einzuschwören und sie solcherart für buchstäblich staatstragend zu erklären: Wo sonst sollten die im Regierungsapparat dringend benötigten Fachkräfte (Kanzler, Stadtschreiber, Räte, Juristen) ihre Grundausbildung erhalten, wenn nicht in öffentlichen Schulen? Und welcher Landesvater könne es sich noch leisten, ungeschulte Handwerker, Kaufmänner, Schulmeister als Untertanen in seinem Herrschaftsgebiet zu beherbergen?

Auswirkungen der Reformation

Diese in christlich-profaner Doppellogik ins Werk gesetzte Neubestimmung der Schule erntete bei den evangelischen Regenten Beifall. Sie half mit, dass auf Ebene der Schulentwicklung vom Protestantismus eine „diachrone Schubkraft" (Reinhart Koselleck) ausging. Anfänglich indes bewirkten die Polemiken gegen das Schul- und Universitätswesen das gerade Gegenteil. Die in Misskredit gebrachte Klerikerausbildung erlebte Einbrüche, an den Universitäten in Wittenberg und anderswo blieben die Studenten aus, Eltern boykottierten Schulen, so manche Einrichtung verwaiste kümmerlich (vgl. Paulsen 1919a; Wriedt 2008). Es waren wohlgemerkt nicht allein die Reformationswellen, die zum kurzzeitigen Niedergang des Schulwesens beitrugen. Andere gesellschaftliche Vorkommnisse – erst die Wirren der Bauernaufstände, dann die Verheerungen der Bauernkriege beispielsweise – dürfen in ihrer Wirkung nicht unterschätzt werden.

Steigende Zahl von Schulen

Die in den 30er Jahren des 16. Jhs. einsetzende Erholung des Schulwesens ist ebenfalls nicht ganz und gar den Folgewirkungen der Reformation zuzuschreiben. Aber deren Impulse sind erheblich. Als förderlich erwies sich die vom Protestantismus stark gemachte Überzeugung, Mädchen und Jungen, Männer und Frauen sollten in die Lage versetzt werden, das Wort Gottes, wie es in der Heiligen Schrift festgehalten und namentlich von Luther ins Deutsche übertragen wurde, selbstständig zu lesen. In der Konsequenz davon entstanden in vielen selbst kleinsten Bezirken sog. Deutsche Schulen. Insgesamt sind besonders in den größeren Städten reformierter Territorien Schulgründungen zu verzeichnen.

Elitenbildung in Fürstenschulen

Auch die planmäßige schulische Elitenbildung wird in der Blütezeit der Reformation vorangetrieben, nachdem es vorher bereits einzelne Gelehrtenschulen gegeben hatte, die als Sprungbrett in soziale Führungspositionen genutzt wurden. Mitte des 16. Jhs. werden in Sachsen (Pforta, Meißen, Grimma) anziehungsstarke „fürstliche Landesschulen" ins Leben gerufen, aus denen sich die Funktionseliten des Landes rekrutierten. Der Besuch dieser auf dem Gelände säkularisierter Klöster angesiedelten und in klösterlicher Strenge geführten evangelischen Gymnasialinternate stand im Prinzip talentierten Knaben aller Schichten offen, weshalb man die Einrichtungen zu den Vorläufern der Begabtenschulen zählen kann (vgl. Hoyer et al. 2013). Die kompakte Einübung auf Leistung, Laufbahn und Studium gab das Modell ab für eine Reihe von Gründungen ähnlicher Art (vgl. Flöter/Wartenberg 2004).

Universitätsreform

An den Universitäten trugen zunächst vor allem Melanchthons Organisationsbemühungen Früchte. Die Kernstücke seiner Reformvorstellungen – gestaffelte Studiengänge, Verknüpfung von sprachlicher, ethischer und religiöser Erziehung, individuelle Studentenbetreuung durch Mentoren, universitätseigene Pädagogien zur Vorbereitung aufs Studium u.a. – setzten an den umgestaltungswilligen bzw. neugegründeten Universitäten in Wittenberg, Marburg oder Heidelberg hohe Maßstäbe. Sie wurden jedoch nicht immer erreicht, was unterm Strich für alle pädagogischen Initiativen des Protestantismus gilt. Und dennoch: „Daß die Realität nicht annähernd die Blütenträume in Erfüllung gehen sah, politische und finanzielle Schwierigkeiten oftmals zu Lasten der Ausbildungsinstitutionen ausschlugen, änderte nichts daran, daß die Reformation – hier durchaus auch in Weiterführung humanistischer Anregungen – dem Erziehungswesen erheblichen Auftrieb gab. Sein Wert und Gewicht hatten nun entschieden zugenommen" (Hammerstein 1996, S. 69f.).

Alphabetisierung

Die Fahrt aufnehmende Verschulung der Gesellschaft müsste sich auch in der Alphabetisierungsquote niederschlagen, die ein aufschlussreicher Gradmesser für die Breitenwirkung von Schule und Unterricht ist. Zunächst fallen einem in der Frühen Neuzeit enorme Schwankungen im Alphabetisierungsgrad auf, die mit der topographischen Lage des Lebensortes und dem sozio-kulturellen Familienhintergrund der jeweiligen Population zu erklären sind. Handelt es sich um Wirtschaftsstandorte, städtische Regionen und, wie man heute sagt, bildungsnahe Familien, dann stand es um die Alphabetisierung normalerweise besser als in den von Verkehrszentren abgeschnittenen, agrarische Orten und in Haushalten, deren Bewohner mit einem Minimum an Kulturtechniken auskamen.

Einen besonders schweren Stand hatten Erziehung und Schule in den zahlreichen Kriegs- und Notzeiten der Epoche, wenn existentielle Sorgen den Alltag bestimmten und öffentliche Unterrichtsangebote rapide zurückgingen. In Württemberg beispielsweise sind von den 400 Deutschen Schulen, die dort vor Ausbruch des Dreißigjährigen Kriegs bestanden, nach 25 Jahren des Ausnahmezustandes nur noch 163 Einrichtungen übrig geblieben. Damit war die Angebotsdichte beinahe wieder auf das Niveau von 1560 abgesunken. Nach Friedensschluss anno 1648 brauchte es Jahre, den Rückstand wieder wettzumachen. Regionale Stichproben sprechen aber für einen kontinuierlichen Ausbau schulischer Strukturen mit eindrucksvollen Resultaten. Im Herzogtum Württemberg sind Ausgang des 18. Jhs. nicht weniger als rund 900 Deutsche Schulen aktenkundig. Auch in ländlichen Gemeinden erhielten und nutzten immer mehr Kinder die Gelegenheit zum Schulbesuch: In Dettlingen etwa waren es 1693 zwölf und 1791 stattliche 92 % (vgl. Holtz 2008).

Zunahme der Lese- und Schreibfähigkeit

Eingedenk besagter Schwankungen und unbeschadet temporärer Rückschläge lässt sich bilanzieren, dass die Alphabetisierung über den Zeitraum von 300 Jahren im Ganzen zunahm. Bis ins 16. Jh. hinein konnten in den meisten Gebieten des Alten Reichs vermutlich nirgendwo mehr als ein Drittel der männlichen Bevölkerung flüssig lesen, in der Gesamtbevölkerung lag der durchschnittliche Prozentsatz weit darunter (vgl. Bünz 2004). Im 17. Jh. stieg die Quote bei den Männern auf 30 bis 60 % und um 1780 schließlich gehörten leseunkundige Männer in vielen Regionen zur Ein-

Fünftel-Minderheit; ihre Zahl nahm weiter ab. Die gleiche Tendenz lässt sich bei den Frauen verfolgen, nur dass hier die Entwicklung später einsetzte, aber dafür rasanter verlief. Noch Anfang des 18. Jhs. konnten Frauen, denen das für Jungen übliche Schulpensum öfter vorenthalten wurde, deutlich seltener lesen als Männer; am Ausgang der Epoche waren sie drauf und dran aufzuschließen (vgl. Siegert 2005). In den Schreibkompetenzen fand zwischen den Geschlechtern ebenfalls eine Annäherung statt, aber der Abstand blieb doch gravierend. Um ein Beispiel zu geben: Von den um 1900 in Koblenz heiratenden Paaren konnten von den Ehemännern knapp unter 87 % ihren Namen eigenhändig ins Register eintragen, von den Frauen vermochten dies nur knapp über 60 % (vgl. Dülmen 1994). 200 Jahre früher wären nicht einmal halb so viele Frauen dazu in der Lage gewesen.

Ursachen zunehmender Alphabetisierung

In der Literatur werden diese Verbesserungen meistens dem Protestantismus gutgeschrieben. Dafür gibt es ein scheinbar schlagendes Indiz: In den reformierten Ländern machte die Alphabetisierung schnellere Fortschritte als in den katholischen Gebieten. Eine isolierte Betrachtung des religiösen Faktors greift jedoch zu kurz. Jüngere Studien, die lokale, ökonomische und politische Kontexte einbeziehen, lassen den Schluss zu, dass die Alphabetisierung auch unabhängig von konfessionellen Determinanten voranschritt, ja, dass die evangelische Verschmelzung von Sprachunterricht und christlicher Erziehung vielen Menschen, die bevorzugt weltliche Interessen verfolgten, das Lesen und Schreiben verleidete (vgl. Siegert 2005).

Landesherrliche Schulinitiativen

Hinter dem Schulaufbau und der Alphabetisierung tritt als treibende Kraft zunehmend die öffentliche Hand hervor. Etliche frischreformierte Reichsstädte und Landesherren führten fort, was sich unabhängig vom Protestantismus in Wien (1446), Stuttgart (1501), Nürnberg (1505) und andernorts bereits abgezeichnet hatte: Reformpläne, Schul- und Prüfungsordnungen wachsenden Umfangs wurden entworfen, um das Schulwesen schärfer zu reglementieren und zu vereinheitlichen.

Schul- oder Unterrichtspflicht

Ab Ende des 16. Jhs. enthielten die Mehrzahl der Schulordnungen Formulierungen, die den Unterrichts- oder Schulbesuch zur Pflicht erklärten (mal waren nur die Knaben gemeint, mal beide Geschlechter). Im kleinen Herzogtum Pfalz-Zweibrücken etwa wurde der „Schulzwang“ 1592 eingeführt, in anderen Regionen wie Altwürttemberg war es erst 1649 so weit. Die Verordnungen blieben jedoch lange Zeit ein politisches Postulat ohne empirische Wirklichkeit. Nicht allein ließen in großen Gebieten des Reiches die Schulstrukturen erheblich zu wünschen übrig, so dass der Schulweg für viele zu lang und beschwerlich war, um ihn täglich auf sich zu nehmen. Auch die Lebensverhältnisse der agrarisch-handwerklichen Bevölkerung verhinderten häufig, dass der Nachwuchs fünf oder sechs Jahre am Stück Tag für Tag eine Schule besuchte. Auf dem Land hatten die Kinder in den arbeitsreichen Sommer- und Erntemonaten noch im 18. Jh. derart viele Arbeitsaufgaben zu verrichten, dass die Schulbesuchszeit übers Jahr gesehen für die meisten mindestens so viele Unterbrechungen wie Unterrichtsphasen enthielt.

Erziehungsbeflissene und begüterte Eltern wiederum, die dem Niveau der Schulen misstrauten, konnten die Schulpflicht als privat zu leistende

Unterrichtspflicht auslegen und die öffentlichen Institutionen umgehen. Wer allerdings in den Schoß der Kirche aufgenommen werden wollte – und wer wollte das damals nicht? – benötigte dafür ein amtliches Zeugnis, dass bescheinigte, eine fachmännische religiöse Unterweisung erhalten zu haben. Die gab es nur in offiziellen kirchlichen Einrichtungen. Anton Reiser lernte Lesen, Schreiben, Latein und Rechnen in privaten Stunden, bevor er als 14-Jähriger zur Vorbereitung auf die Konfirmation zum ersten Mal „in irgendeine Schule gehen mußte, wo Religionsunterricht erteilt wurde" (Moritz 1959, S. 95).

In katholischen Landesteilen ist die Schulpflicht Ende des 18. Jhs. (im Kurfürstentum Bayern bereits 1771) und mancherorts erst Anfang des folgenden Jahrhunderts deklariert worden (vgl. Wehler 2005, S. 490). Die später erlassenen Verordnungen hatten zumindest den Vorteil, dass sie eher mit den dafür erforderlichen administrativen und schulstrukturellen Verhältnisse korellierten, was ihre Durchsetzung im 19. Jh. realistischer machte.

Schulordnungen und Rechtsvorschriften

Die Organisations- und Normierungsversuche der Schule gingen anfänglich hauptsächlich aus Kirchenordnungen hervor, ab dem 17. Jh. treten sie dann mehrheitlich im Windschatten territorialstaatlicher Verordnungen auf, und im Zeitalter der Aufklärung schließlich beginnt die rechtliche Schulorganisation zunehmend Sache der Staatsräson zu werden. Beispielhafte Dokumente für die staatliche Normierung der Schule sind das 1763 von Friedrich II. erlassene Generallandschulreglement, die Schulvorschriften des Preußischen Landrechts (1794), das ebenfalls für Preußen geltende Abiturreglement – das 1788 den Übergang vom Gymnasium auf die Universität regelte, 1812 präzisiert und in seinem Geltungsbereich erweitert wurde – sowie die 1774 für Österreich und Bayern entworfenen Schulordnungen. Kirche und Konfessionen sind im Zuge dieser Verlagerung der obersten Zuständigkeiten aus dem Feld der Schule nicht herausgedrängt worden: Sie hatten weiterhin in der Gestaltung und Beratung der Schulentwicklung, zumal in den katholischen Regionen, gewichtige Worte mitzureden, und sie behielten in den Schulbezirken vor Ort Organisationsspielräume und Aufsichtspflichten, die sie noch bis weit in die moderne Zeit nutzten.

Säkularisierung

Die Chronik der Schulordnungen bezeugt dennoch unzweideutig, dass trotz der nach wie vor starken Kirchenmacht eine weitere Druckwelle die Schule peu à peu in Richtung Säkularisierung trieb. Wie sich die darunter zu begreifenden Verweltlichungs- und Entkirchlichungsprozesse im konkreten sozialen Raum darstellten, lässt sich in einer Abbreviatur an der Schulpolitik des Fürstentums Braunschweig-Wolfenbüttel verdeutlichen.

Beispiel Braunschweig-Wolfenbüttel

Bedeutsam war hier zunächst die Verordnung von 1528. Sie entstand während der Reformationsstürme als Teil der Braunschweiger Kirchenordnung. Zu Papier gebracht hat sie der Pfarrer, Universitätslehrer und Lutheraner Johannes Bugenhagen. Die äußere und innere Organisation der Schulen steht darin ganz und gar im Zeichen des Kreuzes. Schulen haben sich primär der christlichen Unterweisung zu befleißigen, über gottgläubige Schulmeister zu verfügen, und sie sind vom Superintendenten oder höchsten Prediger, mit Unterstützung von Schulratsmitgliedern, zu beaufsichtigen (Bugenhagen 1912).

Vier Säkularisierungsaspekte

Eine einschneidende Wende vollzieht die Schulpolitik des Fürstentums unter Herzog August dem Jüngeren, der Mitte des 17. Jhs. den Wiederaufbau seines im Dreißigjährigen Krieg verwüsteten Gebiets erfolgreich in die Wege leitete. Seine administrativen Erlasse sind ebenfalls mit evangelisch-konfessioneller Feder verfasst. Doch in entscheidenden Punkten gewinnt eine Distanzierung und Entkopplung vom religiösen Passepartout die Oberhand. In vier Bereichen sind Säkularisierungsverläufe dingfest zu machen (vgl. Le Cam 2008).

Schulaufsicht

Erstens wurde die Schulaufsicht der Kirche und den Kirchenmännern entzogen und einer dem Herzog unterstellten Einrichtung übertragen. Diese von einem in schultechnischen Dingen beschlagenen Gelehrten geführte „Generalschulinspektion" nahm 1648 ihre Arbeit auf und setzte als bürokratisches Organisationsmodell reichsweit Zeichen. Das war ein erster, aber noch kleiner Schritt auf dem Weg zu einer staatlichen Unterrichtsbehörde. Von den Ländern des Alten Reichs blieb es später Bayern und Preußen überlassen, ihm größere Schritte hinzuzusetzen: Mit dem 1774 im Herzogtum Bayern eingerichteten Schuldirektorium und dem 1787 von Karl Abraham von Zedlitz und Friedrich Gedike in Preußens Hauptstadt Berlin aufgebauten Oberschulkollegium nahm die politische Absicht, die souveräne Kontrolle über das Schulwesen zu übernehmen, ein unzweideutig institutionelles Format an.

Ende der exklusiven Klerikererziehung

Den Säkularisierungsdruck bekamen – zweitens – im kleinen Braunschweiger Fürstentum allen voran die Klosterschulen zu spüren, die ihren autonomen Status einbüßten. Der exklusiven Klerikererziehung wurde der Boden entzogen, ein Vorgang, der auch in anderen Territorien zu beobachten ist. Wer Geistlicher werden wollte, hatte fortan mit öffentlichen Schulen oder kostspieligem Privatunterricht Vorlieb zu nehmen.

Professionalisierung des Lehrerstandes

Auch der Lehrerstand – das ist der dritte Säkularisierungsaspekt – machte Veränderungen durch. Der Beruf erlebte in Braunschweig-Wolfenbüttel einen zaghaften Professionalisierungs- und Prestigegewinn, was mit einer Abgrenzung von religiösen Dienstaufgaben und kirchlichen Ämtern einherging. Die schulische Lehrtätigkeit wurde vermehrt als ein vollwertiger, eigenständiger Beruf anerkannt, häufiger als ein Ziel- und nicht allein als ein Übergangsberuf gewählt, dauerhafter ausgeübt und etwas besser entlohnt. So sah ab Mitte des 18. Jhs. auch der überregionale Trend aus (vgl. Bruning 2005).

Lehrplanveränderungen

Viertens schließlich lenkten die Braunschweiger Schulordnungen auch auf curricularer Ebene die Entzweiung von weltlichen und kirchlichen Domänen in entsprechende Bahnen. Die Lehrplanvorschriften erteilten Weisungen, religiöse Unterrichtsinhalte und humanistisches Lehrgut *unvermengt* darzubieten. Die bis dato geltende Doktrin, der komplette Schulunterricht müsse von A bis Z von christlicher Anschauung durchdrungen sein, geriet dadurch ins Kippen.

5.2 Schulverhältnisse

Das protestantische Schulwesen

Um den äußeren und inneren Aufbau zunächst des evangelischen Schulwesens etwas näher ins Auge zu fassen, richten wir den Blick exemplarisch nach Württemberg. Die 1559 im Rahmen der „Großen württembergischen Kirchenordung" erlassene Schulordnung gehört zu den musterhaften und wirkungsstärksten bildungspolitischen Richtungspapieren der Frühen Neuzeit. Noch im Herzogtum des 18. Jhs. waren die mehrfach ergänzten und modifizierten Bestimmungen in Geltung (vgl. Holtz 2008). Ihr oberster Zweck, Ordnung und System in die bunte Schullandschaft zu bringen, verlangte nach einer Vereinheitlichung und Typisierung der bestehenden Schulen, nach praktikablen Verwaltungskonzepten und nach einer Normierung der Lehrinhalte und Leistungskontrollen. Wie überall im Reich trafen solche Steuerungsversuche auf den widerständigen Eigensinn des sozialen Feldes. Zum einen ließen sich die unterschiedlichen lokalen Gegebenheiten und regionalen Schultraditionen nicht auf einen Schlag ins gleichförmige Prokrustesbett der Administration zwingen. Und zum anderen waren die örtlichen Instanzen seit langem gewohnt, in eigener Regie Unterrichtsstätten einzurichten und zu verwalten; auf langwierige Verwaltungsvorgänge und Anweisungen von oben konnte man vielerorts getrost verzichten (vgl. Neugebauer 2006).

Zwei Schultypen

Die Württembergische Schulordnung kennt im Prinzip zwei Typen von Schulen. Für beide Typen hat sich in der Frühen Neuzeit keine einheitliche Nomenklatur und letztendlich auch keine trennscharfe institutionelle Form herauskristallisiert. Man unterscheidet vereinfacht zwischen niederen und höheren Schulen.

Deutsche Schulen

Zu den niederen Schulen zählen alle Arten von Elementar- oder Trivialschulen, die seit dem Spätmittelalter zumeist als „teutsche Schulen" firmierten. Laut besagter Verordnung sollten diese Einrichtungen, in denen das deutsche Idiom als Unterrichtssprache üblich war, für Kinder beiden Geschlechts, aber in getrennten Klassen Unterricht im Bibellesen, Schreiben und Singen anbieten. Auswendiglernen, Katechismusübungen und der Kirchengesang, kurz religiöse Erziehungsintentionen standen im Vordergrund (vgl. Adrion/Schneider 1991). Daran rüttelten auch die nachfolgenden Anordnungen des 17. und 18. Jhs. nicht. Der Lehrplan für die oberen Klassen nahm nun zwar zusätzlich Rechenunterricht auf, was als Tribut an die Bildungsbedürfnisse der kaufmännischen Familien gewertet werden kann. Doch durchgreifende Alternativen zur dominierenden Frömmigkeitserziehung wurden, zumal im Aufwind des Pietismus, bewusst klein gehalten; auch die Einstellung der Lehrer blieb kirchlichen Behörden überlassen. Nach den erwähnten Erinnerungen Karl Friedrich von Klödens, in dessen Erzählungen verschiedene Unterrichtsstätten am Ausgang des 18. Jhs. lebendig werden, waren die niederen Schulen noch ganz und gar „mit der Kirche förmlich verwachsen", ja sie erschienen dem Gewerbeschulmann der Funktion nach „eigentlich nur der letzteren wegen" zu existieren, „ganz wie in den ersten fünfzig Jahren nach der Reformation" (Klöden 1976, S. 107). Anzunehmen ist jedoch, dass sich außerhalb des Gesichtskreises Klödens einige Deutsche Schulen vom kirchlichen Diktat emanzipierten und sich für anwendungs- und berufsbezogene Stoffe öffneten (vgl. Endres 1996).

Das volle Schulpensum war in Deutschen Schulen auf sechs Jahre angelegt. Den Paragraphen nach rückten die relativ altersgleichen Schülerinnen und Schüler (die meisten wurden mit fünf oder sechs Jahren eingeschult) alle zwei Jahre eine Klassenstufe höher, insofern die Leistungen dies rechtfertigten. Innerhalb der jeweiligen Klassen sollten nach damaligem Sprachgebrauch „Rotten" oder „Haufen" zusammengestellt werden, damit waren einigermaßen homogene Lern-Leistungsgruppen gemeint („Lesekinder", „Buchstabierkinder" etc.). Dieses gestufte Klassensystem war klug ausgedacht, aber im sperrigen sozialen Kräftefeld schwer umzusetzen. Viele Vorgaben blieben aus verschiedenen Gründen Makulatur. Mal legten enorm hohe Schülerzahlen, die ohne Weiteres im dreistelligen Bereich liegen konnten, jedes vernünftige Lehrkonzept lahm, mal machte der saisonal bedingte Schülerschwund einen geregelten Unterrichtsaufbau zunichte, mal fehlte es an einem motivierten oder fähigen Lehrer und mal schlicht an einem passablen Unterrichtsraum. *Die* Deutsche Schule konnte sich unter diesen Umständen nicht herausbilden, es blieb ein Oberbegriff für Elementarschulen unterschiedlichster Qualität.

Höhere Schulen

In puncto Vielfalt zeigt sich die Situation im höheren Schulwesen nicht wesentlich anders. Für die anspruchsvolleren (Stadt-)Schulen, in denen am Vor- und Nachmittag unterrichtet wurde, kamen diverse klangvolle Namen in Mode: Gymnasium academicum, Gymnasium illustre, Hohe Schule, Pädagogium, Lyzeum usw. Hinter den diversen Bezeichnungen verbergen sich keine eindeutigen Schulkonzepte, aber sie signalisieren gemeinsame Schwerpunkte, mit denen sie sich von den Elementarschulen abhoben und zum Teil den Universitäten annäherten. Das war zum einen das Primat des Lateinunterrichts und zum anderen, dass die klassischen Fächer des Triviums (seltener des Quadriviums) als „Kristallisationsachsen" (Dolch 1982, S. 209) bei der Lehrplangestaltung herangezogen wurden.

Lateinschulen

Die württembergische Schulordnung spricht allgemein von „lateinischen Schulen". Der Name kam nicht von ungefähr. Bis ins 18. Jh. hinein gehörte es in Unterrichtsstätten, die aufs Studium vorbereiteten, zum guten Ton, sich auf lateinisch zu verständigen – und an den Universitäten sowieso. Erst gegen Epochenende änderte sich dies. Als die entbrannte Opposition zu Frankreich in die Begeisterung für romanische Sprachen eine Spur Galle träufelte und das Auseinanderdriften des Alten Reichs die Sehnsucht nach nationaler Identität weckte, erschien es nicht mehr abwegig, sich des Deutschen auch als Wissenschaftssprache zu bedienen. Der Wandel „vom lateinisch schreibenden, polyhistorischen Gelehrten zum deutsch schreibenden und lesenden Gebildeten" (Schindling 1994, S. 47) war um 1800 vollzogen.

Für die Lateinschulen schrieb das ambitionierte württembergische Schulprogramm 1559 fünf aufsteigende Klassen vor, in denen mit Hilfe religiöser und antiker Schriften lateinisch Sprechen und Lesen gelernt und darauf aufbauend Griechisch, Dialektik und Rhetorik eingeübt werden sollte. Abermals hinkte die Schulwirklichkeit hinter den Systemerwartungen hinterher. Von den durchschnittlich 50 höheren Schulen, die sich die Städte Württembergs leisteten, baute nur eine (in der Residenzstadt Stuttgart) ein Fünf- und später sogar ein Siebenklassenmodell auf. Überall sonst beließ man es bei zwei oder drei aufsteigenden Klassen. Dabei handelte es sich nach wie vor um keine festen Klassenverbände, sondern um Klassenstufen (Tertia, Secunda, Prima), auf denen die Schüler unterschiedlich lang verblieben: ob nur wenige Monate oder gar mehrere Jahre lag im Ermessen der Eltern und Lehrer.

In Württemberg waren für sämtliche Klassen ein oder zwei Lehrer – meistens studierte Theologen – zuständig. Die auf sich allein gestellten

Lehrkräfte, bestenfalls leidlich ins pädagogische Geschäft eingewiesen, kamen selbst bei bestem Willen vielfach eher schlecht als recht mit der Unterrichtssituation zurande. Eine Art systemimmanente Lernerfolgskontrolle stellten die Universitäten des Herzogtums dar. Man zeigte sich dort selten mit den Lehr-Lernleistungen zufrieden. In den kommenden Jahrhunderten werden die Hochschulgremien immer wieder über die extrem dürftigen Lateinkenntnisse der Schulabgänger offiziell Beschwerde führen.

Veränderungen des Curriculums

Die periodisch eingebrachten Schul- und Lehrplanreformen Württembergs waren über die Gesamtstrecke der Frühen Neuzeit betrachtet von halbherziger Natur. Man wollte das Alte, die christlich-humanistische Linie, beibehalten, konnte das Neue, die Naturwissenschaften und säkularen Weltzugänge, aber unmöglich dauerhaft abweisen. Das Ergebnis: Die alles überragende curriculare Vormachtstellung des Latein- und Rhetorikunterrichts blieb auch im 18. Jahrhundert mit sieben Wochenstunden unangetastet, Religion, Griechisch und etwas Mathematik behaupteten sich ebenfalls, aber daneben eroberten allmählich Fächer den Lehrplan, die von einem andersgelagerten Erziehungsanspruch zeugen: Physik, Naturlehre, Erdbeschreibung, Geschichte, Französisch, Italienisch (vgl. Holtz 2008).

Realien

„Realien" hießen diese im Kommen begriffenen Lernfelder, die etwas mehr Bezüge zur Gegenwart, den Erfahrungen und der Lebenswirklichkeit der Schüler aufwiesen als die Disziplinen alter Schule. In der Schulordnung von 1556 ist von „realistischen" Fächern noch nichts zu ahnen. 200 Jahre später drängten sie allerorten ins Curriculum. 1783 wird in einer Nürtinger Lateinschule, auf Initiative des ortsansässigen pietistischen Pfarrers, erstmalig im württembergischen Raum eine Klasse eingerichtet, die sich auf den Unterricht in den Realien spezialisierte (vgl. Bruning 2005).

Neuer Typ: Realschule

Diese Entwicklung gehört zur Vorgeschichte der Realschule, für deren tatsächliche Grundlegung das eher konservative Württemberg aber kein geeigneter Boden war. Dem Lutheraner Christoph Semler gebührt der Ruhm, den Namen eingeführt zu haben, als er seine 1708 in Halle eröffnete Handwerksschule „mathematische und mechanische Realschule" taufte. Der Anstalt war keine lange Zukunft beschieden (vgl. Paulsen 1919b). Organisatorisch und pädagogisch ungleich erfolgreicher wirkte in Halle zur selben Zeit August Hermann Francke. Was 1698 unter seiner Federführung als Waisenhaus begann, wuchs alsbald zu einem frappierenden Bildungsimperium heran, in dem bisweilen über 2000 Schülerinnen und Schüler – längst nicht nur Waisen –, elementaren und höheren Unterricht erhielten – von Lehrern im Übrigen, denen innerhalb der Franckeschen Stiftungen eine qualifizierte Ausbildung zuteil wurde, die reichsweit ihresgleichen suchte (vgl. Oberschelp 2006). Der Pietist Francke war, was die Realien betraf, frei von Berührungsängsten, aber nicht frei von Vorbehalten. Handwerks- und Naturkunde gehörten zum Lehrangebot, sogar den Unterricht in Wirtschafts- und Verwaltungstechniken zog er ernstlich in Betracht, ließ das Vorhaben aber unverrichteter Dinge fallen.

Franckes Schüler Johann Julius Hecker – berühmt geworden für die Organisation des ersten preußischen Lehrerseminars 1748 – verdichtete die Anregungen seines Mentors, indem er die Gelegenheit ergriff, in Berlin 1747 eine „ökonomisch-mathematische Realschule" aufzubauen. Der Plan, eine gehobene Schulbildung anzubieten, die für handwerkliche, gewerbliche und protoindustrielle Berufe nützlich war, ging auf. Die Institution erfreute sich eines stetigen Zulaufs und fand in evangelischen wie katholischen Gebieten Nachahmungen. Als ein normierter Schulzweig innerhalb des höheren Erziehungswesens wird sich die Realschule aber erst in der Industriegesellschaft des 19. Jhs. etablieren (vgl. Neugebauer 2005).

Eigenmächtige Schulgründungen

Besonders für das Bürgertum wurde der Schulbesuch zu einer unabdingbaren Schlüsselpassage im Lebenslauf, weil dort die entscheidenden Weichen für die Berufskarrieren gestellt wurden. Bildung diente mehr und mehr als Aufstiegsvehikel. Deshalb ließ man sich auch das Recht nicht nehmen, eigenmächtig Unterrichtsstätten zu unterhalten, wenn die öffentlichen Angebote die Bedürfnisse unzureichend deckten.

Winkelschulen

Vor allem in den Städten entstanden abseits der vorgezeichneten schulorganisatorischen Pfade eine unüberschaubare Menge so genannter Neben-, Klipp- oder Winkelschulen. Diese in nichtöffentlichen oder ungenutzten Räumen untergebrachten, privat finanzierten Einrichtungen konnten sich geschmeidiger den Ausbildungserwartungen des Bürgertums anpassen als die unter der Kuratel von Kirche und Staat stehenden Regelschulen. In einigen Städten, in Leipzig etwa, wurden die Superintendenten offiziell verpflichtet, die Winkelschulbetreiber zu beaufsichtigen und Konzessionen entweder auszustellen oder zu versagen (vgl. Moderow 2007). Zumeist entzogen sich diese Erziehungseinrichtungen jedoch einer amtlichen Schulaufsicht, sie konterkarierten somit das auf Vereinheitlichung und Kontrolle ausgerichtete Herrschaftsinteresse. Kein Wunder, dass die Schulvorschriften – sei es Bugenhagens Braunschweiger Reglement, die Kursächsische Schulordnung von 1580, die Oberlausitzer Schulordnung von 1770, die württembergische Kirchenordnung oder „Preußens Allgemeines Landrecht" – bestrebt waren, den schulischen Wildwuchs einzudämmen – vorerst vergeblich.

Aufschwung der Winkelschulen

In den nicht aus der Welt zu schaffenden Winkelschulen erwuchs den öffentlichen Angeboten eine ernsthafte Konkurrenz. Waren Eltern mit dem Unterricht oder dem rüden Erziehungsstil in den regulären Stadtschulen unzufrieden, besaßen sie dank der Ausweichmöglichkeiten ein Druckmittel, um bei den Verantwortlichen vor Ort Veränderungen durchzusetzen. An solch eine fordernde Elternschaft mussten sich die Elementarschullehrer erst gewöhnen: „Jetzo aber wenn ein Kind gestrafft werde", beschwerte sich 1743 ein Karlsruher Stadtschullehrer bei den kirchlichen Schulvisitatoren, „heiße es gleich balden: Man wiße noch andere Schuhlen" (zit. n. Spanger 2002, S. 24). Das blieb keine leere Drohung; in einigen Ortschaften haben regelrechte Abwanderungsbewegungen stattgefunden. Für die badische Residenzstadt etwa ist belegt, dass sich in den 40er Jahren des 18. Jhs. zwei Drittel der Eltern vorübergehend für Alternativangebote entschieden (ebd.). Damals erreichte das Winkelschulwesen seinen Höchststand. Um einen Eindruck von der beträchtlichen Quantität zu geben: In Leipzig erhielten 1711 46 Winkelschulhalter eine Unterrichtserlaubnis (vgl. Modrow 2009), in Braunschweig gab es 1723 ca. 40 Privatangebote, in München wurden 1770 29 registriert und die florierende Handelsstadt Bremen soll es 1788 gar auf erstaunliche 100 Anstalten gebracht haben (vgl. Neugebauer 2006).

Ende der Winkelschulen

Die pädagogische Qualität allerdings ließ in vielen dieser Einrichtungen zunehmend zu wünschen übrig, was rufschädigend wirkte und letztlich den zur selben Zeit an Ansehen gewinnenden öffentlichen Angeboten zugutekam. Überdies richteten viele Städte schulgeldfreie Armenschulen ein, was die Attraktivität der kostenpflichtigen Privatangebote empfindlich schmälerte. Anfang des 19. Jhs. hatten Landesherren und Magistrate dann überall relativ leichtes Spiel, dem Winkelschulwesen ein Ende zu machen.

Ritterakademien

Bevorzugten Handwerker und Bürgerliche gewisse Zeit Winkelschulen, so bevorzugten Adlige sog. Ritterakademien – mit dem Unterschied, dass der für die höfische Jugend reservierte Sonderschulzweig nicht die Missgunst der Herrschenden zu spüren bekam, sondern ganz im Gegenteil von der Gunst der Fürsten profitierte (vgl. Hammerstein 2003). Auch die von gesellschaftlichem Machtverlust bedrohten Adelsfamilien kamen im Laufe der Epoche nicht mehr umhin, ihren Söhnen eine konkurrenzfähige Bildung zu gewähren, falls sie nicht zusehen wollten, wie ihnen qualifizierte Bürgersöhne die Führungsränge im Staat streitig machten. Die bestehenden schulischen und universitären Unterrichtsanstalten schienen den Familien von Stand für die weltmännisch-praktische Bildung, die ihnen vorschwebte, aber durchaus untauglich. An der Wende vom 16. zum 17. Jh. kommt es in Tübingen und Kassel zur Gründung exklusiver Akademien, denen, auch auf katholischen Gebieten, weitere folgten. Viele existierten allerdings nur wenige Jahre (vgl. Conrads 1982). Obgleich durch und durch elitaristisch konzipiert, ist den Lehranstalten nicht abzusprechen, dass sie für zeitgemäße Bildungsinhalte aufgeschlossen waren. Auf das klassische Curriculum mochte man zwar auch in der Ausbildung des galanten Edelmannes nicht verzichten, doch es wurde, der Realschulentwicklung vorausgreifend, an die Seite gedrängt von zeitgemäßen Disziplinen (Geschichte, Ökonomie) und europäischen Kultursprachen – nicht zu reden von den Übungen im Reiten, Fechten, Schießen und Tanzen, die seit je zur höfischen Erziehung gehörten wie das Memorieren lateinischer Verse zur humanistischen. In den Ritterakademien sehen wir den Adel sich ein letztes Mal aufbäumen, bevor seine Gesellschaftskraft allmählich zu erlahmen begann. Im 18. Jh. verschwanden die Einrichtungen eine nach der anderen aus der Erziehungslandschaft, in der die öffentlichen Räume für eine dezidierte Standeserziehung enger wurden. Die in der Art von Fachschulen konzipierten Kadettenanstalten, auf denen sich Adelssöhne im 19. Jh. auf den Offiziersberuf vorbereiten konnten, waren im Schulwesen, von wenigen Eliteanstalten abgesehen, vergleichsweise bedeutungslos (vgl. Kraus 2008). Der Adel hatte längst begonnen, in renommierte staatliche Institutionen zu strömen, was diese als eine regelrechte Exzellenzgratifikation zu veranschlagen wussten.

Mädchenerziehung

Ein weiterer Erziehungssektor, der sich als ein institutioneller Sonderbereich herausschälte, ist die Mädchenschule (vgl. Mayer 2005; Jacobi 2008). Viele Eltern vermochten dieser Entwicklung nur sehr zögerlich einen Sinn abzugewinnen. Das bisschen Schreiben und Lesen, was für die Haushaltsführung vonnöten ist, könne man den Töchtern doch auch daheim beibringen! Die angestammten Orte weiblicher Erziehung waren somit das Haus oder der Hof, wo die Mädchen auf ihre Rolle als Hausfrau oder Hofdame eingeübt wurden. Es lag im Belieben der Eltern, inwiefern diese Lehrzeit auch Lerninhalte einschloss, die über Handarbeiten, Hauswirtschaftslehre und religiösen Instruktionen hinausgingen.

Mädchenschulen

Einige protestantische Schulordnungen hatten allerdings schon früh Erziehungseinrichtungen speziell für Mädchen eingeklagt, doch nur wenige

Städte und einzelne Initiativen machten sich im 16. und 17. Jh. an die Umsetzung – es blieben Ausnahmen, genutzt von einer Minorität. Dass Mädchen am Unterricht in Deutschen Schulen oder in Winkelschulen zumindest das eine oder andere Jahr teilnahmen, kam dagegen schon wesentlich häufiger vor. In der einzügigen evangelischen Elementarschule in Karlsruhe z.B. waren Mitte des 18. Jhs. von 113 Kindern über die Hälfte Mädchen. Dieser koedukative Unterricht war aus finanziellen und pragmatischen Erwägungen mehr geduldet als pädagogisch gewollt. Erst recht auf den gehobeneren Schulen, für deren Besuch die Mädchen im Großherzogtum Baden eine Sondergenehmigung benötigten, was eine kleine, aber wachsende Zahl in Anspruch nahm (vgl. Godel-Gaßner 2004). Baden ging in der Entwicklung der öffentlichen Mädchenerziehung meistens voran. 1877, um etwas vorauszugreifen, wird dort erstmalig im Deutschen Reich das Mädchenschulwesen ins höhere Schulsystem integriert (vgl. Zymek/Neghabian 2005). Es sollte zwar noch ein weiteres Vierteljahrhundert verstreichen, bevor den Mädchen der freie Zugang zu allen höheren Knabenschulen gestattet wurde, aber das war zu Beginn des 20. Jhs. ebenfalls eine echte badische Pionierleistung; in den großen Staaten Preußen und Bayern blieben für die Mädchen die Türen an den Knabengymnasien bis zum Ersten Weltkrieg verschlossen (vgl. Albisetti 2007). In allen Landesteilen favorisierte man bis dahin getrenntgeschlechtliche Einrichtungen mit möglichst eigenem Lehrpersonal und Curriculum. In der badischen Residenzstadt begann man ab 1751 die weibliche Jugend in einer selbstständigen Elementarschule zu unterrichten (vgl. Spanger 2002).

Die Institutionalisierung der angeblich auf die „natürliche Bestimmung" der Frau zugeschnittenen Mädchenerziehung – eine Zuschreibung, die in Wahrheit einem kulturellen Rollenstereotyp par excellence gehorchte – nahm im letzten Drittel des 18. Jhs. merklich zu (vgl. Jacobi 2013). Allen voran pietistische und philanthropische Kreise machten sich für eine organisierte und segregierte Beschulung stark. Die Töchterschulen erhielten den Auftrag, neben allerhand nützlichen Haushaltskünsten wohldosiertes Weltwissen zu vermitteln. Das entsprach in etwa der weiter oben angesprochenen Stellung, die man dem weiblichen Geschlecht in der Gesellschaft zubilligte: Am liebsten sah man Frauen im Inneren des Hauses, die Kinder und Küche hüten. Von politischen und sozialen Machtzentren blieben sie im Allgemeinen isoliert. Im kulturellen Leben immerhin erweiterten sich langsam ihre Teilnahmemöglichkeiten. Insbesonders über die Gestaltung literarischer Salons eroberten sie sich in der zweiten Hälfte des 18. Jhs. eine ansehnliche und auch angesehene Teilöffentlichkeit (vgl. Seibert 1993). Dadurch entstanden neue Rollenmodelle, die das Selbstverständnis der Frauen und ihre gesellschaftliche Position stärkten. Kulturell gänzlich unbeschlagene, uninformierte Damen des Hauses gab es auch weiterhin, aber die Maßstäbe standen im Begriff, sich zugunsten einer moderaten Frauenbildung zu modifizieren. Am Übergang zum neuen Jahrhundert finden sich kaum noch urbane Gebiete, die auf Mädchenschulen verzichteten.

Katholische Mädchenschulen

Auch in den katholischen Landstrichen waren sie keine Kuriosität mehr. Dort hatten zumeist jesuitisch geprägte Orden Ende des 16. Jhs. mit ihrer Einrichtung begonnen. Glaubensstrenge und geschlechtsspezifische Erziehungsabsichten griffen dort fest ineinander. Kurz vor dem 19. Jh. traten auch weltliche Inhalte aufgeklärt-neuhumanistischen Geistes hinzu (vgl. Rutz 2008).

Jesuitische Gelehrtenschulen

Der 1554 gegründete Orden der *Societas Jesu* hat bis zu seiner Zerschlagung 1773 und teilweise sogar darüber hinaus die Entwicklung der höheren Erziehung in den nicht-reformierten Gebieten beinahe monopolistisch bestimmt (vgl. Hammerstein/Müller 2005; Schindling 1994). Im Europa des 17. Jhs. werden in den mindestens 500 jesuitischen Gymnasien, die nachweisbar sind, um die 150000 Schüler unterrichtet (vgl. Caron 1997). Trotz des gegenreformatorischen Furors, der unter den entschieden papsttreuen, hierarchieergebenen Jesuiten nicht selten war, und unbeschadet der Differenzen zur humanistischen Lebenshaltung und protestantischen Glaubensrichtung, unterschieden sich die jesuitischen Schulen nicht grundlegend von den Gymnasien der evangelischen Länder. Besonders die Ähnlichkeiten im Lehrplan springen ins Auge. Allerdings brachten die leistungs-, disziplin- und wettbewerbsbetonten Prinzipien der Jesuiten frischen Wind ins alteingeschliffene Unterrichtswesen. In bikonfessionellen Regionen, in denen Schulwahlfreiheit bestand, schickten selbst die einen oder anderen evangelischen Eltern ihre Söhne ins neueingerichtete Jesuitengymnasium statt in die konfessionseigene, aber etwas eingerostete Lateinschule, was offenbar keine schwerwiegenden Komplikationen hervorrief (vgl. Lindner 2003).

Aufbau der jesuitischen Schule

Ein durchschnittliches jesuitisches Gymnasium, dessen Aufbau die 1599 erlassene *Ratio Studiorum* festgelegt hatte, verfügte über fünf Jahrgangsklassen und ebenso viele Lehrer, die häufig mit ein und derselben Klasse das gesamte Schulpensum absolvierten, wenn sie nicht vorher ins Priesteramt oder an die Universität wechselten. Eine pädagogische Ausbildung ist den lehrenden Patres nicht zuteil geworden, sie nahmen den Schuldienst als eine berufliche Zwischenetappe wahr. Ein normaler Schultag begann mit Gebeten oder, insofern das Gymnasium einem Kolleg angehörte, mit dem Besuch der Messe. In den drei untersten Klassenstufen war das anschließende, zumeist fünfstündige Lehrprogramm mit lateinischem Grammatikunterricht und etwas griechischer Formenlehre ausgefüllt. Ein minutiöses Prüfungssystem regelte den Übergang in die nächst höhere Unterrichtseinheit. Leistungsbewertung und -motivation, unter Einschluss sorgfältig erdachter Strafen und Auszeichnungen, wurden bei den Jesuiten groß geschrieben. Wer sich unter den Schülern positiv hervortat, bekam in den Klassen vordere Plätze zugewiesen, auf die Söhne höherer Stände eo ipso einen Anspruch hatten. In den beiden oberen Gymnasialkursen wurden die lateinisch-griechische Sprachbildung vertieft und die *studia inferiora* vervollständigt; diese Klassen trugen die für sich selbst sprechenden Namen *humanitas* und *rhetorica*.

Fächer

Mathematische Fächer, Geschichte oder sonstige Realien fristeten ein curriculares Schattendasein, was im 18. Jh. als Entwicklungsresistenz ausgelegt wurde und zu Ungunsten der jesuitischen Schulen zu Buche schlug. Und die Theologie? Abgesehen von wenigen Memorierübungen ersetzten die Jesuiten den Religionsunterricht durch gemeinsame religiöse Verrichtungen und Rituale. Erst in den gehobenen Studienanstalten, in den *studia superiora*, wurde Religion planvoll gelehrt: als Krönung des Ausbildungsgangs vier Jahre lang. Vorgeschaltet war ein dreijähriger Philosophiekurs, in dem Logik, Physik, Metaphysik, Ethik nach hergebrachter Methode vorgetragen, repetiert und disputiert wurden, hier kamen auch mathematische Disziplinen zu ihrem Recht.

Bildungsabschluss und Berufswahl

Die meisten Studienabgänger traten eine katholische Klerikerlaufbahn an, doch längst nicht alle. Ein erheblicher Prozentsatz – einer Stichprobe zufolge 20 % (vgl. Amann 2006) – verließ das religiöse System, um sich in der Verwaltung, beim Militär oder im Rechtswesen zu verdingen. Der Anteil an „Schulabbrechern" war hoch; derselben Stichprobe nach ließen es fast 50 % der Schüler mit dem Besuch des lateinischen Grammatikunterrichts bewenden. Sie nutzten ihre für viele Berufe an sich nicht sonderlich brauchbaren Sprachkenntnisse gleichsam als Visitenkarte einer anspruchsvollen Bildung, mit der sie sich bessere Chancen auf dem Arbeitsmarkt ausrechneten.

5.3 Universitäten im Auf- und Abschwung

Universitätsbesuch im Alten Reich

Zum Universitätsbesuch im Alten Reich ist generell zu sagen, dass über die Dauer der Frühen Neuzeit eine steigende Zahl junger Männer aller Konfessionen sich für ein Studium entschieden. Die Hochschulen gewannen als Ausbildungsstätten der Funktionseliten an Gewicht. Das machte sie auch für den Adel attraktiv, dessen Anteil unter der Studentenschaft permanent wuchs. In Freiburg, Ingolstadt und Tübingen beispielsweise verdreifachte sich zwischen 1500 und 1650 die Zahl aristokratischer Studenten, und in Heidelberg kamen im 17. Jahrhundertt durchschnittlich rund 15 % der Studenten aus aristokratischen Familien (vgl. Müller 1984).

Eine umfassende Akademisierung von Erziehung und Berufswelt lag noch in weiter Ferne, dazu wird es erst im 19. und 20. Jh. kommen (vgl. Titze 1995). Zu Beginn der Frühen Neuzeit studierten in den 17 Universitäten des Reiches höchstens 4000 Personen, im ersten Drittel des 17. Jhs., nachdem es unter anderem in Königsberg und Gießen zu Neugründungen gekommen war, waren es annähernd 7000, und nochmals 100 Jahre später übertrumpfte Deutschland mit seinen gut 40 Hochschulen alle übrigen europäischen Länder; eingeschrieben waren nun maximal 10000 Studenten – nicht mehr als 1 % der Altersgruppe (vgl. Weber 2002).

Veränderungen innerhalb der Universität

Welche Entwicklungen hat die Universität überdies vollzogen? Mit Richard van Dülmen sind folgende Grundzüge festzuhalten:

„Einmal erfolgte eine Regionalisierung der Universitäten insofern, als der Anteil von auswärtigen Studenten konstant abnahm. Studierten noch im 16. Jahrhundert viele Ausländer an deutschen Universitäten, so schrieben sich im 18. Jahrhundert nur noch Landeskinder ein – Resultat des landesherrlichen Interesses an getreuen Beamten und Pfarrern. Zum anderen vollzog sich in dieser Zeit eine beträchtliche Professionalisierung des Gelehrtenstandes. Waren im 16. Jahrhundert die Universitätsprofessoren noch vielfältig einsetzbar – viele lehrten in unterschiedlichen Disziplinen –, spezialisierten sie sich im 18. Jahrhundert weitgehend auf ein Fach. [...] Obwohl das System der alten Disziplinen noch vorherrschte, konnte man zu Ende des Jahrhunderts moderne Fächer wie Geschichte, Statistik und Philologie studieren. Weiterhin gelang seit der Mitte des 18. Jahrhunderts eine folgenreiche Emanzipation von kirchlich-theologischer Indoktrination. In doppelter Hinsicht verschwand nun die alles dominierende Stellung der theologischen Fakultät, so daß sich Fächer wie Philosophie und Jurisprudenz auf ihre säkularen Interessen besinnen konnten" (Dülmen 1994, S. 195f.).

Unterstrichen sei das landesherrliche Interesse an den Universitäten. Hochschulen evangelischer Provenienz waren Landesuniversitäten in fürstlich-reichsstädtischer Verantwortung und keine kirchlichen Körperschaften wie vormals. Auch im katholischen Raum nahmen die staatlichen Leitungsansprüche zu, aber die Ordensherrschaft über die Universitäten, obenan die der Jesuiten, blieb noch bis ins 18. Jh. bestimmend (vgl. Müller 2006).

Lehrstuhl für Pädagogik

Im Zusammenhang mit der angesprochenen Erweiterung der universitären Fächerstruktur darf nicht unerwähnt bleiben, dass am Ende der Epoche auch die Pädagogik als Disziplin zu akademischen Ehren kam. 1778 erhielt in Halle der Philanthrop Ernst Christin Trapp die erste Professur für Pädagogik (und Philosophie) an einer deutschen Universität. Dem damit verbundenen Vorhaben, der Lehrerbildung wissenschaftliches Niveau zu verleihen, war kein Glück beschieden. Kompetenzkonflikte mit dem Theologischen Seminar und mangelnde Rückendeckung seitens der Politik nötigten Trapp schon vier Jahre später zur Aufgabe (vgl. Fuchs 1985). Der Lehrstuhl verwaiste, und die Verwissenschaftlichung von Pädagogik und Lehrerbildung war für unbestimmte Zeit auf Eis gelegt.

War die damalige Universität überhaupt nach modernem Verständnis eine Hochburg der Wissenschaft? Das gerade nicht. In erster Linie galt sie als Lehr- und nicht als Forschungsanstalt. Wir haben sie uns als eine Gelehrtenschule mit gehobenen Anspruch vorzustellen.

Fächerstruktur und Studium

Wie die jesuitischen Studienanstalten aussahen, habe ich geschildert. Die Struktur der evangelischen Universität war ähnlich. Zunächst durchliefen die Studenten propädeutisch die Artistische oder, wie sie mit fortschreitender Säkularisierung bevorzugt genannt wurde, die Philosophische Fakultät. Das war ein Sammelbecken hauptsächlich philosophischer, mathematischer und sprachwissenschaftlicher Fächer, in dem aber hier und da auch die, wie Dülmen schreibt, „modernen", meist anwendungsbezogeneren Fächer (Kameralwissenschaft, Politik etc.) Platz fanden. Das „Grundstudium" konnte bis zu sechs Jahre beanspruchen, aber auch in kürzerer Zeit absolviert werden. Ein festgeschriebenes Curriculum mit Belegpflicht gab es nicht, die Studenten waren bei der Wahl der Kollegien auf sich gestellt oder auf mehr oder weniger informelle Ratschläge angewiesen. Diese Freiheit verlangte den jungen Männern bei der Studienplanung einiges an Selbsttätigkeit und Eigeninitiative ab.

Landsmannschaften und Pennalismus

Besonders an den einzugsstarken Universitäten standen den Studenten allerdings unterschiedlich ausgerichtete Verbindungen offen, mehr oder weniger straff organisierte Landsmannschaften, die viele Mitglieder verzeichneten. Die Gemeinschaft der Landsmänner erzeugte unter den Studenten, von denen die meisten erstmals fern von Haus und Heimat lebten, ein Zugehörigkeitsgefühl, und es festigte das studentische Selbstbewusstsein. Trachtensymbolik und forsche Uniformen taten ein Übriges. Sie signalisierten für jederman erkennbar, dass Studenten einer besonderen gesellschaftlichen Statusgruppe angehörten: dem erlesenen Kreis der „Akademischen Bürger". Im 16. und besonders im 17. Jh. sind diese Akademiker weniger durch feine Sitten als durch „ein fortgesetztes wildes Treiben bei geringer Studienneigung“ (Hammerstein 2003, S. 47) und der massiven Drangsalierung jüngerer Studenten, dem Pennalismus, aufgefallen.

Studienzeit

Wer sich von den mitunter rauhen Gepflogenheiten der Studentenschaft nicht unterkriegen ließ, konnte sich nach dem Propädeutikum entweder auf Jura, Theologie oder Medizin spezialisieren. Für das Studium dieser Fachgebiete gab es erneut keine Regelstudienzeit. Die Universität Jena stieg Anfang des 18. Jhs., trotz eines damals für junge Leute mäßig attraktiven Standortes, zeitweilig zur meistbesuchten Universität auf, weil sie ein zügiges, kostengünstiges Studium erlaubte, während man andernorts, in angebotsreicheren Städten wie Leipzig etwa, gut und gerne doppelt so viel Zeit und Geld aufbringen musste. Mit der Expansion der Universität stieg auch die Zweckorientierung des Studiums; nur die wohlhabendsten Studenten konnten es sich leisten, zeitökonomische und pekuniäre Überlegungen (Studienfinanzierung, Einkommensperspektiven) auszublenden.

Statuspassage Studium

Der biographische Zeitpunkt des Studiums – in der Lebenslaufsoziologie spricht man heute von der Statuspassage – vereinheitlichte sich: Die Universität wurde zu einem Ort für junge Erwachsene, die die Schulzeit hinter und die Erwerbszeit vor sich hatten. Pupertierende Studenten gewannen an Seltenheitswert, bedeutend ältere zogen Spott auf sich. Der Zeitgenosse Johann Christian Müller erinnerte sich an einige 50-jährige Pro-Forma-Kommilitonen, die den Sprung von der Jenaer Universität ins Berufsleben verpasst hatten, und die ihm zu Studienbeginn in wahnender Absicht als faul und liederlich beschrieben wurden (Müller 2007, S. 52).

Universitätserziehung

An den größeren Universitäten waren im 18. Jh. zwischen 1000 und 2000 Studenten immatrikuliert. Die enge persönliche Gemeinschaft zwischen Professoren und Studenten, die für die Anfangszeit der Hochschulen typisch war, war allmählich Vergangenheit, Anonymität hielt Einzug in die höchste Instititution der Bildung. Damit gingen auch die Möglichkeiten der direkten, unmittelbaren erzieherischen Einflussnahme zurück. Etwas vom alten Geist der Erziehung überdauerte indessen im Sanktionssystem der Universitäten, die sich – zum Teil noch bis hinein ins 20. Jh. – eine unabhängige Gerichtsbarkeit bewahrten. Sie gestattete es z. B. den Rektoren Studenten, die sich daneben benommen hatten, in hauseigenen Karzern mit Arrest zu belegen. In Jena etwa standen zur Bestrafung von, nach heutigem Ermessen, durchaus verzeihlichen Eskapaden (Lärmen in der Öffentlichkeit und dergleichen), nicht weniger als neun Kerkerzellen zur Verfügung.

Universität in der Krise

Die Universitätslandschaft dehnte sich aus, aber mit dem Ansehen der Einrichtungen stand es im 18. Jh. nicht zum Besten. Und es sank. Nur wenige, jüngere Universitäten empfahlen sich als Orte origineller Erkenntnisproduktion, alle übrigen wurden von den Geistesgrößen der Zeit als verstaubt, altbacken und hinterwäldlerisch abgeschrieben (vgl. Hammerstein 2005). Als Mitte des Jahrhunderts die Immatrikulationen zurückgingen, war die Existenz der Universität zwar nicht ernsthaft gefährdet, aber ihre Zukunft ungewiss, zumal ihr in den wissenschaftlichen Fachakademien, die sich einer schnörkelloseren Spezialausbildung rühmten, Konkurrenz erwachsen war.

Katholisches Bildungsdefizit

In einigen katholischen Ländern, exemplarisch in den österreichischen Territorien unter Joseph II., reduzierten die Landesväter bewusst die Zahl der Universitäten, da ihnen der Bedarf an akademischer Beamtenschaft mehr als gedeckt und die Gelehrtenbildung als abgehoben und unpraktisch erschien (vgl. Schindling 1994). Die Auflösung von insgesamt 22 katholischen Universitäten hat gemeinsam mit den Konsequenzen der 1803 erfolgten Säkularisierung rechtsrheinischer Gebiete das höhere Erziehungswesen in den katholischen Ländern nachhaltig geschwächt. Hinzu kamen obstinate Vorbehalte gegenüber „modernen", naturwissenschaftlichen Lehr-Lerninhalten. Wenn Deutschland im 19. Jh. zur glanzvollen Wissenschafts- und Bildungsnation aufsteigt, verdankt sich das den protestantischen Ländern. In den übrigen Regionen blieb das sog. katholische Bildungsdefizit – also die Rückständigkeit in der Akademikererziehung – noch längere Zeit eine Erblast (vgl. Demel 2005; Kraus 2008).

Universitätserneuerung: z. B. Göttingen

Zu guter Letzt erwies sich die Universität jedoch als reformfähig und modernisierbar, deshalb vermochte sie sich als produktive Forschungs- und Bildungsorganisation zu behaupten. Das zeigte sich allen voran in Göttingen. An der von König Georg II. gestifteten Landesuniversität wagte man 1734 – unter dem amtlichen Rektort des Monarchen – den Schritt in die Zukunft, indem man sie den gesellschaftlichen Bedürfnissen und strukturellen Veränderungen anpasste. Als erstes wurde die Dominanz der Theologischen Fakultät aufgehoben, man wendete sich stärker der Empirie zu und wertete das historisch-juristische Lehrtableau auf. Prestige- und Konkurrenzmotive stimulierten den Pioniergeist. Wenn es damals eine Universität mit überregionaler Strahlkraft gab, dann war es die 1694 gegründete aufgeklärt-pietistische Universität in Halle (vgl. Schindling 1994). Wie konnte man aus ihrem Schatten treten? Nur mit Qualität, Originalität und einem gesteigerten Willen zur Erneuerung. Die Göttinger Gründungsdokumente verraten, dass dabei obenan auf die Zielgruppe der Aristokratie spekuliert wurde. Um die adligen Studenten der Ritterakademien für die Universität zu gewinnen, waren von Anfang an Örtlichkeiten eingeplant für die sog. „ritterlichen Exercitia" (Rössler 1855, S. 19): ein Reitstall mit ungefähr zwölf Pferden, ein Fechtplatz, ein Ballhaus. Der Plan ging auf (vgl. Schindling 1995). Die Universität zog in zunehmender Zahl Aristokratensöhne an und wurde mit den Jahren zur beliebtesten Bildungsstätte des karrierebewussten Adels; auch der Junker Otto von Bismarck, der spätere Reichskanzler, wird hier 1832 sein Studium der Rechtswissenschaft beginnen.

Unterstützung Mittelloser

Doch die Göttinger Universität war, so sehr sie auf Studenten der Oberschicht spekulierte, nicht als eine nach unten hin abgeschottete Standesorganisation konzipiert. Auch in der dem Anspruch nach an Leistung und Talent ausgerichteten Auslese der Studentenschaft nimmt Göttingen die moderne Universität vorweg. Nach dem Wunsch der Verantwortlichen sollte in Göttingen auch der begabte, aber „arme Studiosos" (Rössler 1855, S. 19) Aufnahme finden. Ein aus den Inskriptionsgeldern gewonnener „Armenfiskus" sowie private Stipendien erlaubten einer handvoll Mittelloser das unentgeltliche Studium. Andere konnten durch vom Kurfürstentum oder der Stadt finanzierte Freitische immerhin die Verpflegungskosten sparen; in den Jahren 1764 bis 1788 kamen bei steigender Studentenzahl und stagnierenden Freitischen (gleichbleibend 140) 11 bzw. 7 % der Göttinger Studenten in den Genuss der freien Verköstigung (Pütter 1765; 1788). Das war, wenn man so sagen möchte, ein kleiner Gewinn an Begabungs- oder Bildungsgerechtigkeit, pädagogische Grundsätze, die es damals unter dieser Begrifflichkeit noch gar nicht gab (vgl. Hoyer et al. 2013). Der König hatte ein Jahr vor Beginn des Lehrbetriebs aber eine entsprechende Devise ausgegeben: Die Universität solle „ein fruchtbarer Pflantz-Garten" werden, wo jeder, der sich das Studium zutraue, „nach seiner Ahrt und nach denen von der natur empfangenen Neigungen und Kräften" (Rössler 1855) aufblühen möge.

Zukunftsweisende Universität

Auch dieser Plan ging auf. Zukunftsweisende Neuerungen lockten Heerscharen von Studenten ins Land. Eine bis dahin beispiellose Freiheit in der Lehre und Unabhängigkeit von kirchlicher Kontrolle, die Verknüpfung von Wissensvermittlung und Forschung, die Ergänzung des Vorlesungsbetriebs durch Studieneinheiten, in denen selbsttätiges Arbeiten gefragt war, die studierfreundliche Komprimierung der Vorlesungsinhalte zu in sich abgerundeten halbjährigen Lehreinheiten, zeitgemäße Disziplinen wie Staats- und Geschichtswissenschaft. All das nahm Grundzüge der modernen deutschen Universität vorweg, für die dann im Preußen der bevorstehenden Reformära im großen Maßstab – vorneweg in Berlin – die organisatorischen Voraussetzungen geschaffen wurden (vgl. Turner 1987; Titze 1995). Die Göttinger Innovationen im Bereich der höchsten, wissenschaftlichen Erziehung strahlten aus in ein Reich, dessen Tage gezählt waren.

Was Sie wissen sollten, wenn Sie Teil B (Kapitel 3–5) gelesen haben:

- Sie können vom widersprüchlichen sozio-kulturellen Erscheinungsbild der Frühen Neuzeit auf Entwicklungen in der Erziehungswirklichkeit schließen.
- Sie wissen, wie vielfältig sich das Familienleben und die Kindheit in dieser Epoche gestalteten.
- Sie haben eine Vorstellung von den standesspezifischen Erziehungsformen und dem an der Erziehung beteiligten Personal.
- Sie können im Erziehungswesen zwischen konfessionellen und säkularen Entwicklungen in der Frühen Neuzeit differenzieren.
- Sie wissen, welche Impulse Schulen und Unterricht durch Reformation, Humanismus und Aufklärung erhielten.
- Sie können die universitären Strukturen und die Studienbedingungen in der Frühen Neuzeit beschreiben.

Weiterführende Literatur zu Teil B

Kapitel 3

Die politische Geschichte des Heiligen Römischen Reichs Deutscher Nation kurz gefasst:

Gotthard, Axel (2009): Das Alte Reich 1495–1806. 4., durchges. u. bibliogr. erg. Aufl. Darmstadt.

Alltags- und Kulturgeschichte der Frühen Neuzeit:

Dülmen, Richard van (1992): Kultur und Alltag in der Frühen Neuzeit. Bd. 2: Dorf und Stadt. München.

Dülmen, Richard van (1994): Kultur und Alltag in der Frühen Neuzeit. Bd. 3: Religion, Magie, Aufklärung. München.

Zur Konfessionalisierung und Säkularisierung:

Schilling, Heinz / Ehrenpreis, Stefan (Hg.) (2003): Erziehung und Schulwesen zwischen Konfessionalisierung und Säkularisierung. Forschungsperspektiven, europäische Fallbeispiele und Hilfsmittel. Münster et al.

Schmidt, Heinrich Richard (1992): Konfessionalisierung im 16. Jahrhundert. Enzyklopädie deutscher Geschichte Bd. 12. München.

Zur Subepoche der Aufklärung:

– eine unübertroffene Ideengeschichte:

Hazard, Paul (1949): Die Herrschaft der Vernunft. Das europäische Denken im 18. Jahrhundert. Hamburg.

– eine sozialhistorische Einführung:

Müller, Winfried (2002): Die Aufklärung. Enzyklopädie deutscher Geschichte Bd. 61. München.

Kapitel 4

Unverzichtbare Nachschlagwerke zur Erziehungsgeschichte vom 15. bis zum 18. Jahrhundert:

Hammerstein, Notker (Hg.) (1996): Handbuch der deutschen Bildungsgeschichte. Bd. I: 15.–17. Jahrhundert. Von der Renaissance und der Reformation bis zum Ende der Glaubenskämpfe. München.

Hammerstein, Notker / Herrmann, Ulrich (Hg.) (2005): Handbuch der deutschen Bildungsgeschichte. Bd. II: 18. Jahrhundert. Vom späten 17. Jahrhundert bis zur Neuordnung Deutschlands um 1800. München.

Alltagskultur, Kindheit, Jugend und Familie in der Frühen Neuzeit:

Dülmen, Richard van (1990): Kultur und Alltag in der Frühen Neuzeit. Bd. 1: Das Haus und seine Menschen. München.

Münch, Paul (1998): Lebensformen in der Frühen Neuzeit. 1500 bis 1800. Berlin.

Kapitel 5

Zur institutionalisierten Erziehung in Deutschland:

Hammerstein, Notker (Hg.) (1996): Handbuch der deutschen Bildungsgeschichte. Bd. I: 15.–17. Jahrhundert. Von der Renaissance und der Reformation bis zum Ende der Glaubenskämpfe. München.

Hammerstein, Notker / Herrmann, Ulrich (Hg.) (2005): Handbuch der deutschen Bildungsgeschichte. Bd. II: 18. Jahrhundert. Vom späten 17. Jahrhundert bis zur Neuordnung Deutschlands um 1800. München.

Musolff, Hans-Ulrich / Göing, Anja-Silvia (Hg.) (2003): Anfänge und Grundlegungen moderner Pädagogik im 16. und 17. Jahrhundert. Köln et al.

Höhere Bildung und Wissenschaft in der Frühen Neuzeit:

Hammerstein, Notker (2003): Bildung und Wissenschaft vom 15. bis zum 17. Jahrhundert. Enzyklopädie deutscher Geschichte Bd. 64. München.

Schindling, Anton (1994): Bildung und Wissenschaft in der Frühen Neuzeit 1650–1800. Enzyklopädie deutscher Geschichte Bd. 30. München.

Universitäten:

Rüegg, Walter (Hg.) (1996): Geschichte der Universität in Europa. Bd. 2: Von der Reformation bis zur Französischen Revolution (1500–1800). München.

Volkspädagogik der Aufklärung:

Herrmann, Ulrich (Hg.) (1981): „Das pädagogische Jahrhundert". Volksaufklärung und Erziehung zur Armut im 18. Jahrhundert in Deutschland. Weinheim, Basel.

C Stockende Modernisierungen: Erziehung im langen 19. Jahrhundert

Epochenwechsel

Die Frühe Neuzeit geht auf dem Gipfelpunkt der Aufklärungszeit mit zwei Revolutionen ihrem Ende entgegen. Die Revolutionäre beriefen sich um 1776 in Nordamerika und ab 1789 in Frankreich, bei allen Unterschieden in den politischen Absichten, auf rechtsstaatlich-demokratische Prämissen der Freiheit, der Rechtsgleichheit, der Solidarität. Ihre Forderungen hatten das Gewicht einer „Kriegserklärung an das ganze alte Europa" (Mann 1958, S. 58), an seine absolutistischen Herrscher, seine privilegierten Stände, an den Klerus, an das vorrepublikanische Staats- und Statusgefüge im Ganzen. Mit den Revolutionen, hat Jürgen Osterhammel in seiner brillanten Geschichte des 19. Jhs. bemerkt, „begann die politische Moderne. Nichts an ihnen blickte zurück, war ‚frühneuzeitlich'" (Osterhammel 2011, S. 737).

Beginn der modernen Pädagogik

Auch die pädagogische Moderne beginnt mit den revolutionären Ereignissen. Wobei der amerikanische Kampf um nationale Unabhängigkeit in Deutschland ein relativ mäßiges Echo fand. Der in Paris über die Bühne gehende Sturz des Absolutismus und die napoleonische Politik hingegen ließen kaum jemanden kalt – auch in der Pädagogik löste die Revolution alle erdenklichen Reaktionen der Zustimmung und Ablehnung aus (vgl. Herrmann/Oelkers 1990).

Revolution und Reformen

Revolution, damit wird oft ein unverzüglicher, radikaler Umbruch assoziiert. Doch nicht einmal in Frankreich, geschweige denn in den europäischen Nachbarstaaten, die indirekt von den Revolutionsereignissen betroffen waren, sind die bestehenden Verhältnisse blitzartig und unwiderruflich umgewälzt worden. In Deutschland, das erst 1848 eine kurze und wenig erfolgreiche Revolution erleben wird, griffen recht bald nach dem verlorenen Krieg gegen Frankreich und der Auflösung des Alten Reichs (1806) auf vielen gesellschaftspolitischen Ebenen bedeutsame Reformen Bahn, die u.a. den modernen Verwaltungsstaat vorbereiteten (vgl. Aretin 1993). Etliche sozio-politische Elemente indes konnten sich daneben noch über Jahrzehnte fast unbeschadet erhalten, obenan die monarchische Regierungsform und die Sonderstellung des „ersten Standes", der Aristokratie; „das Ancien Régime endete in Deutschland in vieler Hinsicht erst zwischen 1848 und 1918" (Reinhard 2001, S. 59).

Das lange 19. Jahrhundert

Diese Zeitangaben sind ein Hinweis, weshalb große Teile der Geschichtswissenschaft vom *langen* 19. Jh. sprechen, einem Jahrhundert, dessen symptomatische Alchemie sich bereits Ausgang des 18. Jhs. abzuzeichnen begann und die bis Anfang des 20. Jhs. im Wesentlichen bestehen blieb. In den Revolutionen des 18. Jhs. und dem Gedankengut der Aufklärung lagen gewissermaßen Versprechen, die das 19. Jh. über dessen kalendarische Grenze hinaus in Atem hielten, weil sie alles andere als einfach oder stringent zu verwirklichen waren; genau genommen dauerte der Prozess im transatlantischen Westen sogar mindestens 200 Jahre, wenn nicht länger. Das Gesamtfeld der Erziehung ist als ein exemplarischer Schauplatz für den Umstand in Betracht zu ziehen, wie retardierend der pädagogische Strukturwandel nach den beiden revolutionären Paukenschlägen in Deutschland Einzug hielt. „Der bildungspolitische Anspruch der neuzeitlichen, modernen Gesellschaft ist zwar um 1800 in den Bildungsprogrammen der Aufklärung formuliert, aber die Gestalt des Erziehungssystems ist sowohl gesellschaftlich wie staatlich noch weit von einer Einlösung dieser Ansprüche entfernt. Den Grundstein zu dieser in Etappen vollzogenen Realisierung legt erst das 19. Jahrhundert, in seiner ersten Hälfte primär im öffentlich-staatlichen Sektor, vor allem mit der Gründung des neuzeitlichen Bildungswesens, seit der Mitte des Jahrhunderts auch gesellschaftlich und sozialstrukturell" (Tenorth 1988, S. 117).

Bruchlinie Reichsgründung

Kriege und politische Revolutionen bilden in Europa die äußere Klammer des langen Jahrhunderts. Es „begann mit Revolution und Krieg, aus denen der Nationalstaat entstand. Es endet mit Krieg und Revolution, und dazu hatte die mittlerweile voll entfesselte Dynamik der Nationalstaaten entscheidend beigetragen" (Kocka 2001, S. 97). Die von Revolutionen und Kriegen eingeklammerte deutsche Geschichte, von der dieses Kapitel handelt, ist freilich nicht aus einem Guss, sie ist von internen Bruchlinien gezeichnet, von denen zwei besonders markant sind. Die erste ist mit der, im europäischen Vergleich, „verspäteten" (Helmuth Plessner) Entstehung des Nationalstaats gegeben, der 1867 im Norddeutschen Bund vorbereitet und 1871 mit der Gründung des Deutschen Kaiserreichs zur Wirklichkeit wurde.

Diskontinuitäten

Thomas Nipperdey hat am Ende seiner fast 2000 Seiten umfassenden Studie zur Geschichte Deutschlands von 1866 bis 1918 die wichtigsten Veränderungen benannt, die mit der Reichsgründung einhergingen: das Ausscheiden Österreichs aus dem Deutschen Bund, regionale und konfessionelle Schwerpunktverlagerungen (der Norden und Osten gewinnt im kleindeutschen, preußisch dominierten Reich gegenüber dem Süden und Westen wirtschaftlich und politisch an Bedeutung, Katholiken verlieren gegenüber den Protestanten deutlich an Gewicht), die Schwächung liberaler Strömungen, der Aufstieg des Sozialismus (die Stärkung der Arbeiterschaft), die Einführung des allgemeinen (Männer-)Wahlrechts sowie, damit zusammenhängend, die zunehmende Politisierung der Gesellschaft. Das sind prägnante Wandlungen, die maßgeblich unter der 23-jährigen Kanzlerschaft Bismarcks, mit und gegen seinen Willen, ins Rollen kamen.

Kontinuitäten

Nipperdey stellt den genannten Diskontinuitäten summarisch eine Fülle an substantiellen Kontinuitäten gegenüber, die das lange Jahrhundert kennzeichnen, und die es letztendlich verbieten, um 1871 einen echten Epochenschnitt anzusetzen: „den Aufstieg der bürgerlichen Kultur, die fortdauernde und sich beschleunigende Industrialisierung mit all ihren gesamtgesellschaftlichen Folgen, die Mächtigkeit des Nationalstaatsgedankens [...], die Tradition des Föderalismus und das Gewicht der Einzelstaaten [...], das Weiterleben des deutschen Konstitutionalismus, die Fortdauer der obrigkeitlichen und bürokratischen, der feudalen und militärischen Traditionen, die anhaltende Bedeutung der so gegensätzlichen sozio-kulturellen Milieus, der Spannungen zwischen den Konfessionen, zwischen Stadt und Land, zwischen Bürgertum und Adel" (Nipperdey 1992, S. 878f.).

Bruchlinie Erster Weltkrieg

Überraschend schmal fällt in Nipperdeys grandiosem Geschichtswerk das Kapitel über den Ersten Weltkrieg aus, der die Nationen bis tief ins Mark erschütterte (vgl. Leonhard 2014) und, verstärkt bei den Kriegsverlierern, einschneidende politische und soziale Neugestaltungen zur Folge hatte (vgl. Wehler 2008). Die vier Kriegsjahre an sich sind ein historisch beispielloser Ausnahme- und Übergangszustand, politisch, ökonomisch, gesellschaftlich, für die Männer an der Front ebenso wie für die Zivilbevölkerung in der Heimat. Deshalb lassen manche Historiker, wie Eric J. Hobsbawm, das lange 19. Jh. am Vorabend der Kriegshandlungen 1914 enden. Die vorliegende Darstellung indessen bezieht, soweit der enggesteckte Rahmen dies zulässt, die Kriegsjahre mit ein, weil die grundlegenden Neustrukturierungen des Gesellschafts- und Erziehungssystems erst danach in Gang kamen. Das 20. Jh., dessen Geschichte außerhalb dieses Berichtszeitraums liegt, begann in Deutschland mit der Novemberrevolution von 1918, als die erste parlamentarische Demokratie an die Stelle der Monarchie, die erste deutsche Republik an die Stelle des Kaiserreichs trat. Das „Jahrhundert der gesicherten Werte" (Zweig 2012, S. 20), der traditionellen Herrschafts- und Erziehungsstrukturen gehörte der Welt von Gestern an. „Erst als der Krieg vorüber war, merkte die Menschheit, dass sie nicht mehr im 19. Jahrhundert lebte" (Osterhammel 2011, S. 88).

6 Gesellschaft unter Modernisierungsdruck

Moderne

Wenn zur Charakterisierung der im 19. Jh. angestoßenen Entwicklungen von den Anfängen „der Moderne" gesprochen wird, dann kommt damit ein auf Anhieb verständlicher, beim näheren Zusehen schwierig zu bestimmender, uneinheitlich verwendeter, erläuterungsbedürftiger Ausdruck ins Spiel. Theorien der Moderne haben vornehmlich aus der Soziologie den Weg in die übrigen Wissenschaften und den Alltagssprachgebrauch gefunden. Was auch immer mit „Moderne" im Detail gemeint ist und gleichgültig, ob man damit in analytischer Absicht bestimmte sozio-kulturelle Erscheinungsformen beschreibt oder sie bewertet und klassifiziert, in jedem Fall markiert der Ausdruck eine Grenze: zwischen dem Modernen, dem Neuen auf der einen Seite und dem Unmodernen, dem Alten auf der anderen.

Ungleichzeitigkeit des Gleichzeitigen

Die Abgrenzung des Modernen vom Unmodernen besagt nicht, dass das als überholt Geltende im historischen Sinne tatsächlich vorbei und vergangen ist. Vielmehr ist es so, dass Modernität gar nicht denkbar wäre ohne den lebendigen Kontrast zum Unmodernen, das noch in irgendeiner Weise präsent sein muss. Soziologische Analysen sozialer Temporalstrukturen haben als ein Merkmal der Moderne die „Ungleichzeitigkeit des Gleichzeitigen" (Ernst Bloch) hervorgehoben, also die Desynchronisationen von sozialen, kulturellen und politischen Entwicklungsprozessen (vgl. Rosa 2005). Die Moderne schließt Gestriges, Überholtes, Altmodisches ein, und mehr noch, sie bringt fortwährend Anachronismen hervor, da mit jeder Modernisierung Traditionen geschwächt, aber nicht unbedingt beseitigt werden.

Reflexive Moderne

Mit der Abgrenzung von Tradition und Moderne operiert auch der Soziologe Anthony Giddens. Seinen Untersuchungen zufolge büßte die Tradition mit Beginn der Moderne die Kraft ein, aus sich heraus soziale Praktiken zu legitimieren. In Fragen der gesellschaftlichen „Systemreproduktion" habe diese Rolle mehr und mehr die nach überzeugenden Gründen verlangende Vernunft übernommen. Überlieferte Handlungsweisen und rituelle Alltagspraxen bestehen auch in der Moderne fort, geraten aber zusehends unter Rechtfertigungsdruck. „Die Tradition lässt sich zwar rechtfertigen, aber nur im Hinblick auf Erkenntnisse, die ihrerseits nicht durch Tradition beglaubigt sind" (Giddens 1995, S. 54). Bezeichnend für moderne Gesellschaften ist infolge dessen eine steigende „Reflexivität des Lebens", ein erhöhter Aufwand an Rationalität, den jedes Individuum aufbringen muss, um die wachsende Fülle an Informationen und Wissen prüfend zu sondieren. Prüfung und Auswahl symbolischer Güter werden zu unabdingbaren Bestandteilen der personalen Identitätsbildung. In der Moderne, in der die traditionsgebundenen Sicherheiten abhanden kommen und herkömmliche Gewissheiten der Reihe nach fragwürdig werden, wird die von jedem Individuum zu verantwortende Gestaltung der eigenen Persönlichkeit zu einer Lebensaufgabe. Bildung und Selbsterziehung steigen zum Leitthema der Moderne auf, weil niemandem mehr die „Konstruktion des Selbst als *reflexives Projekt*" erspart bleibt; „der einzelne muß sich unter den von abstrakten Systemen gebotenen Strategien und Alternativen umsehen, um die eigene Identität ausfindig zu machen" (ebd., S. 155).

Tradition – Moderne

Das sind zutreffende Erklärungen. Giddens neigt jedoch, wie viele Modernisierungstheoretiker, zu einer etwas vereinfachten Gegenüberstellung von Tradition und Moderne, so als hätte diese jene abgelöst und sich seitdem stetig und kohärent in eine gewisse Richtung weiterentwickelt. Das Verhältnis von Tradition und Moderne ist aber, ähnlich wie das Verhältnis zwischen Vormoderne und Moderne, nicht dichotomisch zu fassen, es ist von komplexerer Natur. Auch in primär traditionellen Gesellschaften der Frühen Neuzeit waren einzelne Prozesse am Werk, die sich durchaus als Modernisierung beschreiben lassen. Und in modernen Gesellschaften, selbst in den sog. hoch- oder postmodernen, erhalten und bilden sich immer wieder Traditionen, die sich der von Giddens beschriebenen reflexiven Legitimation entziehen. Gerade im Erziehungssystem, dem Soziologen anderer Provenienz nicht grundlos „Reflexionspropleme" attestiert haben (vgl. Luhmann/Schorr 1988), ist der Bestand und die Beständigkeit von herkömmlichen Handlungsformen, die sich keiner rational abwägenden Entscheidung und keiner schlussfolgernden Reflexion verdanken, traditionellerweise unübersehbar groß.

Widersprüchliche Modernisierung

Das 19. Jh., hieß es zuvor, sei nicht aus einem Guss, und für die in diesem Jahrhundert anbrechende Moderne gilt das allemal. Statt von *der* Moderne zu sprechen, sollte man besser von verschiedenen *Modernisierungen* reden, die sich in diesem Zeitraum ereigneten. Weil diese Prozesse, in Deutschland wie in anderen Ländern, gegen beträchtliche „Diskrepanzen und Verzögerungen" (Osterhammel 2011, S. 1282) zu kämpfen hatten, trifft Thomas Nipperdeys Wort vom „Zwiespalt der Modernität" ins Schwarze. Was er in Weiterführung seiner angeführten Überlegungen über das Kaiserreich feststellte, kann ohne Abstriche als ein Epochenresümee durchgehen:

„Wir haben oben bereits das zähe Fortleben der Traditionen von Obrigkeitsstaat, Militärmonarchie, bürokratischer Herrschaft und Dominanz der alten Eliten erwähnt. Das waren Barrieren gegen die Modernisierung auch des politischen Systems, sie erzeugten Spannungen im gesellschaftlichen Gefüge, hier also taucht neuerlich das Problem des komplizierten Gemischs von Kontinuitäten und Diskontinuitäten auf. Der historische Ort des Kaiserreichs läßt sich, alles in allem, als unaufhaltsame, gebremste und widersprüchliche Modernisierung, als Zwiespalt der Modernität bestimmen" (Nipperdey 1992, S. 882).

Partielle Modernisierung des Erziehungssystems

Der „Zwiespalt der Modernität" zeigt sich, wie sollte es anders sein, auch im Erziehungssystem, dessen gehemmter Strukturwandel bereits angedeutet wurde. Nipperdey selbst hat die „konservativ-autoritären Züge" im preußischen Schulwesen mit den Fortschritten „in Richtung auf Modernität und Bürgerlichkeit" (Nipperdey 1986, S. 17) abgewogen und die letzteren am Ende für insgesamt nachhaltiger befunden. Andere bildungs- und sozialhistorische Studien haben seitdem die partielle Modernisierung der Volksschule (Kuhlemann 1992), die von gesamtgesellschaftlichen Veränderungen ausgelösten Modernisierungszwänge im Bereich der höheren und universitären Bildung (Herrlitz et al. 1993) sowie die sozialen und wirtschaftlichen Modernisierungseffekte im Familiensystem (Gestrich et al. 2003) differenziert herausgearbeitet. Kein anderer Fokus ist derart geeignet zur komprimierten Darstellung der Erziehungsverhältnisse im langen 19. Jh.

Industrialisierung

Niemand würde diesen Zeitraum der Moderne zuordnen, wenn er nicht der historische Schauplatz von zwei ineinandergreifenden sozio-ökonomischen Vorgängen gewesen wäre, die die Gesellschaft und die Erziehungsverhältnisse umkrempelten: die Industriealisierung und Urbanisierung. „Innerhalb einiger Jahrzehnte verwandelten sich die auf und von dem Lande lebenden Bauernvölker in verstädterte Industriegesellschaften, vergrößerten ihre Einwohnerzahlen um ein Vielfaches, brachten das Proletariat hervor und schufen ein Ausbildungssystem, das die Armee der Ingenieure, Techniker, Ökonomen und Manager bereitstellte, die erforderlich war, um die große Industrie zu lenken und der einmal in Gang gesetzten Dynamik gemäß weiter zu entwickeln" (Blankertz 1969, S. 57). Die Geschichtswissenschaft ist sich einig, dass „der Aufstieg der modernen Industrie und – in ihrem Gefolge – die Modernisierung und Entfaltung des städtischen ‚Dienstleistungssektors'" (Nipperdey 1990, S. 226) zu den folgenschwersten und unumkehrbaren Vorgängen der neueren deutschen Geschichte zählen. Für Jürgen Kocka ist der tendenzielle Abschied von der Agrargesellschaft der „fundamentale Wachstums- und Strukturwandlungsprozeß" (Kocka 2001, S. 44) schlechthin. Die Verbreitung industrieller Technologien, die Verbesserung und Neuentwicklung von Werkzeug-, Transportmaschinen und Waffentechniken, die einsetzende Maschinisierung und Elektrisierung der Lebenswelt, der Ausbau von Verkehrswegen und öffentlicher Infrastruktur, die fabrikförmige, arbeitsteilige und akzelerierte Produktion von Massenartikeln, die Steigerung von Rentabilität und Effizienz, die industriebasierte Volkswirtschaft insgesamt haben in Deutschland (und in anderen Ländern auf dem Kontinent und in den USA) Verhältnisse geschaffen, die – gewünschte und unerwünschte Begleiterscheinungen eingerechnet – Standards der Modernität schufen.

„Industrielle Revolution"

Die Transformation zur Industriegesellschaft fand in Deutschland etliche Jahrzehnte später statt als in England, dem Mutterland der „industriellen Revolution" (vgl. Lenger 2005). Besonders kräftig vollzog sich der Aufstieg zum Industriestaat hierzulande im Kaiserreich, in dem die nationalökonomische Dominanz von industriellen Großunternehmen, Aktiengesellschaften und Großbanken Fuß zu fassen begann. Technische Innovationen veränderten auch die Landwirtschaft. Bestimmte Regionen und einzelne (Groß-)Betriebe verbuchten erhebliche Produktionsfortschritte. Viele strukturschwächere Gebiete, ungezählte Höfe und eine Heerschar von Landarbeitern wurden dagegen im Laufe der Industrialisierung ruiniert, so dass die Landwirtschaft insgesamt – ebenso wie das Handwerk – bis zum Ende des Weltkriegs als wirtschaftlicher und gesellschaftlicher Sektor Jahrzehnt für Jahrzehnt an Bedeutung verlor (vgl. Wehler 1988). Die Hochindustrialisierung des Reichs verlief in einem famosen Tempo, aber es war keine unerwartet einsetzende „Revolution". Dafür braucht man sich nur den Sachverhalt der proto-industriellen Produktion zu vergegenwärtigen, die ins 18. Jh. zurückreicht, auf dem Land und in den Dörfern in häuslicher Umgebung vor sich ging und „die Mutation von Bauern zu Arbeitern bewirkte. Die Familie war das Versuchslabor jenes industriellen Arbeitens, dessen Vorbild die Heimweberei war" (Perrot 1997, S. 115).

Pauperisierung und Bevölkerungswachstum

Solche proto-industriellen Heimarbeiter gehörten zur umfangreichen Gruppe von Menschen, die während der Frühindustrialisierung in der ersten Hälfte des 19. Jhs. akut vom Pauperismus, einem Leben unterhalb des wirtschaftlichen Existenzminimums, bedroht waren. Massenarmut und Hungersnöte waren zum einen die Konsequenz der wirtschaftlichen Umwandlungs- und Strukturkrisen. Zum anderen waren sie eine Folge des rapiden Bevölkerungswachstums, das seinerseits viele Gründe hatte: Die Sterblichkeitsrate von Säuglingen und Kleinkindern ging, mit kleinen Schwankungen, kontinuierlich zurück, die Zahl der Eheschließungen nahm zu, die Gesamtbevölkerung ernährte sich gesünder, die Widerstandsfähigkeit gegen Krankheiten erhöhte sich, die hygienischen Verhältnisse wurden besser, die medizinische Versorgung qualitätsvoller, Epidemien forderten weniger Tote und schließlich verzeichnete das kalendarische 19. Jh. auch weniger Kriegsopfer als frühere Epochen. In der ersten Hälfte des Jahrhunderts stieg die Bevölkerung in Deutschland von rund 23 auf 36 Millionen Menschen und von 1866 bis zum Ausbruch des Weltkriegs, der Abermillionen Menschen das Leben kostete, betrug die Wachstumsrate im Kaiserreich noch einmal fast 70 %. Es erübrigt sich zu sagen, dass der demographische Wandel über die Versorgungslage hinaus auch das Erziehungssystem vor gewaltige Herausforderungen stellte.

Wirtschaftswachstum

Mit der anziehenden Industrialisierung wird die existenzgefährdende Armut nicht flächendeckend beseitigt, aber in ihren ärgsten Erscheinungsformen eingedämmt. Ab Mitte des Jahrhunderts wuchs summa summarum der Wohlstand, und es verbesserte sich für weite Kreise insbesondere des Bürgertums der Lebensstandard. Das 19. Jh. erlebte eine beträchtliche Zunahme der Beschäftigtenquote. Zwischen 1867 und 1913 wuchs die Zahl der Erwerbstätigen um über 90 % (vgl. Nipperdey 1990), das Pro-Kopf-Einkommen stieg, das Sozialprodukt schnellte in die Höhe und die Warenzirkulation begann derart zu florieren, dass sich noch vor dem Sturz der Monarchie die moderne Konsumgesellschaft in ihren bis in die Gegenwart gültigen Grundzügen herauskristallisierte.

Urbanisierung

Deutschland wird in der zweiten Hälfte des 19. Jhs. zu einem Land der Industrie und das bedeutet auch: zu einem Land der Städte. Die raumgreifende Verdichtung städtischer Strukturen, die Entstehung von sozialen, kulturellen und politischen Ballungszentren mit fortschrittlicher Infrastruktur und mediengestützter Öffentlichkeit, kurz, der urbane Lebensraum und Lebenswandel werden zum Inbegriff von Modernität, mit gewissen zeitlichen Verschiebungen weltweit. In Deutschland, das um 1800 noch keine Metropole wie Paris, London oder Moskau besaß, sind es Städte wie München, Leipzig und vorneweg Berlin, die in spektakulärer Geschwindigkeit ihren provinziellen Charakter abwarfen. Mit Beginn des Ersten Weltkriegs zählten Berlin und Hamburg zu den insgesamt 13 europäischen Millionenstädten.

Landflucht und Wohnungsnot

Immer mehr vor dem Pauperismus flüchtende Familien zog es mit den Anfängen des Kapitalismus dorthin, wo die Zukunftsaussichten vielversprechender schienen, wo es Arbeit, Ausbildungs- und Weiterbildungsmöglichkeiten gab: in die Städte, die indes mehr Lebensqualität versprachen als sie halten konnten. Die Beschäftigungsbedingungen in der Industrie waren meist extrem belastend; Adolph Menzel hat sie in seinem Bild „Das Eisenwalzwerk" (1875) realitätsgetreu festgehalten. Berlin, Hauptstadt Preußens und ab 1871 des Kaiserreichs, nahm in den ersten zehn Jahren des 20. Jhs. ungefähr 650000 meist aus ländlichen Gebieten zugewanderte Einwohner auf. Der städtische Wohnungsbau konnte in keiner europäischen Metropole mit dem ununterbrochenen Zustrom Wohnungssuchender mithalten. Vom industriellen Aufbruch an bis in die heiße Phase der Hochindustrialisierung lebten besonders die proletarischen Familien in ungemein beengten Verhältnissen. „Zu dem Elend der Arbeiterfamilie gehörte also der chronische Mangel an Raum, der für die Entwicklung familiärer Beziehungen so notwendig ist" (Segalen 1998, S. 25).

Klassengesellschaft

Von der Anhebung des Lebensstandards profitierte die Arbeiterklasse wesentlich weniger und sehr viel später als die höheren Gesellschaftsschichten. Der erwähnte Rückgang der Säuglings- und Kleinkindersterblichkeit bedarf ebenfalls der schichtspezifischen Differenzierung, denn er trat in Oberschichtfamilien deutlicher zu Tage als in der Unterschicht. In Familien auf dem Land mit hoher Arbeitsbelastung, in der die Mütter ins Arbeitsleben einbezogen waren, verminderte sich das statistische Sterblichkeitsrisiko am geringsten und langsamsten; nur uneheliche und spätgeborene Kinder, egal welcher Schicht ihre Eltern angehörten, waren noch gefährdeter (vgl. Gestrich et al. 2003). Dass Vor- und Nachteile, die aus den sozio-ökonomischen Entwicklungen resultieren, nicht gleichmäßig die Gesamtbevölkerung betreffen, kennen wir aus der Ständegesellschaft. Das ändert sich auch in der sog. Klassengesellschaft nicht, die im hier behandelten Zeitraum die geburtsständisch-feudale Gesellschaftsordung in Deutschland ablöste. In der Klassengesellschaft reguliert sich die soziale Statushierarchie primär über Einkommen und verfügbaren Besitz, über Erziehungsmilieu, Bildungsqualifikation und Berufszugehörigkeit sowie über die davon abhängige Positionierung im gesamtgesellschaftlichen Macht- und Herrschaftssystem.

Soziale (Im-)Mobilität

Im Vergleich zur relativ starren Ständegesellschaft zeichnet sich die Klassengesellschaft durch einen höheren Grad an innerer Flexibilität, durch größere soziale Auf- und Abstiegsdynamiken aus. Die mit Berufs- und Verdienstperspektiven verknüpfte Bildung spielt dabei eine bedeutende Rolle. So verbirgt sich hinter den auffälligen Bildungsambitionen der Handwerksgesellen und der frühen deutschen Arbeiterbewegung die Hoffnung auf Verbesserung der Lebenssituation und auf Erweiterung der politischen Teilhabe (vgl. Welskopp 2013). Gleichwohl blieben die Mobilitätschancen auch in der Klassengesellschaft aufs Ganze gesehen sehr beschränkt. Der Klassenlage, in die man hineingeboren wurde, war mühsam zu entrinnen. Zum einen öffnete das Bildungssystem dem städtischen Bürgertum zwar „die Türen zum sozialen Aufstieg weit" (Friedeburg 1989, S. 133), aber den Unterschichten und der Landbevölkerung allenfalls einen Spalt breit, die Mehrheit blieb, wo sie war: *ante portas*.

Klassenhabitus

Zum anderen wirkte der – mit einem Ausdruck des Soziologen Pierre Bourdieu (1982) – „inkorporierte Klassenhabitus" wie eine Fußfessel. Im Wohnstil, der Kleidung, der Freizeitgestaltung, der Denk- und Sprechweise, den Manieren, den kulturellen und politischen Vorlieben und Abneigungen und nicht zuletzt in den Bildungsbestrebungen, im Lern- und Erziehungsverhalten, überall waren hartnäckige Klassenmerkmale am Werk, die schwer abzulegen waren. Eine präzise Analyse der Erziehungs-, Familien- und Lebensverhältnisse hätte unter Klassengesichtspunkten nicht allein zwischen Bauern, Arbeitern, Bürgern und Aristokraten zu differenzieren, sondern feiner zu unterscheiden: dauerhaft Erwerbslose, Handwerker, Klein- und Großbürger, Offiziere usw. Die gesellschaftliche Heterogenität nahm im 19. Jh. gehörig zu, sie tritt noch einmal verschärft in den Blick, wenn man die Stadt-Land-Diskrepanzen, die regionalen und territorialen Sonderwege und die konfessionellen Spezifika detailliert einbezieht – das aber muss einer wesentlich breiter angelegten Untersuchung vorbehalten bleiben.

Bildungs- und Besitzbürgertum

Die stärksten Gewinner der gesellschaftlichen Modernisierungen und zugleich ihre treibenden Kräfte kamen aus dem städtischen und mehrheitlich protestantischen Bürgertum (vgl. Lundgreen 2000), das seinen Platz in der Gesellschaft auf charakteristische Manier anstrebte und zu behaupten suchte: das sog. Bildungsbürgertum über Bildungsabschlüsse und Bildungsgüter (vgl. Vondung 1976), das sog. Besitz- oder Wirtschaftsbürgertum über Erwerbsformen, Verdienst und finanzielle Prosperität (vgl. Ziegler 2000) und beide Formen des Bürgertums über Leistung, Konkurrenz und Eigeninitiative.

Aristokratie

Die Industrie-, Konsum- und Klassengesellschaft des 19. Jhs. organisierte sich in dem Maße zu einer Bürgergesellschaft, wie die sozialen und politischen Führungsansprüche, die Rechts- und Bildungsprivilegien der Aristokratie einschrumpften. Das brauchte freilich seine Zeit. Aristokratische Kräfte mussten zwar in allen Gesellschaftszweigen Macht, Begünstigungen und Leitbildfunktionen abgeben, doch das Ansehen der gehobenen Herkunft und die förderlichen sozialen Beziehungen wogen bei der Auslese „staatstragender" Positionen nach wie vor schwer. Das ist exemplarisch an der Karriere Otto von Bismarcks zu studieren, die nicht zustande gekommen wäre, hätte man allein auf die Schul- und Studienzeugnisse des Jungherrn geschaut, die nicht so blendend waren (vgl. Schmidt 2006). Mit der Dominanz des Adels in den Schaltstellen der Ministerialbürokratie, der Diplomatie und des Heeres, zumal des preußischen, ging es erst nach dem Untergang des wilhelminischen Imperiums bergab, und erst 1933 war es damit endgültig zu Ende.

Demokratisierung, Modernisierung von oben

So unvollständig sich die bürgerliche Gesellschaft im langen 19. Jh. verwirklichte, so bruchstückhaft realisierten sich in Deutschland demokratische Politik- und Praxisformen. Die konstitutionelle Monarchie und der autoritäre Obrigkeitsstaat hielten stand, sie verhinderten, dass die Souveränität des Volkes Oberwasser erlangte, bis der die Welt in Brand setzende Krieg 1918 verloren war. Die Herrschenden mussten jedoch, auch um im kontinentalen Modernisierungswettrennen nicht abgehängt zu werden, einige teils revolutionär erkämpfte, teils strategisch geschickt implementierte und teils dem vernünftigen Kompromiss geschuldete Ansätze und Weichenstellungen zum demokratisch-parlamentarischen Rechts- und Verfassungsstaat zulassen. Die Forschung spricht deshalb von der Modernisierung von oben. Selbst in dezidiert konservativ-reaktionären Phasen deutscher Politik, etwa nach der Gründung des Deutschen Bundes 1815 oder nach der gescheiterten Märzrevolution 1848, konnten die Uhren nicht mehr vollständig zurückgestellt werden (vgl. Rürup 1984).

Beginn des Parlamentarismus

Süd- und südwestdeutsche Staaten, wie das Großherzogtum Baden und die Königreiche Bayern und Württemberg, wurden zwischen 1818 und 1820 zu Verfassungsstaaten mit eigenen Landtagen und einer kleinen Zahl von gewählten Volksvertretern. Die in ihrer Entscheidungsbefugnis noch sehr bescheidenen Landesparlamente waren, im Herzen der Monarchien, Keimzellen der Demokratie und des Parlamentarismus. Das erste für einen umfassenden Staatenbund gedachte Parlament, eine Art Vorbote des Reichstags von 1871, tagte im Revolutionsjahr 1848 in der Frankfurter Paulskirche. Mit dem Parlamentarismus zog die Gelehrsamkeit ein in die Politik, sie wurde bürgerlich-gebildet. 75 % der Frankfurter Abgeordneten hatten die Universität besucht. In der Preußischen Nationalversammlung, die im selben Jahr in Berlin gewählt wurde, war der Anteil der Akademiker etwas geringer, aber auch hier gaben studierte Männer, die wenigsten davon aristokratisch hochgeboren, den Ton an (vgl. Nipperdey 1983). Das erste Kapitel des „gesamtdeutschen" Parlamentarismus war richtungsweisend, aber denkbar kurz; es endete im gegenrevolutionären Trubel kaum ein Jahr nach seinem Beginn. Beide Parlamente hatten vor ihrer Auflösung demokratische Verfassungen erarbeitet, die nicht in Geltung traten, aber langfristig politische Spuren hinterließen. In der 1850 in Kraft tretenden, restaurativen Preußischen Verfassung sind diese allerdings marginal.

Schulpolitik

Vergleicht man die Schulparagraphen der besagten Verfassungsurkunden (Schuster 1985), so wird darin einhellig die Notwendigkeit von öffentlichen, unter staatlicher Aufsicht stehender Schulen betont. Diese Forderung war mittlerweile zur politischen Standardformel geworden. Doch während die liberale Paulskirchenverfassung das ganze Unterrichtswesen (ausgenommen den Religionsunterricht) von „der Beaufsichtigung der Geistlichkeit als solcher" strikt entheben will (§ 153), klammert die Preußische Verfassungsurkunde diesen Streitpunkt aus, womit sie der geistlichen Schulaufsicht faktisch weiterhin das Daseinsrecht gewährte. In der Reichsverfassung von 1871 fehlen Aussagen zur Schule. Die 25 Bundesstaaten waren schulpolitisch schwer auf eine Linie zu bringen. Selbst innerhalb der Einzelstaaten wurde es komplizierter, sich auf verbindliche Richtlinien zu einigen. Alle Anläufe, ein Unterrichtsgesetz für die Volks- und Mittelschulen Preußens zu verabschieden, erlitten Schiffbruch, weil sich zwischen den politischen, kirchlichen und pädagogischen Interessengruppen Großpreußens kein Einvernehmen herstellen ließ (vgl. Kuhlemann 1991).

Interessenvertretungen

Mit den Anfängen der Parlamentarisierung und Demokratisierung bekamen Interessenvertretungen Aufwind, die ihre Ansprüche auf politische Mitbestimmung, Lobbypolitik und öffentliche Meinungsbildung mal mehr, mal weniger lautstark geltend machten. Bedeutende pädagogische Gruppierungen waren u. a. der Allgemeine Deutsche Lehrerverein, der Realschulmännerverein, der Einheitschulverein, der Deutsche Philologenverband, der Vereinsverband akademisch gebildeter Lehrer Deutschlands und die Arbeiterbildungsvereine. Die Liste weiterer Berufsverbände sowie religiöser, politischer und weltanschaulicher Zusammenschlüsse ist so vielgestaltig wie die Gesellschaft selbst; erwähnt seien nur, um die Vielfalt anzudeuten, der Verein Deutscher Ingenieure, der Deutsche Ärzte Verein, der Centralverband deutscher Industrieller, der Katholische Verein Deutschlands, der Deutsche Protestantenverein, der Centralverein deutscher Staatsbürger jüdischen Glaubens, die Deutsche Kolonialgesellschaft, ferner zahllose Sport-, Literatur-, Musik-, Kunst-, Jugend- und Wehrkraftvereine, Organisationen der Lebensreform- und Frauenbewegung, Gewerkschaften und Genossenschaften. Und nicht zu vergessen die politischen Parteien, die das Geschehen im Parlament bestimmten und nicht unerheblich zur politischen Erziehung der Öffentlichkeit beitrugen.

Ausdehnung der Partizipation

Ohne eine die gesamtgesellschaftlichen Vorgänge maßgeblich mitgestaltende Bevölkerung ist keine Demokratie existenzfähig. Die freie, selbstverantwortliche Teilhabe der „Untertanen" an politischen Entscheidungsprozessen kam in Deutschland nur schleppend zum Zuge, des Volkes Wille fand bei den Regierenden wenig Gehör und in den sozialen Mikrosystemen, den Betrieben, Fabriken und Schulen, stellte man sich ebenfalls taub. Aber die Situation nahm eine Wendung zum Besseren. Den Anfang machte die Beseitigung ökonomischer Knebel. Die Einführung der Gewerbe-, Handels- und Vertragsfreiheit und die sich lang hinziehende Befreiung der Landwirte aus Leibeigenschaft und Gutsuntertänigkeit („Bauernbefreiung"), hatten über den Wirtschaftsbereich hinausgehende emanzipatorische Effekte: Bürger und Bauern wurden als Handlungssubjekte gestärkt, sie waren politisch nicht mehr zu ignorieren. Nipperdey spricht sogar, das wilhelminische Reich vor Augen, von der „Ausdehnung der Partizipation der Massen" und vom dauerhaften „Eindringen der Massen in die Politik" (Nipperdey 1992, S. 881).

Begrenzung der Partizipation

Das kann indes so uneingeschränkt nicht stehen bleiben. Das formale Merkmal einer Demokratie und ihr zentrales Teilhabeverfahren sind freie, gerechte Wahlen, an denen alle rechtsmündigen Personen des Wahlbezirks teilnehmen können. Bei der Reichstagswahl von 1871 wurden gewiss „Massen" zur Stimmabgabe gebeten, jedoch: ausschließlich Männer (wenn sie 25 Jahre oder älter waren). Frauen behielten ihre subalterne Stellung; sie erhielten erst in der Weimarer Republik die Wahlberechtigung – ein längst überfälliger Schritt zur Gleichstellung der Geschlechter, mit dem die Frauen, wenn auch nur formal, als selbstständige, bildungsfähige und bildungswürdige Personen anerkannt wurden. Bis dahin galt in Preußen außerdem das Drei-Klassen-Wahlrecht, dessen man sich zur Wahl des Abgeordnetenhauses bediente. Es verstieß ebenfalls gegen Gleichheitsprinzipien, da das Wahlverfahren die Stimmen der Oberschicht begünstigte und die Majorität der einkommensschwachen Wähler benachteiligte.

Anfänge des Sozialstaats

Den vermutlich bedeutendsten und originärsten Beitrag des Deutschen Kaiserreichs zur Entwicklung der Demokratie in den westlichen Ländern, hat der Politikwissenschaftler Ernst Fraenkel etwas blumig als „den Gedanken der sozialen Geborgenheit" (Fraenkel 1991, S. 50) bezeichnet. Damit sind die gemeinwohlorientierten, sozialpolitischen Vorstöße gemeint, die keine andere Nation zur damaligen Zeit vergleichsweise resolut in Angriff genommen hat. Mit der Einführung der Kranken-, Unfall- und Invalidenversicherung und der Umstellung von der Armenfürsorge auf die Altersversicherung brachte das Reich unter der „Kanzlerdiktatur" Bismarcks den modernen Sozialstaat auf den Weg. Wenig oder nichts davon geschah freilich in demokratischer Absicht, im Gegenteil, von der Erhöhung der „sozialen Geborgenheit" versprach man sich eine Stabilisierung des Obrigkeitsstaates. Vorneweg wollte man die Loyalität der sich gegen die unzumutbaren Lebens- und Arbeitsverhältnisse empörenden Arbeiter gewinnen und dem die Monarchie anfeindenden Sozialismus den Wind aus den Segeln nehmen. Aus welchen Motiven auch immer: Das dabei entstandene Sozialversicherungsnetz setzte demokratisch verfassten Staaten hohe Maßstäbe.

Unterrichtspflicht und Alphabetisierung

Zur sozialen Geborgenheit in der Demokratie gehört noch ein von Fraenkel ausgelassener Punkt: die Möglichkeit, Schulen zu besuchen. Die Minimalforderung der Bildungsbeteiligung wäre mit den Worten der Paulskirchenverfassung so zu formulieren: Für „die Bildung der deutschen Jugend" muss „durch öffentliche Schulen überall genügend gesorgt" sein (§ 153). Der Verfassungstext lässt im Dunkeln, was „genügend" bedeutet, doch es ist davon auszugehen, dass damit allen schulfähigen Kindern ein regelmäßiger Elementarschulbesuch zugestanden wurde. So wollte man die institutionelle Voraussetzung schaffen, um den Analphabetismus zu beseitigen, was im Deutschen Kaiserreich weitgehend erfüllt wurde. Kurz bevor der Weltkrieg ausbrach lag die Alphabetisierungsrate, trotz des ungeheuren Bevölkerungswachstums, annähernd bei 100 %; einen ähnlichen Wert erreichten im Nationenvergleich lediglich Großbritannien und die Niederlande. Hauptverantwortlich für diese Entwicklung waren der Ausbau des Volksschulwesens und der steigende Schulbesuch im Zuge der allmählichen Durchsetzung der Schul- bzw. Unterrichtspflicht. Unterrichtspflicht lässt relativ offen, in welchem institutionellen Rahmen Kinder ihr Wissen und Können erwerben, was insbesondere staatsunabhängigen Initiativen, privaten Angeboten und wohlhabenden Familien zugutekam. In Preußen, Baden und anderen Landesteilen galt bis an die Schwelle zur Reichsgründung in diesem Sinne ein gesetzlicher „Unterrichtszwang" und kein „Schulzwang" (vgl. Friederich 1987). Gleichwohl ging der Privatunterricht zurück. Zwar wird erst die Weimarer Verfassung den Besuch staatlich reglementierter Schulen, die „allgemeine Schulpflicht" (Art. 145), zur Auflage machen. Doch schon seit 1880 ist die große Mehrheit aller unterrichtspflichtigen

Kinder in Deutschland an einer öffentlichen Einrichtung angemeldet (vgl. Kuhlemann 1991).

In einigen kleineren Staaten war die Unterrichtspflicht bereits im ersten Drittel des 19. Jhs. umfangreich umgesetzt worden. Von den rekrutierten Soldaten des Königreichs Sachsen konnten deshalb um 1830 schon ca. 95 % lesen und schreiben (vgl. Moderow 2007). In anderen Regionen kam man langsamer voran. Im Rheinland besuchte 1816 nur jedes zweite Kind eine Schule (vgl. Wehler 2005, S. 485). Im größten deutschen Flächenstaat Preußen waren noch im Jahr der Reichsgründung rund 14 % der über Zehnjährigen des Lesens und Schreibens unfähig, unter den Rekruten gab es 11 % Analphabeten, in ländlichen Regionen lag die Quote bei bis zu 40 %. Die Verminderung von Armut, der Aufbau einer dichteren Volksschulstruktur und der seltener von Feld- oder Fabrikarbeit unterbrochene Schulbesuch zeigten weiter Wirkung, wirkten aber keine Wunder. 1882 ergab eine Stichprobe in Preußen, dass bei Eheschließungen noch 4 % der Männer und 6 % der Frauen außerstande waren, mit dem eigenen Namen zu signieren (vgl. Kuhlemann 1992).

Jahrhundert der Bildung

Weil es letzten Endes gelang, den Analphabetismus und die Schulversäumnisse einzudämmen, ist dem 19. Jh. nicht zu unrecht das Etikett „Jahrhundert der Bildung" verliehen worden (vgl. Jeismann 1987a). Das hängt auch mit der Karriere des Bildungsbegriffs zusammen, der den älteren Ausdrücken wie „Erziehung", „Zucht" oder „Aufklärung", die primär die Fremdeinwirkung fokussieren, im pädagogischen Diskurs um 1800 den Rang ablief (vgl. Koselleck 2010b). In seiner gesellschaftlichen Funktion hat der Bildungsbegriff innerhalb der Epoche einen Wandel durchgemacht. Anfangs, so Georg Bollenbeck in seiner exzellenten Studie, war Bildung ein „Aktivposten der Modernisierung" (Bollenbeck 1996, S. 232). Bildung, das klang nach Selbsttätigkeit, Vernunftgebrauch, stattlichem Auftreten, nach ehrwürdiger Humanität, Weltoffenheit, innerer Freiheit, individueller Vervollkommnung und selbstbestimmter sittlicher Lebensführung, ein Bedeutungshorizont, aus dem die Mittelschicht ihren gesellschaftlichen Selbstwert ableitete. In der zweiten Hälfte der Epoche indes zogen die sich weiter modernisierenden Verhältnisse und die sich wandelnde Jugendkultur an der auf der Stelle tretenden Bildungssemantik vorbei. Aufgeladen mit Ressentiments gegen die kapitalistischen, pragmatischen, technologischen und naturwissenschaftlichen Zeitläufte verloren die mehrheitlich konservativen Fürsprecher der klassisch-humanistischen Bildungsidee Ausgang des Jahrhunderts den Anschluss an zukunftsweisende Debatten und den Draht zur nachwachsenden Generation. Schwindende elitäre Gruppenidentitäten beschwörend, drohte der Ausdruck zur Leerformel und schließlich „zu einem Faktor der Modernisierungskrise" zu werden (ebd.).

Bildungsnation

Dass „Bildung" in den Tagen Goethes, Humboldts und Süverns, der neuhumanistischen Ära, als Aktivposten der Modernisierung Innovationskräfte entbinden konnte, hatte viel mit dem politischen Zeitgeschehen und einer gesellschaftlichen Um- und Aufbruchsituation zu tun, die der bürgerlichen Gesellschaft und dem ihr inhärenten Bildungsstreben entgegen kam. Die 1807 besonders in Preußen und den Rheinbundstaaten einsetzenden Reformen des Staats-, Regierungs- und Verwaltungswesens gingen Hand in Hand mit epochalen System- und Strukturveränderungen im öffentlichen Erziehungssektor, der im ständigen Ringen mit restaurativer Gegenwehr zu seiner in Europa unvergleichlichen Gestalt fand. Die von oben angestoßenen Reformen „zielten in ihrer Summe auf die Ablösung der berufsständischen Gesellschaft durch eine Gesellschaft formal gleicher Startchancen, freier Berufswahl und freier Eigentumsbildung. In einer solchen bürgerlichen Leistungsgesellschaft konnte dem Bildungswesen eine zentrale Rolle zufallen: sowohl als Instrument der Erziehung zu diesen Normen wie als Verteilungsstelle von Sozialchancen über Bildungsprivilegien und -berechtigungen" (Lundgreen 1980, S. 56). Die Alphabetisierungsquote, die Erhöhung der sozialen Mobilität infolge des verallgemeinerten Schulbesuchs, der Ausbau des humanistischen Gymnasiums, die Revitalisierung der protestantischen Universität und der Aufstieg Deutschlands zum international führenden Wissenschaftsland brachten dem Reich den Ruf der Bildungsnation ein. Die Kunde davon verbreitete sich auch im Ausland. „Wie sonst in dieser Epoche nur noch auf dem Gebiet des Militärs, wurde Deutschland im Bereich der Bildung zum Inspirator der Welt" (Osterhammel 2011, S. 1132).

Bildung in der Kritik

Allerdings gab es auch etliche Zeitgenossen, die weniger begeisterte Töne anschlugen. Die zählbaren Erfolge der Bildungspolitik waren nicht in Abrede zu stellen. Aber wie stand es um den Gehalt der Bildung? Der auf dem Gymnasium geschulte Bildungsbürger geriet seit dem letzten Drittel des 19. Jhs. ins Visier der (bürgerlichen) Kritik. Ihm wurde vorgeworfen, dass er sich mit mengenweise angeeigneten Wissensbruchstücken und einer Attitüde der Gebildetheit brüste, statt sich in die unaufhörliche Auseinandersetzung mit sich und der Welt zu begeben, wie es das neuhumanistische Bildungskonzept vorsah. So lassen etwa Friedrich Nietzsches beißende Attacken gegen die dünkelhafte Oberflächenbildung der obrigkeitshörigen „Bildungsphilister" (vgl. Hoyer 2002) auf eine weniger glorreiche Seite der Bildungsnation schließen, gegen die Jahrzehnte später auch die galligen Invektiven des Publizisten Karl Kraus gerichtet waren. In seinem Erste-Weltkriegs-Drama „Die letzten Tage der Menschheit" überführt er den deutschen Bildungsstolz und die Plattitüde vom Volk der Dichter und Denker in einem Atemzug der Substanzlosigkeit: „Die deutsche Bildung ist kein Inhalt, sondern ein Schmückedeinheim, mit dem sich das Volk der Richter und Henker seine Leere ornamentiert" (Kraus 2014, S. 202).

Ausdehnung der Bildungslandschaft

Wendet man sich wieder den Institutionen im „Jahrhundert der Bildung" zu, dann fallen die vielzähligen kulturellen Einrichtungen auf, die ein ständig wachsendes Publikum erreichten. Abzulesen ist das an der expandierenden Bibliotheks- und Museumskultur, an der Erweiterung der Presselandschaft und am massiven Anstieg der Buch- und Zeitschriftenproduktion. Auch hier gibt es eine Licht- und eine Schattenseite. So sehr die öffentlichen Angebote zum Zwecke der Meinungsbildung, Information und Unterhaltung von immer breiteren Schichten genutzt wurden, so sehr versuchte die Obrigkeit diesen Prozess zu lenken, zu manipulieren. Die Geschichte der Demokratisierung des kulturellen Lebens ist zugleich eine Geschichte der Zensur, der Informationsverfälschung und der Beschneidung von Meinungsfreiheit (vgl. Kraus 2008).

Pädagogisierung der Lebenswelt

Nicht nur die erwähnte Elementarschuldichte, und somit die Verschulung der Kindheit, nahm im 19. Jh. zu. Das ganze Feld der Erziehung weitete sich aus und wurde in sich kontrastreicher. Die „Ausdifferenzierung eines

Erziehungssystems für die Gesamtbevölkerung" (Luhmann/Schorr 1988, S. 104) ist hier als ein weiteres Merkmal des „Jahrhunderts der Bildung" und darüber hinaus als ein letztes Charakteristikum „der Moderne" anzuführen. Sowohl die traditionellen als auch die neu hinzugekommenen Träger der privaten und öffentlichen Erziehung – die Familie, der Staat, die Kirche, die Schulen und Universitäten, die Medien, die Parteien, die Vereine und Verbände – sorgten im langen 19. Jh. für eine nie dagewesene Pädagogisierung der Lebenswelt und für eine bis dato unvergleichliche Pädagogisierung der Kindheit. Das Leben der Kinder veränderte sich unter den Parametern der gesellschaftlichen Modernisierung, wie Experten der Kindheitsforschung, nur geringfügig übertrieben, festgestellt haben, „von Grund auf" (Qvortrup 2005, S. 31).

7 Familienverhältnisse

Pluralisierung der Familienmodelle

Die soziale Institution der Familie, das ist aus der bisherigen Darstellung ihrer Geschichte schon deutlich geworden, gab es seit jeher eigentlich nur im Plural. Mit dem Wandel von der Stände- zur Klassengesellschaft und den skizzierten Modernisierungen nimmt die Pluralisierung der sozialen Subsysteme noch einmal zu. „Vereinfachend könnte man sagen, daß es vor der industriellen Revolution eine große Gruppe von Bauern gab, die über vielfältige Familienmodelle verfügten, die aber alle nach der Art der Bewirtschaftung, dem Typ der landwirtschaftlichen Tätigkeit und den Formen des Erbes strukturiert blieben. Ihnen stand ein kleiner Anteil an adligen und bürgerlichen Familien gegenüber. Nach der industriellen Revolution kam es [...] zu einer regelrechten Explosion von Familientypen, die ebenso verschieden waren wie die Arbeitshierarchien, die Zwänge der Produktion und die sozialen Gruppen, die aufgrund der ständigen und komplexen Prozesse sozialer Mobilität nicht statisch klassifiziert werden können" (Segalen 1998, S. 17).

7.1 Neubestimmung der Familie

Verweltlichung von Ehe und Familie

Vorbehaltlich dieser Vielfalt des Faktischen können einige dominante Wesenszüge der Familienentwicklung benannt werden. Als erstes ist ein im 18. Jh. einsetzender, in seiner Tendenz kontinuierlich voranschreitender Prozess der Verweltlichung zu nennen. Von großer Bedeutung erwies sich dabei der über die alte Welt ausstrahlende „Code Civil" von 1804 (Wolff 2001). Die Rezeption dieses von Napoleon Bonaparte zu verantwortenden Gesetzbuchs trug wesentlich dazu bei, dass die Ehe im Laufe des Jahrhunderts einen privatrechtlichen Vertragscharakter annahm, der schließlich ohne sakramentale Weihe oder kirchliche Absegnung rechtsgültig war. In der Konsequenz davon wurde es im Kaiserreich auch möglich, dass Chris-

Pluralisierung der Lebensläufe

ten und Juden einander heirateten, ohne vorher die Konfession zu wechseln (vgl. Sieg 2013).

Das für Preußen bis zum Erscheinen des „Bürgerlichen Gesetzbuchs" von 1900 gültige „Allgemeine Landrecht" hatte die auf zwanglose Einwilligung der Vertragspartner basierende Zivilehe schon 1794 für obligatorisch erklärt. Je mehr sich die Auffassung von der Ehe als einer fehlbaren menschlichen Einrichtung verbreitete, desto wichtiger wurden Reglements, die nicht nur ihr Zustandekommen, sondern auch ihre Auflösung regelten. Damit taten sich die weltliche Obrigkeit und erst recht die kirchlichen Instanzen schwer. Sie hielten lange an der Norm fest, die Ehe – so der ebenfalls bis 1900 gültige „Codex Maximilianeus Bavaricus" – sei eine „unzertrennliche Gesellschaft" (1. Teil, 6. Kapitel, § 1), die ergo auf Lebenszeit geschlossen werde (das „Bürgerliche Gesetzbuch" wird diese zu Beginn des 20. Jhs. fallengelassene Bestimmung in der Fassung von 1977 im Übrigen wieder aufnehmen). Phasen der Liberalisierung des Scheidungsrechts wechselten im 19. Jh. ab mit Perioden, in denen den Eheleuten die Scheidung erschwert wurde, die beachtlicherweise überwiegend Frauen einreichten (vgl. Gestrich et al. 2003).

Gesetzliche Zweckbestimmungen der Ehe

Die juristische Scheidungsreglung ist ein Beispiel dafür, wie der Gesetzgeber über die Ausformulierung der rechtsförmigen Partnerschaft in die Lebensführung und Lebensplanung der Menschen eingriff. Mit der Ehe als dem Grundbaustein der Familie wurde auch deren Sinn und Zweck festgeschrieben. Für das Bayerische Landrecht bestand die oberste Doppelfunktion des gestifteten Ehestands im gegenseitigen („mutuellen") Beistand von Ehemann und Ehefrau sowie in der „Erzeugung der Kinder" (1. Teil, 6. Kapitel, § 1). Das „Allgemeine Landrecht" (2. Teil, 1. Titel) sah das ähnlich, allerdings hob es zusätzlich die Erziehungspflicht hervor: Die „Erzeugung und Erziehung der Kinder" galt in Preußen als „Hauptzweck der Ehe" (§ 1); man war aber auch bereit, kinderlose Ehen zu billigen, Lebenspartnerschaften also, die „zur wechselseitigen Unterstützung allein" (§ 2) geschlossen werden. In dem 1900 in Kraft gesetzten „Bürgerlichen Gesetzbuch" (Rosenthal 1900) ist eine über die Partnerbeziehung hinausgehende Zweckbestimmung verschwunden, jetzt heißt es bloß, die Verheirateten seien einander zur ehelichen Lebensgemeinschaft verpflichtet (§ 1353, 1). Die volle Anerkennung individueller Lebensentwürfe und der Schutz von um ihrer selbst willen geschlossenen Partnerschaften setzte sich aber nicht durch. Nach den vier unglaublich verlustreichen Kriegsjahren und der Zerrüttung zahlloser Familien verpasste die Weimarer Verfassung der Ehe wieder eine deutlichere Zwecksetzung. Im Artikel 119 erhält der Ehebund seine nüchterne Reproduktionsfunktion zurück: Als Grundlage des Familienlebens diene die Ehegemeinschaft vorrangig der „Erhaltung und Vermehrung der Nation". Eine nur quantitativ anwachsende Reichsbevölkerung war den Verfassungsgebern indes zu wenig, deshalb ergänzten sie im nächsten Artikel – das allen noch bestens vertraute Preußische Landrecht in Erinnerung rufend –, die oberste Pflicht und das natürliche Recht der Eltern sei die „Erziehung des Nachwuchses zur leiblichen, seelischen und gesellschaftlichen Tüchtigkeit".

Liebes- und Vernunftehen

Gegen die rechtliche Verweltlichung von Ehe und Familie protestierte die Kirche, die um den spirituellen Kern des Lebensbundes fürchtete. Die

Verweltlichung steht zudem im Kontrast zu den ungezählten Verherrlichungen der auf innige Gefühlsbindung beruhenden Ehe, von denen die Belletristik dieses Zeitalters überreich ist. Literarisch heraus ragt Goethes 1809 erschienener Roman „Die Wahlverwandschaften". Wie in einer wissenschaftlichen Versuchsanordnung wird darin die soziale Institution der Ehe analysiert als ein im Wandel begriffenes Konfliktfeld, auf dem Konventionalität und Idealisierung, Liebe und Pragmatismus, Leidenschaft und Moralität aufeinanderprallen (vgl. Benjamin 1980). Bedeutend schlichtere Werke, die ein romantisch verklärtes Bild der Liebesheirat verbreiteten, weckten in Generationen von Heranwachsenden den Wunsch nach einer Familiengründung, die nicht auf Kalkül beruhte, sondern der unbescholtenen „Stimme des Herzens" folgte. Die gelebte Wirklichkeit nahm sich meistens prosaischer aus. Liebesehen, die primär der freien Entscheidung beider Partner und keiner sonstigen Rücksicht entsprangen, begannen sich einzubürgern, aber sie verdrängten die berechnenden Vernunftehen nicht. Jean Pauls (1963, S. 179) spitze Bemerkung, die Wahl der Ehepartner folge den Spielregeln der „Diplomatik", hat dieser zu Beginn des 19. Jhs. getroffen, sie sollte aber bis zum Ende der Epoche ihre Gültigkeit behalten. Das ist exemplarisch am tragischen Schicksal von Theodor Fontanes Romanfigur Effi Briest abzulesen (Fontane 1998). Die erfundene Geschichte bringt soziale Realität zur Sprache. Effi wird als 17-jähriges Mädchen mit dem beträchtlich älteren Baron Innstetten verheiratet. Ein Altersgefälle von zehn und mehr Jahren zwischen den Eheleuten war damals üblich, die Konvention verlangte indes nicht unbedingt, dass sich Frauen ganz so jung vermählten wie Effi, doch es war alles andere als skandalös. Effis Eltern war die Heirat wichtig, sie versprachen sich davon – zweifelsfrei zum Wohle der Tochter – ein gehobenes Sozialprestige und eine Verbesserung des Besitzstandes. Die Absicherung der gesellschaftlichen Statusposition besaß im Adel wie im Bürgertum – und nicht nur, wenn es ums Heiraten ging – oberste Priorität, besser noch, wenn Ehe und Familiengründung den sozialen Aufstieg ermöglichten. Einheiraten in höhere Kreise war für viele Heiratswillige und deren Eltern eine Sehnsucht, die das Wunschbild der Liebesheirat verblassen ließ.

Soziale Geltung der Familie

Erkennbar ist daran zudem, dass sich mit der Ehe die Familie zum Dreh- und Angelpunkt gesellschaftlicher Existenz entwickelte. „Die Geltung der Familie und die Verbindlichkeit des Familienverständnisses wurden von einer schier ununterbrochenen Folge von Instanzen eingeprägt und befestigt" (Nipperdey 1990, S. 45). Das Jahrhundert gefällt sich darin, das Familienleben zu feiern, zu verherrlichen, zu verklären, und mit der Zeit auch, die Kehrseite der Medaille, zu verspotten. Das in Literatur und Malerei überschwänglich beschworene Leitbild der heilen Familie und der sanfte Glanz des biedermeierlichen Familienidylls hielten nicht, was sie versprachen. An der Wende zum 20. Jh. kratzten schonungslose Innenansichten, die im Drama oder Roman von abgründigen „Familienkatastrophen" (Gerhart Hauptmann) und familiären Verfallsgeschichten (Thomas Mann) erzählten, nachdrücklich am Image der Familie. An deren Schlüsselstellung im Lebenslauf des modernen Menschen änderte das nichts. Das wird auch von den Wissenschaften unterstrichen, die sich der Familie forschend zuzuwenden begannen, die Soziologie etwa oder die im Entstehen begriffene

Psychonalyse Sigmund Freuds. Im erziehungstheoretischen Schrifttum stand die Familie schon etwas länger im Brennpunkt des Interesses, aber auch hier wächst ihre Geltung, am exponiertesten vielleicht in der Pädagogik Johann Heinrich Pestalozzis und bei Friedrich Fröbel. Wenn Fröbel in seinem Hauptwerk „Die Menschheitserziehung“ von 1826 die Familie als „Musterleben“ in den Vordergrund rückt, dann unterstreicht er damit sowohl die hohe Relevanz der Familienerziehung als auch das Modellhafte der intimen, fürsorglichen Eltern-Kind-Beziehung.

7.2 Familienformen

Bürgerliche Familie als Modell

Dieses Verständnis von der Familie setzte sich nicht sogleich in allen Schichten der Gesellschaft durch. Das Familienideal, wie es Männer vom Schlage Fröbels entworfen haben, hatte ja auch nicht die soziale Wirklichkeit aristokratischer oder großbäuerlicher Familienverhältnisse zur Vorlage. Dem „Musterleben“ stand eine Kleinfamilie Pate, die unverwechselbar bürgerliche Züge trägt. Im Bürgertum, etwa bei Kaufleuten, Unternehmern, Akademikern, Beamten, hatte der Geltungsgewinn der Familie in der Aufklärungszeit seinen Anfang genommen. Das seitdem Gestalt findende Familienmodell mitsamt seinen Regeln und Riten besaß insofern tatsächlich Modellcharakter, als sich ihm die traditionellen Beziehungsmuster in allen sozialen Schichten bis zum Ausgang des langen 19. Jhs. annäherten.

Bürgerliche Privatfamilie

Die bürgerliche Familie ist eine Privatfamilie, deren Privatheit aus zwei Abgrenzungen resultiert. Zum einen grenzt sie sich von der Öffentlichkeit ab. Der im vorigen Kapitel beschriebene Prozess, den öffentlichen und den häuslichen Lebensbereich Zug um Zug zu entkoppeln, kommt zu einem gewissen Abschluss. In der Terminologie des Soziologen Ferdinand Tönnies ausgedrückt, distanzierte sich die bürgerliche Familie von der „Gemeinschaft des Ortes“, den Menschen der Nachbarschaft, indem sie sich auf die „Gemeinschaft des Blutes“, also die Einheit der Verwandschaft stützte (Tönnies 1979, S. 12). Einschneidende biographische Ereignisse – von der Geburt über die Hochzeit bis zum Tod – nehmen den Charakter von Privatangelegenheiten an, die im Kreise von Angehörigen und Freunden und unter Ausschluss der Öffentlichkeit gefeiert werden. Die Familie wird zu der mit Abstand wichtigsten Erziehungs- und Sozialisationsinstanz, die sie, strukturelle Veränderungen und einige zeitgenössische Auflösungserscheinung inbegriffen, bis heute geblieben ist (vgl. Hurrelmann 2006). Allerdings, auch das gilt es im Bewusstsein zu halten, erwuchs ihr in der Schule eine zum Teil konkurrierende Erziehungsmacht von ebenfalls schwer zu überschätzendem Ausmaß; dazu später.

Bindung und Krisen

Je enger der familiäre Mikrokosmos seine Außengrenzen zog, desto mehr Raum bot das Innere für Nähe und Intimität. Die Gefühlsbeziehungen der beieinander lebenden Familienmitglieder, der Kernfamilie, werden dichter, intensiver, aber auch brisanter. Bindungs- und Entbindungsprozesse sind seitdem krisenanfällige Bewältigungsaufgaben für alle Eltern und Kinder. Im erwähnten Katastrophenfall konnte das bis zu ernsthaften Zerwürfnissen führen, jenem Stoff, aus dem Ibsen, Strindberg und Hauptmann das zeitgemäße literarische Genre des Ehe- und Familiendramas schufen.

Funktionale Differenzierung

Wir haben es hier mit funktionalen Differenzierungsvorgängen zu tun, in deren Folge sich das soziale System der Familie auf bestimmte Aufgaben spezialisierte, manche abgab, andere intensivierte. Im Ergebnis lief dieser Prozess darauf hinaus, „daß Familienfunktionen sich auf das konzentrierten, was in gewisser Hinsicht als die rein persönlichen Beziehungen der Mitglieder zueinander bezeichnet werden könnte" (Parsons 1997, S. 268). Diese Primärfunktion der Familie schloss die Erziehung der Kinder, Kommunikations- und Geselligkeitsformen, gemeinsame Freizeit- und Konsumgestaltungen ein. Aus dem Binnenraum der Familie ausgeschlossen wurde im Gegenzug der Erwerbs- und Produktionsbereich, der ins separate ökonomische Sozialsystem der Lohnarbeit auswanderte. Diese Entmischung von Privatleben und Berufswelt ist der zweite Abgrenzungsvorgang, aus dem die bürgerliche Familie ihre charakteristische Gestalt bezog.

Mythos Weiblichkeit

Helmut Schelsky hat über diesen Vorgang gesagt, die Familienerziehung geschehe von nun an „in Arbeitsfremdheit" (Schelsky 1957, S. 34). Das ist der Tendenz nach richtig, was die Berufsarbeit betrifft. Doch gearbeitet wurde natürlich auch weiterhin in den Familien, eigentlich sogar rund um die Uhr: Hausarbeit, die traditionelle Domäne der Frau. Berufstätige Frauen, die man in der Landwirtschaft, in städtischen Familienbetrieben oder in den Fabriken antreffen konnte, galten dagegen als unfein. Vernachlässigten sie nicht Ehemann und Kinder, die Pflege von Herd und Haus? So herabsetzend konnte die Bourgeoisie über weibliche Berufstätigkeit denken (und nicht anders über weibliche Gelehrsamkeit), weil man einem Mythos der Weiblichkeit anhing, der die Frau zum Sinnbild von natürlicher Reinheit, Schönheit, Hingabe und Empfindsamkeit stilisierte und damit gleichzeit als ein dem Manne ebenbürtiges, vernünftig handelndes Wesen annullierte. In der bürgerlichen Idealisierung des Weiblichen findet die Jahrtausende alte Unterwerfungsgeschichte der Frau kein Ende, sondern eine galant verpackte Fortsetzung (vgl. Bovenschen 1979).

Spezialisiert auf Erziehung

Statt einen Beruf auszuüben, Karriere zu machen oder sich mit intellektueller Bildung abzugeben, sollte die Frau ihrer „natürlichen Berufung" gehorchen, Mutter werden, und sich gleichsam hinter verschlossenen Türen als „züchtige Hausfrau" für die Privat- und Familienbelange aufopfern – Schillers „Glocke" kommt einem wieder in den Sinn, die nicht zufällig auch in der modernen Zeit zum Bildungskanon gehörte. So sehr die Mutterschaft und Erziehungskompetenz der Hausfrau zu jener Zeit eine „soziokulturelle und professionelle Aufwertung" (Hahn/Berding 2010, S. 310) erfuhren, so eng abgesteckt war damit der weibliche Tätigkeitsbereich. „Die Frau wurde zur Spezialistin nicht nur für das leibliche Wohl des Kindes, sondern auch zuständig für dessen gesunde geistige Entwicklung und für das dazu notwendige familiale Binnenklima" (Gestrich 2003 et al., S. 595f.).

Patriarchat

Nach der Theorie der funktionalen Differenzierung wäre zu erwarten, dass mit der Spezialisierung der Frau auf das Geschäft der Erziehung, der Mann in Erziehungsangelegenheiten einen familieninternen Funktionsverlust erlitten hätte. Doch die patriarchale Grundsubstanz der Familie war ein harter Beton, der nicht leichthin aus dem Weg zu räumen war, oder anders gesagt: „die wesentlichen und letzten Entscheidungen lagen – nach Recht wie nach Sitte – beim Mann, er dominierte eindeutig" (Nipperdey 1990, S. 44). Fortschrittliche, emanzipatorische Forderungen der Französischen

Revolution zurücknehmend heißt es dementsprechend 1804 im durchweg antifeministischen „Code Civil": „Der Mann ist seiner Frau Schutz, und die Frau ihrem Manne Gehorsam schuldig" (I. Buch, 5. Titel, 6. Kap., 213). Zieht man literarische Darstellungen und Kindheitserinnerungen zurate, konkretisiert sich das Bild von der Rolle, die der Vater in der Erziehung spielte. Die Hausherren verbrachten berufsbedingt in der Tat recht wenig Zeit mit ihren Kindern; wochentags sah man sich vielleicht eine Stunde vor dem Schlafengehen oder beim Mittagessen. Auch war das Vater-Kind-Verhältnis noch etwas förmlicher und distanzierter als das zwischen der Mutter und den Heranwachsenden – überwiegend jedenfalls. Es gab auch, beispielsweise im Elternhaus des ersten Reichskanzlers (vgl. Schmidt 2006), umgekehrte Konstellationen: gutmütige, nachsichtige Väter und energische, unnahbare Mütter. Doch in den meisten Familien hatte der Hausvater das Sagen, und die ihm – nach Recht wie nach Sitte – eingeräumte Alleinherrschaft über alles und jeden wirkte dem drohenden Verlust der väterlichen Erziehungsautorität entgegen.

z. B. Franz Kafkas Vater

Kein anderer hat die machtvolle väterliche Präsenz so scharf und erschütternd zu Papier gebracht, wie der 1883 geborene Franz Kafka in seinem „Brief an den Vater". Der unduldsame, leitungsgewohnte Kaufmann Hermann Kafka, der scheinbar von seinem Lehnstuhl aus über die Welt präsidierte, brauchte gar nicht häufig physisch anwesend zu sein, um mit „äußerst wirkungsvollen" (Kafka 1983, S. 129) Mitteln beim Sohn einen ebenso tiefen wie verstörenden Eindruck zu hinterlassen. Die väterlichen Erziehungsmittel waren anscheinend von durchweg fragwürdiger Art: „Schimpfen, Drohen, Ironie, böses Lachen" (ebd.). Solche Erniedrigungen gehörten nicht in allen Vaterhäusern zum „guten Ton", aber in sehr vielen. Zu roher Gewalt hingegen ließen sich nur noch besonders jähzornige Herrschaften hinreißen. Prügel hatten am Ende des langen Jahrhunderts in Bürgerfamilien – nicht bei Bauern und Arbeitern (vgl. Perrot 1997) und nicht in der Schule – als ein akzeptiertes pädagogisches Instrument der Verhaltenssteuerung weitgehend ausgespielt. Aber schmerzvolle Demütigungen blieben den Bürgerkindern, wie an Franz Kafka zu sehen, keineswegs erspart. Nicht in seiner erheblich warmherzigeren, stets präsenten Mutter, die ihrem Gatten wenig entgegenzusetzen wusste, sondern im despotischen Oberhaupt der Familie erkannte der Sohn rückblickend seinen eigentlichen Erzieher; „so wie ich bin, bin ich", schrieb er 1919, „das Ergebnis Deiner Erziehung und meiner Folgsamkeit" (Kafka 1983, S. 129).

Vaterkonflikte, Jugendbewegung

Der Brief war Kafkas direkteste Form, seinem übermächtigen Vater die Meinung zu sagen, doch der Adressat bekam ihn nicht zu lesen, sein Sohn schickte ihn nicht ab. Vater-Sohn-Konflikte häuften sich um die Jahrhundertwende. In der jungen Generation bürgerlich-protestantischer Herkunft staute sich ein Widerwille gegen die autoritären Repräsentanten der wilhelminischen Gesellschaft auf; nicht nur an Vätern, auch an Lehrern, Professoren, Staats- und Kirchendienern aller Art entzündete sich das Unbehagen. Zu offener Rebellion gegen die Vätergeneration kam es selten. Auch die sich um 1900 im sog. Wandervogel formierende „Jugendbewegung" (vgl. Herrmann 2006) hatte anderes zum Ziel. Sie „wollte eine Selbsterziehungsgemeinschaft sein, sie suchte nach neuen Idealen der Persönlichkeitsbildung, maß dem Vorbild große Bedeutung zu, entwickelte in der Gruppe ein neues Modell des pädagogischen Bezugs und ein Feld der sozialen Erfahrung, was Freundschaftskult und Unterwerfung unter charismatische Führerautorität nicht ausschloß" (Berg 1991, S. 133). Die „Jugendbewegung" war im Wesentlichen nicht konfrontativ eingestellt, sondern herrschaftsverträglich, sie kanalisierte das Protestpotential in Bahnen der zu jener Zeit aufkommenden Strömungen der Lebensreform und Reformpädagogik (vgl. Kerbs/Reulecke 1998; Seyfarth-Stubenrauch/Skiera 1996). Zuhause trauten sich die wenigsten Söhne, gegen den Hausherrn das Wort zu erheben. Aber wie sehr es in der Jugend brodelte, lassen die bis zum Vatermord reichenden Gewalt- und Befreiungsphantasien ahnen, von denen die expressionistische Publizistik voll ist (vgl. Vietta/Kemper 1983). Die paternalistische Familie war am Ausgang der Epoche ein Pulverfass, aber es ging nicht in die Luft.

Familiengröße

Kafka hatte im Übrigen drei Schwestern. Sechsköpfige Familien waren im Bürgertum nichts Ungewöhnliches, ungewöhnlich waren Einzelkinder. Auch auf dem Land ist von einer mittleren Familiengröße um fünf Personen auszugehen (vgl. Gestrich et al. 2003). Das widerspricht älteren Behauptungen, mit dem Anbruch der Moderne hätten sich kinderarme Kleinfamilien durchgesetzt. Erst in der Hochmoderne, genauer gesagt seit dem letzten Viertel des 20. Jhs., ist in Deutschland die Kinderzahl pro Familie signifikant rückläufig (vgl. Statistisches Bundesamt 2013).

Dienstpersonal

Die aus Vater, Mutter und Kindern bestehende bürgerliche Kleinfamilie (Anverwandte, die in den Wohnungen für gewöhnlich ein und aus gingen, zählten zum erweiterten Familienkern) wollte im Alltagsleben unter sich sein. In einem Fall allerdings öffnete sie bereitwillig ihre Privatsphäre, für Dienstpersonal, das in den Haushalten des mittleren und oberen Bürgertums der Hausfrau allerlei Arbeit abnahm. Im ersten Jahrzehnt nach der Reichsgründung besaßen in größeren Städten um die 20 % der Familien junge, weibliche Hilfskräfte, die in der Regel ganztägig arbeiteten (vgl. Nipperdey 1983). Deren Stellung in den Häusern war sehr uneinheitlich. Wurde das Gesinde auf dem Land noch längere Zeit „durchaus als zur Familie gehörig angesehen und behandelt" (Paulsen 1909, S. 36), wie es in den Memoiren des Mitte des Jahrhunderts in Nordfriesland aufgewachsenen Schulhistorikers Friedrich Paulsen heißt, galten Dienstboten in den bürgerlichen Familien als (meist gering besoldete) „Mädchen für alles", für deren (meist dürftige) Kost und Logis der Arbeitgeber aufkam. Laut den Gesindeordnungen gehörten Dienstmädchen dem Haushalt an, sie unterstanden somit der alleinigen Weisung ihres Dienstherrn, womit ein feudalrechtlicher Anachronismus im Bürgertum bis zur Aufhebung der Gesindeordnungen 1918 überlebte (vgl. Budde 1999). Für die Kinder des Hauses waren die in oder außerhalb der Wohnung untergebrachten Helferinnen, die meist aus weniger gut gestellten Familien kamen, eine Realität, mit der sie unterschiedlich intensive Erfahrungen machten; das hing ab von den jeweiligen Arbeitsaufgaben der Dienstboten, ihrer Persönlichkeit, der Dauer ihrer Anstellung, dem Altersunterschied zwischen ihnen und den Kindern, den Lebensumständen. *Eine* Lehre jedenfalls nahmen wohl alle Kinder unweigerlich mit in ihr weiteres Leben: Die Erwachsenenwelt besteht aus Personen, die Anordnungen befolgen, und solchen, die es sich leisten können, Anordnungen zu erteilen. Unschwer zu erraten, welcher Gruppe die Aufwachsenden später einmal angehören wollten.

Verbürgerlichung der aristokratischen Familie

Auch bürgerliche konnten sich Dienstpersonal leisten

Die frühe Erfahrung des Bedientwerdens war, bevor sie zum bürgerlichen Familienleben gehörte, hauptsächlich Kindern des Adels vorbehalten gewesen. Das ist ein Beispiel, wie aristokratische Umgangsweisen und höfische Lebenskultur an Exklusivität verloren, indem sie von der Mittelschicht adaptiert wurden. Das Bürgertum hörte auch im 19. Jh. nicht auf, sich im geselligen Verkehr und den sozialen Repräsentationen zu „feudalisieren", doch nach und nach stellte sich auch ein umgekehrter Trend ein; „spezifisch bürgerliche Lebensanschauungen und Verkehrsformen prägen zunehmend auch das adlige Familienleben" (Herrmann 1987, S. 53). Dass die Zeichen auf Verbürgerlichung der aristokratischen Familie standen, bedeutet nicht, die Statusschranken wären eingerissen worden, vielmehr setzte der Adel alles daran, sie unter den sich verändernden sozialen Konditionen beizubehalten. Die Aristokratie konnte auch in der bürgerlichen Gesellschaft Machtpositionen und Monopole behaupten, weil sie sich dem modernisierten Verwaltungs-, Militär- und Bildungssystem anzupassen verstand, ohne ihre Standesidentität preiszugeben. Ein wesentlicher Teil dieser Identität gründete in dem Bewusstsein, einem über etliche Generationen bestehenden, exzeptionellen Familienverband anzugehören, in deren Geschlechterfolge die einzelne Familie aufgehoben war, wie ein Glied in einer aus der Vergangenheit in die Zukunft reichenden Phalanx (vgl. Wienfort 2006).

Großbäuerliche Familien

Auch auf dem Land, bei den großbäuerlichen Familien, besaß die Generationenfolge eine enorme Bedeutung, sie sicherte die Existenz des Hofes. Mehrgenerationenhaushalte blieben vorherrschend, sie nahmen im 20. Jh. sogar vorübergehend zu. Die Verbürgerlichung der Familie kam hier verhältnismäßig langsam zum Zuge, die Stabilität der traditionellen Lebensweise war groß: angefangen bei der Vermischung von Privatleben und Arbeit, weiter über die streng patriachalen Autoritätsstrukturen in Familie und Dorfgemeinschaft, bis hin zur ungebrochen derben Erziehung. „Die Kinder erfuhren von ihren Eltern wenig intentionale Aufmerksamkeit und emotionale Zuwendung. Sie wurden mehr aufgezogen als erzogen" (Berg 1991, S. 111). Da konnten für die Kinder das auf dem Hof lebende Gesinde und die Tagelöhner mitunter von Vorteil sein. Der in Dithmarschen aufgewachsene Dichter Friedrich Hebbel etwa, geboren 1813, mag sich in seinen Jugenderinnerungen über mangelnde Zuneigung nicht beklagen, da sie ihm und seinem Bruder von Nichtangehörigen der Familie „in reichlichem Maße zuteil [wurde], besonders von den Mitbewohnern unseres Hauses, den vorzugsweise sogenannten Nachbarn, die uns fast ebensoviel galten als die Mutter und mehr als der strenge Vater" (Hebbel 1957, S. 8).

Landarbeiterfamilien

Seit der Bauernbefreiung siedelten sich auf dem Land neben den großbäuerlichen Familien zahlreiche Landarbeiterfamilien an, die familientypologisch betrachtet eine eigenartige Zwitterstellung kennzeichnet. Obgleich mit dem dörflichen Sozialmilieu verwachsen, waren sie von ähnlichen Veränderungen betroffen wie die bürgerliche Familie: Trennung von Haus und Arbeit, Reduktion auf die Kernfamilie und hier sogar markant sinkende Kinderzahlen. Diese Familien lebten in ökonomischer Abhängigkeit von den Landwirtschaftsbetrieben und waren häufig von Armut bedroht. Die Eltern konnten bei der Suche nach Arbeit nicht wählerisch sein, selbst Kinder im jungen Alter mussten zuweilen für den eigenen Lebensunterhalt aufkommen und außer Haus Lohnarbeit annehmen. Landarbeiterhaushalte weisen somit auch Ähnlichkeiten mit dem Typus der Arbeiterfamilie auf.

Arbeiterfamilien

Städtische Arbeiterfamilien, die sich aus gewerblicher Lohnarbeit finanzierten, nehmen mit der Industrialisierung und Urbanisierung einen wachsenden Anteil an der Gesamtbevölkerung ein. Das bürgerliche Familienideal und die inneren Dynamiken der bürgerlichen Kleinfamilie erscheinen auch im Proletariat als Blaupause. „Auch die Welt der Arbeiter konnte sich dieser Ordnung nicht entziehen. Als elementare Struktur regelte die Familie Verbindungen, Reproduktion, Ausbildungen, Zukunftsentwürfe. Sie zwang ihren Gesamtplan den Familienmitgliedern auf, vor allem den Jungen und Frauen, und nahm dabei keine Rücksicht auf Einzelwünsche. Denn die Arbeiterfamilie war patriarchalisch. Sie gehorchte dem Gesetz des Vaters, der darin vom Code Civil bestärkt wurde und in dieser Autorität eine legitime Identität fand" (Perrot 1997, S. 115). Die von Männern und Frauen, von Vätern und Müttern zu erfüllenden Rollenmuster kamen in der Arbeiterschaft mindestens so stereotyp und rigide zur Geltung wie im Bürgertum, allem Anschein nach äußerten sie sich im Proletariat sogar noch konservativer und strikter als in den ökonomisch besser gestellten Schichten.

Differenzen zur bürgerlichen Familie

Die schrittweise Annäherung an bürgerliche Familienverhältnisse kam überhaupt erst zustande, nachdem sich gegen Ende des 19., Anfang des 20. Jhs. die katastrophalen sozialen und ökonomischen Bedingungen, unter denen die meisten Arbeiterfamilien leben mussten, zu verbessern begannen. Bis dahin konnten sich daheim bei den Industriearbeitern Privatheit und Intimität kaum einstellen, weil die von Menschen und Dingen überfüllten Ein- oder Zweizimmerwohnungen schlichtweg keinen Raum, keine Rückzugsmöglichkeiten boten. Das Leben der Erwachsenen (und Kinder) drängte auf die Straße – insofern Arbeit (und Schule) dafür Zeit ließen. Freizeit war ein knappes Gut. Die Arbeitswoche bestand aus sechs Tagen, der Arbeitstag aus zehn oder mehr Stunden, und die Wege zu den Arbeitsstellen waren oftmals lang.

Konstitution und Destabilisierung der proletarischen Familie

-> Kinder als Arbeitskräfte

Vater, Mutter und Kinder waren in den Arbeiterhaushalten selten beisammen und wenn, dann am Rande der Erschöpfung. Doch die schwierigen Lebensumstände förderten auch Solidarität und Zusammenhalt in und unter den Familien, die in ihren bescheidenen Wohnungen bereitwillig Angehörigen, Freunden und Bekannten auch für längere Dauer Unterkunft gewährten. Die dicht beieinander lebenden Bewohner erzeugten, ob sie wollten oder nicht, ein enges Netz an wechselseitiger Kontrolle, was den Aufbau von intensiven Nähebeziehungen zwischen Eltern und Kindern erschwerte. Das Zeitalter der „große[n] Industrie" (Marx/Engels 1983, S. 59) hat ebenso gut zur Konstitution der proletarischen Familie wie zu deren Belastung beigetragen.

Gewerbliche Frauenarbeit

Belastend musste sich auch der Umstand der außerhäuslichen Frauenarbeit auswirken. Der Mann war Hauptverdiener, aber mit seinen dürftigen Einkünften war eine vielköpfige Familie schwer zu versorgen. Weibliche Erwerbstätigkeit, auf Bauernhöfen oder in Handwerksbetrieben seit je obligat, wurde seit Mitte des Jahrhunderts mehr und mehr zu einem städtischen Massenphänomen. Dafür waren hauptsächlich Frauen aus Arbeiterhaushalten verantwortlich, da im Bürgertum das beschriebene Weiblichkeitsideal wie ein Hemmschuh wirkte. Die Zunahme an weiblichen Arbeitskräften könnte als ein Zeichen zunehmender Gleichberechtigung interpretiert werden. Doch der lange Weg dorthin war mit Ausbeutung gepflastert. Frauen erhielten für identische Fabrikarbeiten im Normalfall erheblich weniger Lohn als ihre männlichen Kollegen, und bei ihrer beruflichen Qualifizierung wurde ebenfalls gründlich gespart. Der Frauenbewegung, die sich in bürgerlichen und proletarischen Gruppierungen unterschiedlich radikal artikulierte, stand ein nicht enden wollender Kampf um Gleichstellung, freie Berufswahl und Verbesserung der Bildungs- und Arbeitsbedingungen bevor, der nicht einmal im 21. Jh. abgeschlossen ist (vgl. Schraut 2013); wir werden am Ende dieses Buches darauf zurückkommen.

In der kalendarischen Wende vom 19. zum 20. Jh. wuchs die Quote der außer Haus beschäftigten Frauen in Deutschland besonders rasant um gut 45 %, wobei über die Hälfte der Frauen in der Industrie Anstellung fanden. Das Kaiserreich zählte 1907 rund 280000 Farbrikarbeiterinnen. Die Steigerungsrate der erwerbstätigen Frauen zeigte auch danach durchgehend aufwärts. Zwischen 1914 und 1918 lag sie bei etwa 17 %, was dem Trend der Vorkriegszeit entsprach (vgl. Daniel 1989). Der Bedarf an Industriearbeiterinnen war während des Ersten Weltkriegs groß, die Rüstungs- und Schwerindustrie verlangte nach Arbeitskräften, und es fehlte in diesen Jahren an Männern, weil sie für ihr Vaterland ins Feld zogen. Millionen Familien verwaisten, Frauen wurden über Nacht zu Alleinverdienerinnen (in deren Qualifikation eher weniger anstatt mehr investiert wurde) und zu Alleinerziehenden. Zufrieden konnten sich da noch jene schätzen, die vom bereits seit Jahrzehnten expandierenden Markt der Hausindustrie profitierten. Er erlaubte es den Frauen, z.B. als Näherin für das Textilgewerbe, in der eigenen Wohnung zu arbeiten. Durch die gewerbliche Heimarbeit verminderten sich nicht die mannigfaltigen Ansprüche der Familie, der Erziehung, der Haushaltsführung, aber es war für die zuhause statt in der Fabrik tätigen Frauen ein wenig leichter, sie zu vereinbaren.

8 Kindheiten und Jugendkulturen

Die besagte Explosion von Familientypen sprengte auch die bis dahin bekannten strukturellen Formen von Kindheit und Jugend auseinander. Analog zur Pluralisierung der sozialen Verhältnisse vervielfältigten sich die Lebenswelten und Kulturen der Heranwachsenden.

8.1 Kinderarbeit

Kinderarbeit

Wir nehmen den Faden der Arbeitssituation im 19. Jh. noch einmal auf und richten den Fokus auf die Arbeit der Kinder. Dass diese zu Beginn des Jahrhunderts weiterhin zu „tausenderlei Dienstleistungen" herangezogen wurden, ist im vorigen Kapitel bereits erwähnt worden. In der weiteren Geschichte der bezahlten und unbezahlten Kinderarbeit schlugen zum einen übergreifende gesellschaftliche Ereignisse, obenan Kriegs- und Krisenzeiten zu Buche. Ein markanter Anstieg allgemeiner Kinderarbeit ist erneut in den

Jahren des „Großen Krieges“, also ab 1914 zu verzeichnen. Je härter die Versorgungsnot wurde, desto mehr Buben und Mädchen mussten bei der Feldarbeit, in der Hauswirtschaft und den Alltagsverrichtungen anpacken, wozu sie auch die Schule und andere offizielle Stellen nachdrücklich aufforderten (vgl. Hämmerle 1993; 2015).

Kinderarbeit, Klassenunterschiede

Die qualitative und quantitative Entwicklung der Kinderarbeit war zum anderen abhängig von den sozio-ökonomischen Ausgangslagen der Familien. In aristokratischen Haushalten, die auf die Arbeit der Kinder nicht angewiesen waren, übernahmen die Heranwachsenden höchstens kleinere Tätigkeiten, die nicht notwendig waren, aber lehrreich sein sollten. In diesem Sinne wird auch im Bürgertum die unentgeltliche Kinderarbeit pädagogisiert und die Honorararbeit von Kindern vermindert, jedenfalls dort, wo kein ökonomischer Druck herrschte. Der gehörte wiederum in den armen Klassen und den meisten Arbeiterhaushalten zum täglichen Brot, weshalb die Kinder üblicherweise das Familieneinkommen aufbessern mussten. Nachfolgend das Beispiel des 1846 geborenen Schlossers Hermann Enters, der mit acht Geschwistern im Haus eines Webers aufwuchs. Anfänglich unterstützte er die Eltern bei der Heimarbeit, die ersten Schuljahre über erledigte er dann für ein paar Pfennige diverse Hilfstätigkeiten, woraus alsbald eine Anstellung wurde, die lediglich der Vor- und Nachmittagsunterricht unterbrach:

„Mit zwölf Jahren machte ich bereits den wohlbestallten Laufburschen in dem Schreiblerschen Schuhgeschäft in der Bäckerstraße, reinigte morgens um 6 Uhr den Laden und den Bürgersteig, putzte die Schuhe, holte das Frühstück ein, um dann um 7 Uhr in die Schule zu traben. In den Mittagsstunden galt es, Schuhreparaturen zu den Kleinmeistern zu tragen und abzuholen, Gänge in die Stepperei zu machen, Sohlenleder zu schneiden und mächtige Langschäfter, halb so groß wie ich selbst, aus dem Braun der ursprünglichen Farbe des Leders bis zu glänzender Schwärze zu wienern. Diese Tätigkeit setzte sich nach der Schule bis zum Ladenschluß um 8 Uhr und auch am Sonntagvormittag fort. Dafür gab es pro Woche eine Mark ‚Lohn‘, und diese Mark spielte eine recht ansehnliche Rolle im Gleichgewicht des Haushaltes“ (zit. n. Hardach Pinke/Hardach 1981, S. 206.).

Landarbeitende Kinder

In agrarischen Familien blieben die von Heranwachsenden verrichteten häuslichen Tätigkeiten konstant hoch. Ebenso hoch war auch die Zahl der in landwirtschaftliche Produktionsprozesse einbezogenen Kinder. Eine 1903 erfolgte Befragung der Dorfschullehrer im Reich ergab, dass von den Schülerinnen und Schülern, die Mehrheit unter zwölf Jahren, durchschnittlich knapp 20 % nebenher lohnbeschäftigt waren; eine beträchtliche Dunkelziffer und unbezahlt arbeitende Kinder müssten noch hinzugerechnet werden (vgl. Berg 1974). Das im selben Jahr verfasste und 1904 in Kraft getretene Kinderschutzgesetz, das bis 1938 gültig blieb, klammerte den Bereich der Lohnbeschäftigung von Kindern in der Landwirtschaft aus. Damit schloss es an die vorangegangenen Verordnungen zur Einschränkung und Normierung der Kinderarbeit an, die ihr ausschließliches Augenmerk auf die fabrikarbeitenden Kinder legten.

Industriearbeitende Kinder

Als Frauen vermehrt in der Großindustrie zu arbeiten begannen, ungefähr seit 1850, gehörten Kinder dort seit Jahrzehnten, mit Beginn der Industrialisierung, zum üblichen Arbeitspersonal. Ihre geringe Körpergröße, ihre Wendigkeit und ihre kleinen Finger machten sie in einigen Industriezweigen, etwa im Bergbau, in Glashütten oder in der Bekleidungsfabrikation, begehrt. In der ersten Hälfte des Jahrhunderts war es keine Seltenheit, dass in manch einer Spinnerei tagsüber fast 200 Kinder und in der Nachtschicht beinahe noch mal so viele an den Maschinen standen oder sonstige Arbeiten erledigten. Die Arbeitszeit betrug im Schnitt 13 Stunden am Tag und elf in der Nacht (vgl. Kastner 2004). Weil Kinder aller Altersgruppen nicht nur geschickte, sondern auch billige Arbeitskräfte waren (zwei bis drei Groschen gab es für eine Schicht in der Garnfabrik), waren sie bald in allen möglichen Herstellungsbereichen zu finden. Für Hermann Enters schlug die bittere Stunde der industriellen „Kinderausbeutung" in seinem 14. Lebensjahr: Täglich 15 Stunden ununterbrochene Knochenarbeit in einer Fabrik, wo er nach eigener Einschätzung „geistig und körperlich zu Grunde gerichtet wurde" (zit. n. Hardach Pinke/Hardach 1981, S. 198).

Gesetzliche Bestimmungen

Der 15-Stundentag des 13-Jährigen verstieß allerdings gegen damalige Rechtsvorschriften. Die sozialpolitische Gesetzgebung ebenso wie der staatliche Arbeitsschutz beginnen in Deutschland mit dem preußischen Regulativ von 1839 (vgl. Kastner 2004). Mit den Bestimmungen sollten zumindest die schlimmsten Auswüchse der Kinderfabrikarbeit eingeschränkt werden. Um in Betrieben zu arbeiten, durften Kinder nicht jünger als neun Jahre sein, am Tag waren zehn Arbeitsstunden erlaubt, die Arbeit in der Nacht und am Sonntag war untersagt. Bayern und Baden legen 1840 ähnliche Vorschriften vor, andere Staaten, das Königreich Sachsen etwa, zögerten die Gesetzgebung hinaus. 1853 wird das preußische Gesetz verschärft, nun war unter Zwölfjährigen die regelmäßige Industriearbeit verboten, schulpflichtige Kinder im Alter zwischen zwölf und 14 Jahren durften nicht länger als sechs Stunden am Tag arbeiten und aus der Schule entlassene Jugendliche maximal zehn Stunden. Es brauchte noch fast vier Jahrzehnte, ehe 1891 ein generelles Verbot der Fabrikarbeit schulpflichtiger Kinder Gesetzeskraft erlangte. Um die Einhaltung der Vorschriften stand es indessen die längste Zeit schlecht. Mit rücksichtsloser Regelmäßigkeit haben die Unternehmen die Verbote unterlaufen, wie die seit 1854 von preußischen Fabrikinspektoren angefertigten Berichte Jahr für Jahr bezeugen (vgl. Quellensammlung 1996).

Aufrechterhaltung der Kinderarbeit

Wenige Pädagogen, Kirchenmänner, Bürger und Behörden haben von Anfang an gegen die Kinderausbeutung protestiert, aber zu einem gesellschaftlichen Sturm der Entrüstung kam es zu keinem Zeitpunkt. Den Regierungen lagen ausführliche Situationsbeschreibungen vor, die keinen Zweifel ließen an den verheerenden gesundheitlichen Auswirkungen der Kinderfabrikarbeit. Eine aus den 1820er Jahren stammende Aufstellung der Gesundheitsschäden von lohnarbeitenden Jungen und Mädchen in der preußischen Provinz Westfalen liest sich wie die Bilanz einer Epidemie: Körperschwäche, Untergewicht, geschwollene Gesichter, Entzündungen, Atembeschwerden, Vergiftungen, Verwahrlosung und so fort (vgl. Kastner 2004). Man fragt sich, weshalb die Herrschenden nicht umgehend die Fabrikarbeit schulpflichtiger Kinder verboten haben. Die wirtschaftliche Not vieler Eltern, nationalökonomische Konkurrenzfähigkeit und der erzieherische Wert körperlicher Arbeit waren Argumente, die zugunsten der Beibehaltung des

Status quo ins Feld geführt wurden. Lauter werdende Klagen der Militärbehörden, die durch die Industrie geschleusten Kinder seien als „verkrüppelte Rekruten“ für den Soldatendienst unbrauchbar, ließen die Politik in den 30er Jahren kurzzeitig aufhorchen, doch die Einlassungen des Militärs bewirkten im Endeffekt erheblich weniger als einst angenommen.

Eindämmung der Kinderarbeit

Den Ausschlag, die Kinderarbeit per Gesetz einzuschränken und endlich zu verbieten, gaben in erster Linie bildungspolitische Überlegungen. Man hatte abzuwägen zwischen aktuellen ökonomischen Interessen, dem momentanen Aufschwung der Industrie, und langfristiger Wirtschaftsplanung, in der die allgemeine Anhebung der Schulbildung, die sich mit expansiver Fabrikarbeit nicht vertrug, eine zentrale Rolle spielte. Dieser zweite Standpunkt setzte sich letztendlich durch. Hinzu kam, dass die Herrschenden die Schule als ein Erziehungsinstrument nutzen wollten, um gesellschaftskonforme Werte, Loyalität und Untertanentreue zu vermitteln. Dafür mussten die Kinderarbeit reduziert, die Schulbesuchszeiten ausgedehnt und die allgemeine Schulpflicht rigoroser kontrolliert werden.

Großindustrie, Heimindustrie

Obwohl die Industrie allenthalben gegen die gesetzlichen Anordnungen verstieß, nahm die Zahl der in Großbetrieben arbeitenden Kinder seit den 1840er Jahren stetig ab (einige Zweige wie die Tabakindustrie ausgenommen): In Preußen ging die Anzahl von Kinderarbeitern von rund 31 000 (1846) auf 7000 (1875) zurück. Der quantitative Rückgang erklärt sich in erster Linie aus dem Umstand, dass verbesserte Produktionstechniken die jungen Arbeitskräfte überflüssig machten. Das betraf indessen nicht den Sektor der Hausindustrie, der sich geradezu gegenläufig entwickelte. 1900 sind im Deutschen Reich mindestens 540 000 Kinder außerhalb von Fabriken in Gewerbearbeit eingebunden. Auf das Handwerk, kleine Familienbetriebe und gewerbliche Heimarbeit waren die meisten Arbeitsschutzbestimmungen nicht zugeschnitten. Es gab kaum Kontrollen, weshalb Kinder, die in der Großindustrie keine Beschäftigung fanden, dort scharenweise unterkamen.

Schulversäumnisse werden sanktioniert

Vielen finanziell bedrängten Familien war die momentane Arbeitskraft ihrer Kinder mehr Wert als deren schulische Erziehung, die ja lediglich eine Art ungesicherter Wechsel auf die Zukunft ist. Für Baden hatte der Kurfürst 1803 eine Bestimmung herausgegeben, wonach den Eltern, die ihren Kindern weder Schulbesuch noch Privatunterricht gewährten, eine kleine Geldbuße oder eine „4. bis 24. stündige Einsperrung ins BurgerHäußlein“ drohte (Regierungsakten 2012, S. 70). Aus solch einer Vorschrift spricht die Entschlossenheit der Landesherren, die Erziehenden zu erziehen. Den Eltern sollte eingeschärft werden, dass ein kontinuierlicher Unterricht selbst in wirtschaftlichen Notzeiten keinem Kind zu verwehren sei. Mancherorts, in Krefeld z. B., sind in den letzten Jahren vor der Reichsgründung jährlich noch Tausende von Eltern mit Haftstrafen belegt worden, da sie die Kinder zur Arbeit anhielten, anstatt sie zur Schule zu schicken (vgl. Kuhlemann 1992). Mit Bestrafung allein war wenig auszurichten. Die Kinderarbeit ist schließlich zurückgegangen und die Schulpflicht verwirklicht worden, weil sich in der Bevölkerung die Überzeugung verbreitete, schulische Leistungen und Abschlüsse besäßen ein den Lebenslauf und die Laufbahn entscheidendes Gewicht, was sich tatsächlich immer deutlicher abzeichnete.

8.2 Gebrochene Orientierung am Kind

Erziehungsstil

Eltern, die ihre Kinder tagein, tagaus arbeiten ließen, und die recht bescheidene öffentliche Empörung darüber, passen nicht zu der geläufigen Annahme, das 19. Jh. zeichne sich durch eine gewachsene Sorge für das geistige, leibliche und seelische Wohlergehen der Heranwachsenden aus. Davon haben auch vorrangig lediglich Kinder aus bürgerlichen Schichten etwas zu spüren bekommen. „An die Stelle von Gleichgültigkeit, Distanz oder Strenge treten affektive Beziehungen, Wärme und Kinderorientierung" (Nipperdey 1983, S. 121). Doch selbst im Bürgertum, das höchstens 15 % der Bevölkerung ausmachte, tritt dieser Umschwung eher gebrochen als einwandfrei hervor. Man braucht nur an die zahllosen Hermann Kafkas zu denken, um eine Vorstellung von der Zerrissenheit und Ambiguität der Erziehungsatmosphäre zu erhalten. Sie war mindestens so sehr geprägt von Empfindsamkeit, Empathie und Zuwendung wie von affektkontrollierter Zurückhaltung, unangreifbarer Autorität und notorischer Ernsthaftigkeit.

Körper und Sexualität

Besonders die auf Abstand und Haltung bedachten Väter, die sich von ihren Kindern noch bis Mitte des Jahrhunderts größtenteils mit dem ehrfurchtgebietenden „Sie" anreden ließen, lassen wenig körperliche Nähe zu. Ein würdevoller Vaterkuss zu besonderer Gelegenheit war der Gipfel an Intimität. Die meisten Mütter zeigten sich vor allem bei jungen Kindern freigebiger und nahbarer, aber auch sie achteten in der Erziehung genau auf ein für schicklich angesehenes Maß an physischer Distanz. Mit den von sich fern gehaltenen Körpern hielten sich die Eltern in gewisser Weise auch die Libido der Kinder vom Leibe. Über Sexualität sprach man nicht, jedenfalls nicht frei heraus in aller Öffentlichkeit, nicht am Familientisch und schon gar nicht direkt mit den Mädchen und Buben – eine mit repressiven Vorschriften, Reglements, Verhaltenskodizes, Schamgefühlen und Heuchelei eingehegte bürgerliche Tabuzone ersten Ranges. Seit dem 18. Jh. geriet die Sexualität zunehmend in die Machtsphäre der öffentlichen Gewalt, der wissenschaftlichen und pädagogischen Diskurse; von allen Seiten werden z. B. erbitterte Feldzüge gegen die Onanie der Kinder angestrengt (vgl. Foucault 1983). Kindliche Sexualität wurde institutionell und familiär kontrolliert, aber im privaten Erziehungsalltag nur spärlich kommuniziert, wenn wir darunter offene, aufklärende Gespräche verstehen wollen. Strikter noch als in früheren Epochen, blieb sie in der Erziehung ein Thema non grata. Uninformiert selbst über die grundlegendsten physiologischen Aspekte des Begehrens, der Erotik und des Geschlechtslebens, erlitten insbesondere viele jung verheiratete Frauen ihre erste Liebesnacht mehr, als dass sie sie genossen; nicht wenigen verging die Lust daraufhin ein für allemal (vgl. Budde 1994).

Kindstod

Aufschlussreich für die Eltern-Kind-Beziehung ist erneut der Umgang mit dem Tod von Kindern. Über die Epoche hin gesehen war die Zahl der Sterbefälle rückläufig, aber nach wie vor waren ungezählte Familien vom Tod eines Kindes betroffen. Das war immer ein trauriger Anlass. Auf dem Land und in Arbeiterfamilien wurde der Gram über ein gestorbenes Kind jedoch oftmals überlagert von anderweitigen Gefühlen, die herrührten aus der Verzweiflung über den Verlust einer notwendigen Arbeitskraft oder der Erleichterung darüber, nicht mehr gar so viele „hungrige Mäuler" ernähren zu müssen (vgl. Gestrich et al. 2003). Im von ökonomischer Not enthobenen Bürgertum dagegen kannte die Trauer beim Ableben von Kindern kein Halten mehr. Jetzt brachen selbst die Gefühlspanzer der Väter, die sich vor Bestürzung kaum fassen konnten. Als dem ohnedies besonders zartbesaiteten Dichter Friedrich Rückert 1833/34 zwei seiner fünf Kinder sterben, verfasst er rund ein halbes Tausend „Kindertodtenlieder“, um sein Leid zu mildern. Es half wenig. „Das sei mein Trost allein: / untröstlich will ich sein“ (Rückert 1988, S. 204), reimte er und blieb es fast sein Leben lang. Auch bei vielen anderen, weniger sprachgewandten Eltern nahm der Kindstod die Wucht einer schwerwiegenden, dauerhaften Existenzkrise an, in der mitunter sogar Ehen auseinander brachen. Dass der Verlust eines Kindes von nun an um nichts weniger, mitunter sogar schwerer wog als der eines Erwachsenen, schlug sich auch in den öffentlichen Trauerritualen nieder. Die Hinterbliebenen trugen jetzt am Grab des Kindes sowie einige Zeit danach Schwarz, die Begräbniszeremonien wurden aufwendiger und glichen damit den Trauerfeiern für Erwachsene (vgl. Budde 1994).

Kinderorientierung

Die Aufwertung und steigende soziale Geltung der Kinder – abermals zunächst ein bürgerliches Phänomen – dokumentieren sich überdies in der Kinderkleidung, den Kinderzimmern, den Kinderbüchern und dem Kinderspielzeug, um lediglich auf vier Bereiche etwas näher einzugehen. Das eine wie das andere gewinnt an altersspezifischem Ausdruck und bestätigt insofern, dass besagte Kinderorientierung eine gesellschaftliche Tatsache war. Die vier Gegenstände bezeugen ferner, dass sich die Mittel und Möglichkeiten der Erziehung erweiterten. Auch darin drückt sich die Kinderorientierung aus. Nur führte sie nicht geradewegs dazu, dass die Interessen und Bedürfnisse, die Individualität und Wesensart der Kinder stärker beachtet und respektiert wurden.

Kinderkleidung

Kleidung ist ein beredtes Zeugnis der Sozialgeschichte. Der bloße Umstand, dass mit der bürgerlichen Kleiderordnung des 19. Jhs. auch spezielle Bekleidungskonventionen für Kinder aufkamen, deutet an sich schon auf ein verändertes Verständnis dieser Lebensphase hin. Die Kinderkleidung stand im Begriff, sich von den Anzügen und Kleidern der Erwachsenen zu emanzipieren. Die in Mode kommenden Röckchen, Kittelkleidchen, kurzen Hosen, Strümpfe, Mützen und Hüte kopierten nicht mehr schlicht den Oberbekleidungsstil von Mann und Frau. In den für Minderjährige gefertigten Kleidungsstücken verstofflicht sich gewissermaßen das von der Gesellschaft entworfene (Wunsch-)Bild von Kindlichkeit. Die Textilien nahmen in Form, Material und Farbmuster gelegentlich einen ästhetischen Eigenwert an, werden etwas bewegungsfreundlicher, kindgemäßer.

Kindgemäßer, aber nicht kindgemäß

Aber wirklich kindgemäß waren sie deshalb noch lange nicht. Wer zur „guten Gesellschaft“ gehörte, kleidete die Töchter bevorzugt in Weiß oder hellen Farben, ein Batisthütchen mit buntem Bändchen und andere Accessoires durften auch nicht fehlen (vgl. Wagner 2013). Toben war damit ausgeschlossen, die Sachen sollten Vornehmheit und soziale Distanz zu den Kindern der weniger guten Gesellschaft zum Ausdruck bringen. Auf persönliche Geschmacksvorlieben der Mädchen wurde bei der Kleiderwahl wenig Rücksicht genommen. Das Bekleidungsrepertoire der Knaben (wie das der Männer) bot demgegenüber von vornherein kaum Spielraum für individuelle Präferenzen, die Kollektion war eintönig, uniform (vgl. Weber-Kellermann 1997). Ein bedeutender Moment jedes drei- oder vierjährigen Buben war die erste Hose, der erste Anzug, eine Art *toga virilis* der Moderne, die zu verstehen gab, dass in dem kleinen Burschen ein stattlicher Mann heranreifte. Die kostbaren Stoffe durften nicht leichtfertig zerschlissen werden, der akkurate Schnitt gemahnte die Knaben bei jeder Bewegung an die oberste Tugend der Männlichkeit: Disziplin. Eine noch weitergehende erzieherische Funktion, mit militärisch-patriotischer Note, besaßen die im Deutschen Kaiserreich (und anderen europäischen Nationen) an Beliebtheit unübertroffenen Matrosenanzüge, die in Ausgaben für Jungs und Mädchen fabriziert wurden. Die Kinder trugen den vor allem unter Wilhelm II. und zu Beginn des Ersten Weltkriegs geschürten Enthusiasmus für die Kriegsmarine gleichsam auf der eigenen Haut, ohne dass sie zu durchschauen vermochten, welcher propagandistischen Kleidersymbolik sie zur gesellschaftlichen Omnipräsenz verhalfen.

Kinderzimmer

Auch innenarchitektonisch begann sich die Kindheit sichtbarer von der Erwachsenengeneration abzugrenzen. In aristokratischen und bürgerlichen Familien, falls sie über ausreichend Wohnraum verfügten, gehörte es allmählich zum Standard, Kinderzimmer einzurichten. Das war noch im vorhergehenden Jahrhundert unüblich. Selbst wenn der nötige Wohnplatz vorhanden gewesen war, ist es den meisten Eltern nicht in den Sinn gekommen, ihn für ihre Kinder zu reservieren. Anderweitige Nutzung hatte Vorrang. Auch pädagogische Gründe sprachen gegen die räumliche Separierung. Der 1720 geborene Johann Christian Müller hatte nach eigener Auskunft das Glück, immerhin mit sieben oder acht Jahren eine „eigene Stube und Bette“ (Müller 2007, S. 14) zu erhalten. Zuvor musste er in dem durchaus geräumigen Haus Zimmer und Schlafplatz mit seinem Vater teilen, weil dieser den Jungen so einfacher überwachen und unterweisen konnte. 100 Jahre darauf hatte die funktionale Binnendifferenzierung angefangen, der modernen Wohnkultur ihren Stempel aufzudrücken. Das ideale „traute Heim“, das sich bei weitem nicht alle Familien leisten konnten, war im Idealfall unterteilt in sorgfältig voneinander abgetrennte Funktionsräume: Wohnzimmer, Küche, Schlafzimmer, Bad – und ein Kinderzimmer. Für die Kinder war das eigene Reich eine Enklave des Rückzugs, in der sie ihre Habseligkeiten sammelten, spielten, sich ungestört fühlten. Der 1872 geborene Arztsohn Theodor Lessing schwärmt in seinen Lebenserinnerungen vom eigenen Raum, weil es die einzige Stätte der Zuflucht war, in der er vor der elterlichen Kontrolle sicher war – meistens: „Vater und Mutter kamen ins Kinderzimmer, tadelten, schalten, verboten und gingen wieder. Gott sei Dank!“ (Lessing 1969, S. 88).

Erziehungsfunktion des Interieurs

Die Inneneinrichtung der Kinderzimmer besaß allerdings nur auf einigen wirklichskeitsfremden Gemälden jener Zeit das Flair kindlicher Lustgefilde. In der Regel gehorchte das von den Eltern ausgesuchte Dekors, falls es keine ausrangierten Utensilien waren, den Vorlieben und pädagogischen Intentionen der Erwachsenen. Das Mobiliar passte sich erst in der zweiten Hälfte des Jahrhunderts langsam der Körpergröße von Kindern an, wobei man sich in der Herstellung von praktischen und erzieherischen Erwägungen leiten ließ. Tischchen, Stühlchen und Bettchen sollten die Kinder an die häusliche Ordnung gewöhnen und verhüten, dass diese durch Lärm und ungezügeltes Verhalten gestört werde. Freiheit, bar häuslicher Reglementierungen, fanden die Buben des Bürgertums eher draußen, in den Höfen, auf den Bürgersteigen, den städtischen Freiflächen, wo es am Tag von spielenden Kindern nur so wimmelte. Mädchen sah man dort seltener, sie gehörten nach bürgerlichem und aristokratischem Verständnis in die eigenen vier Wände und nicht auf die Straße.

Kinderspielzeug

Es konnte nicht ausbleiben, dass auch die Spielzeugindustrie die Kindheit als einen lukrativen Sektor entdeckte. Die Konjunkturaussichten waren blendend. In den ersten Jahrzehnten des Kaiserreichs stieg Deutschland zum international marktbeherrschenden Produzenten von Spielwaren auf (vgl. Weber-Kellermann 1997). Kamen die Hauptabnehmer anfänglich aus bürgerlichen Oberschichtfamilien, dehnte sich der Käuferkreis von Jahrzehnt zu Jahrzehnt auf alle Gesellschaftsschichten aus. In- und Exportschlager waren vor allem Puppen, ferner die von Richard Steiff kreierten Teddybären, die Blecheisenbahnen aus dem Hause Bing und – Friedrich Fröbels Spielgaben perfektionierend – Anker Steinbaukästen. Wie die Kleidung und das Interieur, so nimmt auch das Kinderspielzeug eine altersgerechtere Gestalt an. Die Puppen legen den Charakter kostbarer, dekorativer Schmuckstücke ab, werden beweglicher, strapazierfähiger, spielbarer sozusagen. Die Stoffteddys sind auf Anhieb ein Renner in den Kinderstuben, da die Kleinen mit ihnen nach Herzenslust kuscheln und schmusen können, was mit den meisten Eltern unmöglich war und bei Geschwistern ungern gesehen wurde.

Militarisierte Spielsachen

Für das reine Vergnügen indes waren die wenigsten Spielzeuge konzipiert. Die anhaltende Beliebtheit der Zinnsoldaten etwa fand die volle Unterstützung der Gesellschaft, da man in der unausgesetzt kriegsgerüsteten Zeit die Jungs für das Militärische begeistern wollte. Die vormilitärische „kriegerische Erziehung" zählte damals zum „quasinatürlichen Bestandteil menschlich-männlicher Sozialisation" (Storz 1992, S. 315), die im Kinderalltag einsetzte. Dort rasselten die Säbel, rauchten die Kanonen. „Da wir bleierne Soldaten besaßen, ebenso Baukästen, so hörten wir nicht auf, uns die Belagerung und die Schlachten zu vergegenwärtigen", erinnerte sich der spätere Philosoph Friedrich Nietzsche, Jahrgang 1844, an seine jugendliche Kriegsbegeisterung unter Spielkameraden. „Wir schrieben jeder für sich kleine Bücher, die wir ‚Kriegslisten' nannten, liesen [sic!] uns Bleikugeln giesen [sic!] und vermehrten unsere Heere durch neue Ankaufungen" (Nietzsche 1994, S. 10). Die spontanen Kriegsspiele der Kinder hielten mit den Entwicklungen der Waffentechnik und Kriegsführung Schritt. Der Zeitzeuge Karl Kraus hat literarisch verarbeitet, wie der hochtechnisierte Luft- und U-Boot-Krieg von 1914 die Kinder und Eltern für das Bombenwerfen und „Weltkrieg spielen" (Kraus 2014, S. 406) begeisterte.

Spielzeug zur Tugenderziehung

Auch die Spielwarenindustrie beteiligte sich während des Weltkriegs in vielen europäischen Ländern noch einmal stärker als ohnehin an der allseitig betriebenen „Militarisierung der Mentalität" (vgl. Berg/Herrmann 1991). Von den 1915 in Deutschland neu produzierten Gesellschaftsspielen besaßen 20 % einen direkten, affirmativen Bezug zum Krieg (vgl. Zollinger 2015). Die ein paar Jahrzehnte zuvor erstmals in Massenproduktion hergestellten Baukästen der Firma Anker nahmen ab und zu ebenfalls militärische Szenarien auf. Das erzieherische Hauptanliegen dieser Spielmaterialien trug aber zuvorderst der moralischen Charaktererziehung und dem bürgerlichen Tugendkanon Rechnung, in dem Selbstkontrolle, Ordnungsliebe und Arbeitseifer obenan standen. 1887 wurden die Baukästen als unschlagbare Erziehungsmittel folgendermaßen beworben:

„Kein anderes Gebiet der Erziehung vermag den Kindern die Erfolge ihres Fleißes so vor Augen zu führen als ein großer Bau! Ein weiterer Vorteil der Beschäftigung mit *Anker Steinbaukästen* liegt noch darin, daß die Kinder auch an Ordnung gewöhnt werden. Jedem Kasten ist nämlich eine Vorlage zum Einpacken der Steine beigegeben, nach welcher sich die Kinder richten müssen, wenn sie die Steine alle unterbringen wollen" (zit. n. Mey 2013, S. 225).

Kinderbücher

Noch drastischer kam die moralpädagogische Intention in den wenigen Kinderbüchern zum Ausdruck, die aus dem 18. Jh. in die moderne Zeit gelangten. Der Aufklärungspädagoge Christian Gotthilf Salzmann etwa hat 1785 eines herausgegeben. Im Geleitwort stellte er klar: „Die Absicht dieses Buches ist, in sechs- bis achtjährigen Kindern dasjenige zu erzeugen, was man gute Gesinnung zu nennen pflegt" (Salzmann 1980, S. III). Der Titel seines über 400 Seiten starken Werks spricht für sich: „Moralisches Elementarbuch". Das gefiel vielen Eltern – in den ersten Jahrzehnten des 19. Jhs. wiederholten sich die Neuauflagen –, aber für den Kindergeschmack waren der durchgängig belehrende Inhalt und die gravitätische Aufmachung einigermaßen unattraktiv. Der Kinderbuchmarkt expandierte, weil er sich auf die wachsende Kaufkraft einer zunehmend erziehungs- und leistungsbewussten Elternschaft verlassen konnte. „Als wir noch sehr klein waren", berichtet der 1893 geborene Sohn eines Kammergerichtsrats, „hatten wir doch schon ein Bücherbrett für unsere Bilderbücher, und dies Brett wuchs mit uns, es wurde zum Regal, dann holte es uns ein und wuchs uns über den Kopf" (zit. n. Budde 1994, S. 127f.). Der Kinderbuchmarkt florierte auch deshalb, weil er die jungen und jugendlichen Leser als Zielgruppe mit eigenen Faibles erkannt hatte. Die Bücher wurden farbenfroher, bilderreicher, humor- und phantasievoller. In seltenen Fällen, wie in den Lausbubengeschichten Wilhelm Buschs, dürfen Kinder sogar aus Lust und Laune Unfug treiben und den Erwachsenen tückische Streiche spielen, ohne sogleich Sanktionen zu ernten. Freilich: Selbst Peter und Paul und Max und Moritz müssen letzten Endes für Schabernack und Ungezogenheit bitter büßen.

Unterhaltung, Erziehung, Moral

Was fast alle Kinderbücher an Belustigung und Unterhaltung zuließen, besaß in der Regel einen „höheren" Zweck: Es stand wie zu Zeiten Salzmanns im Dienst einer Erziehung, die als Handlangerin der Moral fungierte. Heinrich Hoffmanns (1966) „Struwwelpeter" von 1845 ist das Paradebeispiel. Das Bilderbuch imponiert mit dramatischen Episoden aus der bürgerlichen Kinderwelt und mit Illustrationen, die sich ins Gedächtnis einprägen. Doch die Geschichten sind weder „lustig" noch sind die Bilder „drollig", wie der Untertitel des Buches glauben macht. Der Grundton ist vielmehr unheilvoll und bedrohlich. Lediglich einmal, auf der ersten Seite, erscheinen die pittoresken Familienverhältnisse in Takt, weil, so der Kommentar, „die Kinder artig sind". Danach zieht der Autor, von Haus aus ein Mediziner, alle Register, um Übermut, Starrsinn, Böswilligkeiten und Unachtsamkeiten der Heranwachsenden so abschreckend und zugleich fesselnd wie möglich vor Augen zu führen.

8.3 Jugendzeit

Jugendbücher

Auch für die Auffassungsgabe von älteren Kindern wurden Bücher in zum Teil hohen Auflagen produziert. In den Geschichten und Abenteuerromanen von Karl May, Friedrich J. Pajeken, Emmy von Rhoden oder Sophie Wörishöffer kristallisierte sich die Gattung der Jugendliteratur heraus. Die Bücher wurden viel gelesen, da sie dem jungen Lesepublikum in einer verständlichen Sprache, auf spannende Art und Weise eigene und fremde Lebenswelten nahe brachten. Teils gelang es den Werken, Vorurteile über ferne Länder und andere Ethnien zu revidieren, teils bedienten sie die gängigen Geschlechterrollen und Kulturklischees. Ideologiebehaftet und pädagogisch instrumentalisierbar war der Literaturmarkt allemal. Als sich der Zeitgeist um 1900 verstärkt zur Wehrbereitschaft rüstete und vor allem während des Weltkriegs, beteiligte sich das von Kindern und Jugendlichen gelesene Schrifttum kräftig an der mentalen Mobilmachung der jungen Bevölkerung (vgl. Seibert 2015).

Jugend gewinnt soziales Profil

Dass der Lebensabschnitt der Kindheit im 19. Jh. trennschärfer definiert und als eine soziale Wirklichkeit inszeniert wurde, musste sich zwangsläufig auf die anschließende Lebensperiode auswirken. Auch die Jugend wurde zwar nicht erst in der Moderne erfunden, entdeckt oder entworfen, wie in manchen Studien noch immer geschrieben steht. Das „psychosoziale Moratorium" (Erik H. Erikson), in dem sich der Übergang vom Kind zum Erwachsenen vollzieht und die familiären Erziehungs- und Kontrollmöglichkeiten nachlassen, war früheren Epochen bereits bekannt, selbst „als eine gesellschaftlich institutionalisierte Lebensphase" (Schäfers/Scherr 2005, S. 19) tritt sie, wie geschildert, schon lange vor dem 19. Jh. in Erscheinung. Doch mit der Ausdifferenzierung der Familien-, Schul- und Berufswelt bekam diese generationale Phase nun ein klarer erkennbares Profil.

Zwischenstadium Jugend

Anfang und Ende der Adoleszenz werden teilweise bestimmt durch biologische Abläufe (Pubertät, Geschlechtsreifung), aber entscheidender sind soziale Übereinkünfte, die die soziale Gruppe der Jugend definieren. Nach dem Kinderschutzgesetz von 1903 (§ 2) war die Kindheit mit 13 Jahren vorüber, es sei denn, die Knaben oder Mädchen hätten ihre achtjährige Volksschulzeit noch nicht vollständig absolviert. Faktisch war damit das Ende der Schulpflicht als Beginn der Jugendzeit gesetzt. Wichtig blieben zudem die konfessionellen Riten der Erstkommunion bzw. Konfirmation. Sie verloren in der Industriegesellschaft zwar zusehends an religiöser Sinnhaftigkeit, aber die wenigsten Eltern mochten auf die Einsegnung ihrer Kinder verzichten. Mit deren eigener Bestätigung der Taufe war das Ende der Kindheit erreicht, der Zeitpunkt fiel mehr und mehr mit dem Ende der Pflichtschulzeit zusammen (vgl. Perrot 1997). Die Zeit danach erlebten viele Jugendliche, wenn sie keine weiterführende Schule besuchten, als eine Zeit davor, vor der juristischen Mündigkeit nämlich, vor der Familiengründung und vor dem Beginn des Militärdienstes. Die Wehrpflicht, das kennen wir schon aus der Antike, war eine Passage zum Erwachsensein. Im Prinzip mussten sie alle jungen Männer durchlaufen, die Dauer der Militärzeit und die Rekrutierung der Musterungsjahrgänge variierten allerdings erheblich; ein erstaunlich hoher Anteil Jugendlicher, zwischen 1894 und 1911 meistens über 40 %, wurde regelmäßig ausgemustert (vgl. Loriga 1997; Stein 2007).

Vom Hänschen zum Hans

Die Jugend war auch eine Phase der Lehre, der Ausbildung, der Lohnarbeit, was nicht selten den frühzeitigen Abschied von der Familie mit sich brachte. Das Volkslied „Hänschen klein" erzählt in der Originalfassung des 19. Jhs. von einem in der weiten Welt und harter Arbeit vom Kind zum Mann gereiften Jugendlichen: „Sieben Jahr / Trüb und klar / Hänschen in der Ferne war. / Da besinnt / Sich das Kind, / Eilt nach Haus geschwind. / Doch nun ist's kein Hänschen mehr. Nein, ein großer Hans ist er" (zit. n. Künzig 2013, S. 269f.).

Hoffnungsträger Jugend

In einer Gesellschaft, in der die Menschen immer älter werden, bietet sich die junge Generation als eine Projektionsfläche an für nostalgische Erinnerungen und rückwärtsgewandte Sehnsüchte, aber auch für unerfüllte, vorwärtsgerichtete Hoffnungen. Im 19. Jh. wird das Jugendleben zum Fetisch. Unbändige Agilität, unverbrauchte Schönheit, Spontaneität, der Wille zum Neuen, der Hunger nach Bildung – mit solchen Zuschreibungen wurde die Jugend bedacht, und an manches davon glaubte sie schließlich selbst. Einen Höhepunkt erreichte die Fetichisierung der Jugend in der sog. „Jugendbewegung". Deren meist im weit fortgeschrittenen Alter stehende Wortführer, obenan Gustav Wyneken, erwarteten von ihrer Zielgruppe nichts weniger als die „Neugeburt der Menscheit" (Wyneken 1963, S. 53), womit die erklärten Hoffnungsträger der Zukunft begreiflicherweise restlos überfordert waren.

Die „böse" Jugend protestiert

Die Jugend wurde aber nicht nur fetischisiert, gegenläufig dazu stand sie unter nimmermüden moralischem Generalverdacht. Von alters her hängt ihr der Ruf an, ungestüm, unvernünftig, ungehorsam, uneinsichtig, also im pejorativen Sinn unreif zu sein. Fénelon schildert sie in seinem 1699 erstmals publizierten Erziehungsroman „Die Abenteuer des Telemach" – eines der meistaufgelegten „Jugendbücher" seiner Zeit und Schulbuchliteratur für Generationen – wenig ermutigend als „eine elende, unglückliche Altersstufe" (Fénelon 1984, S. 87). In nichts gliche sie der ruhigen Tugendhaftigkeit von Erwachsenen. Das Stereotyp von der Untugend, ja „Boßheit der Jugend" (Müller 2007, S. 28) verfestigte sich im Bürgertum und im politschen Establishment. Öl ins Feuer goss die Beteiligung junger Menschen an den politischen Protesten und Revolutionen zwischen 1789 und 1848. Heute ist bekannt, dass die Zahl der an den Unruhen in Europa beteiligten Jugendlichen alles in allem überschätzt und skandalisiert wurde. Die Obrigkeit nutzte die Gelegenheit und reagierte mit Repressionen, erschwerte den jungen Bürgern die politische Teilhabe und versuchte, die Erziehungsinstitutionen auf eine sozialdisziplinierende, staatstreue Linie einzuschwören (vgl. Luzzatto 1997).

Jugendpflege, Jugendorganisationen

Um 1900 wurden staatlich subventionierte Freizeitangebote auf den Weg gebracht, mit deren Hilfe die angeblich widerspenstige, moralisch, religiös verunsicherte und politisch gefährdete Jugend auf den rechten Pfad geführt werden sollte. Dieser neuen Sparte instititutionalisierter, öffentlicher Erziehung, amtlich seit 1911 Jugendpflege genannt, lassen sich diverse Organisationen, Bünde und Vereine an die Seite stellen, die primär jungen Menschen offen standen (vgl. Nipperdey 1990; Wehler 2006). Die kirchlichen „Jünglingsvereine", die katholischen wie evangelischen, die für Jungs wie die für Mädchen, zählten im wilhelminischen Reich hunderttausende Mitglieder; 1910 sind um die 10 % der Jugendlichen aller Schichten konfessionell organisiert. Enormen Zulauf fanden ferner die Sport- und Turnvereinigungen. Der 1868 die Arbeit aufnehmende Dachverband der Turnvereine, die Deutsche Turnerschaft, setzte die Tradition des „Turnvaters" Friedrich Ludwig Jahn fort und gab die Marschroute aus, körperliche Ertüchtigung sei mit nationalistisch-militärischer Erziehung zu verbinden; die Treue zu Kaiser und Vaterland stand über allen Wettkampfbestrebungen (vgl. Reulecke 1980).

Militarisierung

Der Geist des Militärs herrschte in zahlreichen Jugendorganisationen. Auch den 1911 erlassenen preußischen Richtlinien zur Jugendpflege war er eingeschrieben (vgl. Schubert-Weller 1991). Für den im selben Jahr gegründeten und schnell an Popularität gewinnenden Deutschen Pfadfinderbund beispielsweise, der auf den Prinzipien des englischen Generalleutnants Robert Baden-Powell aufbaute, ist das soldatische Ethos ein Grundelement, tritt jedoch hinter den bürgerlichen Moralvorstellungen, den staatsbürgerlichen Erziehungsambitionen und den erlebnis- und gemeinschaftspädagogischen Anteilen zurück. Auch der jugendbewegte Wandervogel war nicht frei von paramilitärischen Zügen und nationalistischen Einschlägen, aber auch hier standen sie für üblich nicht im Zentrum der Aktionen. Das war indessen in Gruppierungen der Fall, die der vormilitärischen Wehrerziehung dienten, vorneweg in den Jugendwehren und dem Bayerischen Wehrkraftverein (vgl. Berg 1991; Schubert-Weller 1998). Die Aufrüstung der Körper fand dort in einer auf Befehl und Gehorsam beruhenden, mentalitätsinfiltrierenden Atmosphäre statt. Antidemokratische, antisozialistische und – eine auch in vielen anderen Vereinigungen anzutreffende Erscheinung – antisemitische Feindseligkeiten schürten Aggressionen. Als 1914 der militärische Ernstfall eintrat, begrüßten Heerscharen Jugendlicher den Ausbruch der Gefechte im patriotischen Überschwang – bevor mit jedem Jahr des Blutvergießens die anfängliche Euphorie der Ernüchterung wich.

In Schach gehaltene Gegenkulturen

Echte jugendliche Gegenkulturen hatten es schwer, sich zu behaupten. Fast alle Ansätze selbstorganisierter Jugendgruppen gerieten alsbald ins Fahrwasser der Obrigkeit. Auch die sozialistischen Jugendvereine und die Arbeiterjugendbewegung im Ganzen, in deren Reihen sich der Widerstand gegen den Militarismus, die Klassengesellschaft und den Kaiserstaat am deutlichsten artikulierte, mussten sich im ersten Jahrzehnt des 20. Jhs. der sozialdemokratischen Partei- und Gewerkschaftsräson unterordnen; Preußen zögerte nicht, sie als politische Vereinigungen einzustufen und mit behördlicher Gewalt zu zerschlagen (vgl. Eppe 2008; Herrmann 2008). Zu dieser Zeit sind die meisten anderen Jugendproteste längst unpolitisch geworden, falls sie denn jemals politisch waren. Sie entzündeten sich am dumpfen, leistungsbetonten Klima des Kaiserreichs, verlangten nach Auswegen aus der in Fahrt gekommenen Moderne, aus Urbanität, sozialer Beschleunigung und Technologisierung, und sie nahmen bevorzugt den als verknöchert und lebensfern empfundenen Unterrichtsbetrieb aufs Korn. Aber den Umsturz der Verhältnisse in Richtung Demokratie, die Abdankung der Hohenzollern, erhoffte sich die in Zeiten der Pickelhaube aufgewachsene, zu Demut und Patriotismus erzogene, auf den Exerzierplätzen gedrillte und unter wilhelminischen Schulregiment groß gewordene Generation nicht.

9 Das untere System öffentlicher Erziehung

Föderales System

Das öffentliche Erziehungswesen, das sich im langen 19. Jh. ausdifferenziert, ist ein Gegenstand, in dem man sich leicht verlieren kann. Die inneren und äußeren Organisationsstrukturen werden von Jahrzehnt zu Jahrzehnt umfangreicher. Das entstehende System institutionalisierter Erziehung ist von beträchtlicher Komplexität, aber nicht homogen. Wer um 1850 eine Elementarschule besuchte, besaß damit wie eh und je keine generalisierbare Erfahrung von *der* Elementarschule, weil es sie nicht gab. In den schulgeldfreien Armenschulen waren die Unterrichtsverhältnisse erheblich bescheidener als in den bis dahin noch kostenpflichtigen Volksschulen, die ihrerseits beträchtliche Niveauunterschiede aufwiesen. Hinzu kamen konfessionelle, lokale und regionale Differenzen. Schon im Nachbarort konnten völlig abweichende Zustände herrschen als in der Heimatstadt, im Norden und Osten Deutschlands andere als im Süden und Westen und in ländlichen Gebieten andere, dürftigere wie üblich, als in den Städten. Auch im wilhelminischen Reich werden diese dem Föderalismus geschuldeten Unterschiede im unteren Schulbereich nicht eingeebnet.

9.1 Schulstaat, Schulgesellschaft, Schulkindheit

Jahrhundert der Schule

Wenn oben vom Jahrhundert der Bildung die Rede war, so könnte man jetzt reformulieren und vom Jahrhundert der Schule sprechen. Drei Ausdrücke umreißen es: Die deutschen Staaten werden im Laufe des 19. Jhs. zu „Schulstaaten", die Gesellschaft zur „Schulgesellschaft" und die Kindheit zur „Schulkindheit" (vgl. Nipperdey 1992, S. 531; Herrmann 1987, S. 60).

Schulstaat

Die Transformation zum Schulstaat war gekoppelt an administrative Entwicklungen, in deren Folge die im 18. Jh. proklamierte Verstaatlichung der Schule und deren Bürokratisierung empirische Wirklichkeit wurde. Nach und nach machten sich die deutschen Einzelstaaten daran, zentrale, meist den Innenministerien zugeordnete Schulverwaltungen aufzubauen: 1808 etwa richtete Preußen die Sektion für Kultus und Unterricht und Bayern die Sektion für die öffentlichen Unterrichts- und Erziehungsanstalten ein, Württemberg erhielt 1819, Sachsen 1831 ein Unterrichtsministerium (vgl. Jeismann 1987b). Damit sicherte sich die Staatsmacht die oberste Entscheidungsgewalt über das Schulsystem, die jedoch auf der kommunalen und lokalen Ebene empfindliche Reibungsverluste erlitt. Im höheren Schulwesen, das staatliche Schulaufsichtsbehörden kontrollierten, setzten die an Selbstverwaltung gewöhnten städtischen Schulträger, die Magistrate, den Anweisungen von oben eigene Vorstellungen entgegen, was immer wieder Planungs- und Steuerungskonflikte heraufbeschwor (vgl. Hoffmann-Ocon 2009).

Trennung von Schule und Kirche

Im unteren Schulsektor mussten die Staaten ihr Steuerungsmonopol traditionellerweise vor allem mit den kirchlichen Instanzen teilen. Die Volksschule war und blieb in Preußen und den meisten anderen Ländern faktisch eine konfessionelle Gemeindeschule, für deren Finanzierung hauptsächlich die Kirchengemeinden, die Kommunen und die Eltern aufkamen (vgl. Roeder 1966). Ortsgeistliche übten in der Regel die Aufsicht über die

Volksschule aus – allerdings als Weisungsempfänger und dienstleistende Inspektoren des Staates, eine kollisionsträchtige Situation, die für Spannungen sorgte, je weiter sich die Staatsräson vom religiösen Interessenkalkül entfernte. Die Allianz zwischen der politischen Macht und den kirchlichen Instanzen stand nur mehr auf tönernen Füßen, woran nicht erst der im letzten Drittel des kalendarischen Jahrhunderts ausgefochtene „Kulturkampf" keinen Zweifel ließ. Die Trennung von Schule und Kirche, auf der Verwaltungsebene bereits im Gange, war an der Zeit: Baden z. B. verfügte sie 1860 (Gervinius 1860), im Kaiserreich unterstrich das Schulaufsichtsgesetz von 1872 den staatlichen Alleinanspruch auf die Schulerziehung (Michael/Schepp 1973, S. 392 f.). Die Zahl der geistlichen Schulaufsichtspersonen nahm ab, die Zahl der verbeamteten, weltlichen Inspektoren zu. Das galt für die Bekenntnisschulen ebenso wie für die konfessionsübergreifenden Simultanschulen, von denen es aber im niederen Schulbereich nur wenige gab. Obgleich die Volksschulen in allen Ländern des Reichs sich überwiegend ihre evangelische oder katholische Konfessionszugehörigkeit bewahrten, verloren die beiden christlichen Konfessionen in der Planung und Verwaltung der öffentlichen Erziehung nicht mehr gut zu machenden Boden.

Schulgesellschaft

Dieser Verlust an organisatorischem Einfluss war für die Kirchen doppelt schwer zu verkraften, da sie zusehen mussten, wie der Einfluss der Schule auf die Lebensführung der Menschen nicht etwa zurückging, sondern permanent zunahm. In der entstehenden Schulgesellschaft wird der mindestens achtjährige Schulbesuch zur biographischen Erfahrung von mehr oder weniger allen Heranwachsenden. Die öffentlichen Einrichtungen übernahmen immer weitreichendere Aufgaben der Unterweisung, der moralischen Kommunikation, der Verhaltensregulierung und Disziplinierung, lauter Dinge, die bis dato vorwiegend Angelegenheiten der Familienerziehung gewesen sind. Der Soziologe Niklas Luhmann hielt es sogar für unbestritten, dass mit der funktionalen Differenzierung der Gesellschaft die Erziehungsfunktion mehr oder weniger komplett „von den Häusern auf die Schulen und von den Vätern auf die Lehrer übertragen" wurde (Luhmann 2002, S. 176). Im Lichte der geschilderten Familien- und Erziehungsverhältnisse scheint diese Delegationsthese indessen zu vereinfacht, um nicht zu sagen verkehrt. Die Familie büßte ohne Frage Erziehungsfunktionen ein. Doch die Schule absorbierte die Erziehung bei weitem nicht vollständig, sie etablierte sich vielmehr *neben* der Familie als eine zweite, unumgehbare Erziehungsinstitution, deren Relation zur häuslichen Erziehung Theoretiker wie F. E. D. Schleiermacher (1826) kontrovers diskutierten.

Soziale Dirigierungsstelle

Allen voran bei der Zuweisung von sozialen Chancen übernahm die Schule wichtige Funktionen, ohne die Geltung der sozialen, familiären Herkunft zu neutralisieren, was nicht zuletzt die erwähnten Karrieren und Spitzenpositionen aristokratischer Söhne belegen. Um sich im Gesellschaftsraum zu positionieren, gewannen schulische Leistungen, erworbene Zeugnisse, Examen und Diplome gegenüber den „ererbten" Statusfaktoren deutlich an Wertigkeit. Mit angesehenen Zertifikaten konnte die familiäre Ausgangslage zugunsten vorteilhafterer Karrierechancen korrigiert und nobilitiert werden. Darin besteht ein Haupterkennungsmerkmal der Schulgesellschaft. Helmut Schelsky hat dafür den Begriff der „Dirigierungsfunktion" gewählt: „In einer solchen Gesellschaft wird die Schule sehr leicht zur ersten und damit entscheidenden *zentralen sozialen Dirigierungsstelle* für die künftige soziale Sicherheit, für den künftigen sozialen Rang und für das Ausmaß künftiger Konsummöglichkeiten, weil sowohl die Wünsche des sozialen Aufstiegs wie der Bewahrung eines sozialen Ranges primär über die durch die Schulausbildung vermittelte Chance jeweils höherer Berufsausbildung und Berufseintritts gehen" (Schelsky 1957, S. 17).

Berechtigungswesen

Der Staat verdient auch insofern Schulstaat genannt zu werden, als er die soziale Dirigierungsfunktion in ein bürokratisch formalisiertes Ordnungs-, Selektions- und Allokationssystem zu überführen begann. Das dabei Gestalt gewinnende Berechtigungswesen überzog die Schulgesellschaft mit einem enger werdenden Netz aus Regularien, die festlegten, mit welchen Abschlüssen der Zugang zur höheren Schule, zur Universität oder zum Staatsdienst möglich war und mit welchen nicht (vgl. Meyer 1968; Müller 1981). Die zwei wichtigsten Dirigierungsinstrumente zur Rekrutierung von Beamten und Akademikern, beide grundgelegt im Absolutismus des 18. Jhs., waren das 1812 normierte gymnasiale Abitur (seit 1834 obligate Voraussetzung fürs Universitätsstudium) und die universitären Staatsprüfungen, die vereinheitlicht wurden (vgl. Lundgreen 1985; Müller-Benedict 2008a).

Schulkindheit

Mit der Festschreibung von Qualifikations- und Zulassungskriterien erhielten Bildungspatente den Charakter von sozialen Gütern, die von sich aus nicht knapp sind (im Prinzip könnten so viele Abiturzeugnisse und Staatsexamen ausgestellt werden wie es Schulpflichtige und Studierwillige gibt), die jedoch künstlich über die Höhe der Anforderungen begrenzt werden, was sie umso begehrter macht. Wer seinem Kind die besten Berufsaussichten offenhalten wollte, konnte es sich nicht mehr leisten, aus dem Verteilungssystem der Berechtigungen auszuscheren. Deshalb brachen peu à peu auch die letzten Widerstände gegen die Schulpflicht, und deshalb gehörte die Schulzeit um 1900 zur Kindheit wie der sprichwörtliche Bart zum Kaiser. Die Schule wird zum entscheidenden Strukturelement im Tagesrhythmus der Heranwachsenden. Die ein oder andere bildungsbürgerliche Familie begann mit der Vorbereitung auf das schulische Leistungsethos schon vor dem offiziellen Schuleintritt des Kindes, aber das blieben noch Ausnahmen. In der Regel setzte die Phase der Schulkindheit mit dem Zeitpunkt der Einschulung ein, der ab jetzt für wachsende Schülerkohorten eines Alters die Anzeichen einer lebensgeschichtlichen Zäsur trägt (die amtlichen Regelungen schwankten beim Einschulungsalter zwischen dem vollendeten fünften, sechsten, regional bedingt auch erst siebten Lebensjahr). Von einem Tag auf den anderen hatten sich die Kinder den Regeln einer Organisation zu fügen und an das formalisierte Lernen zu gewöhnen, ohne dass ihnen der Übergang in die Schulkindheit sonderlich erleichtert worden wäre. Auch für die Eltern änderte sich etwas im Tagesplan. Die Schulkinder werden mit steigenden Leistungsanforderungen bei Hausaufgaben und Klausurvorbereitungen unterstützt, meistens von den Müttern und nicht selten in Stoffen, die diesen selbst unbekannt waren.

Leistungsdruck

Der Leistungs- und Erwartungsdruck saß von nun an allen im Nacken, am heftigsten in den Familien des Bildungsbürgertums, deren soziale Existenz und Prosperität mit den schulischen Leistungsnachweisen besonders eng verknüpft war. Berichte von Versagens- und Versetzungsängsten unter den (männlichen) Schülern machten die Runde, auch erste Fälle von Schülerselbstmorden werden Ausgang des 19. Jhs. publik (vgl. Budde 1994). Die Literatur griff das Thema auf. Um die Jahrhundertwende schossen Erzählwerke, die kein gutes Haar an der Schule lassen – Pendant zu den in der Belletristik verarbeiteten Familienkatastrophen – wie Pilze aus dem Boden (vgl. Mix 2009).

9.2 Vorschulische Einrichtungen und Sonderschulen

Vorschulische Erziehungsanstalten

Die historische Verschulung von Staat, Gesellschaft und Kindheit scheint sich auch in der Tatsache zu manifestieren, dass für Kleinst- und Vorschulkinder in wachsender Zahl Betreuungsangebote eingerichtet wurden. Sporadische Vorläufer davon gab es bereits in früherer Zeit (vgl. Erning 1993), doch erst im Industriezeitalter formierte sich ein stattlicher Zweig vorschulischer Erziehung. Um 1850 gab es auf dem Gebiet des Deutschen Bundes etwa 480 Bewahranstalten, die auch Warte-, Aufsichts-, Kleinkinderschulen oder Kindergärten genannt wurden, allein etwa zwei Drittel davon in Preußen und insgesamt erheblich mehr in den Städten als auf dem Land. Bis 1918 erhöhte sich die Anzahl um das 15-fache, sprunghaft während der vom Weltkrieg verursachten Not. Bei einer durchschnittlichen Aufnahmekapazität von 60 Kindern pro Einrichtung war somit rechnerisch für ungefähr 5 % der unter Sechsjährigen ein Betreuungsplatz vorhanden. Seit 1849 bestanden überdies Krippen, die anfangs unter dem unbeschönigten Namen Säuglingsbewahranstalten firmierten; in den letzten Jahren der Monarchie existierten im Höchstfall 300 solcher Häuser (vgl. Müller 1989; Reyer 1983).

Nothilfeeinrichtungen

Der Schulstaat gab sich darin zu erkennen, dass die Einzelstaaten mit Gesetzen, Rahmenrichtlinien und Genehmigungsbestimmungen die Gestaltung der öffentlichen Kleinkindererziehung lenkten und von den örtlichen Schulaufsichtsbehörden überwachen ließen. Und doch zögert man, den Aufschwung dieses Erziehungssektors mit Schulstaatlichkeit in Verbindung zu bringen. Denn der Staat oder die Kommunen veranlassten nur in verschwindend seltenen Fällen die Gründung solcher Einrichtungen, auch bei der Finanzierung hielten sie sich fast durchweg raus. Das überließ man Privatpersonen, Eltern und Vereinen, wobei letztere das Gros der Trägerschaft ausmachten. Die meisten Trägervereine resultierten aus bürgerlichen Initiativen, sie besaßen einen konfessionellen Hintergrund, weltanschauliche, berufsbezogene und wohltätige Interessenverbände engagierten sich ebenfalls (vgl. Reyer 1983). Faktisch konstituierte sich dadurch ein vielförmiger Raum vorschulischer Erziehung, in dem die Kinder an die soziale Schulfähigkeit herangeführt wurden. Doch nur wenige, von solventen Familien frequentierte Kleinkinderschulen bereiteten die Kinder tatsächlich gezielt auf das schulische Lernen vor (vgl. Aden-Grossmann 2002). Bei den übrigen Anstalten standen sozialfürsorgliche Motive im Vordergrund: die Gewährleistung von medizinisch-hygienischer Säuglingsversorgung, die Betreuung von Kindern berufstätiger Mütter, der Schutz vor Verwahrlosung bei existentiellen Versorgungsengpässen. Die öffentlich organisierte Kleinkinderbetreuung antwortete auf die Prekaritäten der modernisierten Gesellschaft, deren Schattenseiten im Lichte des bürgerlichen Familienideals umso schärfer hervortraten; die Initiativen „sollten nebenfamiliale *Nothilfeeinrichtungen* sein und bleiben" (Reyer 2006, S. 64).

Fröbels Kindergarten

Auszunehmen sind hier noch die auf den Ideen Friedrich Fröbels zurückgehenden Kindergärten, deren Erziehungskonzept über die bewahrende Fürsorge hinaus in die Zukunft wies. Fröbels Pädagogik hebt die Bedeutsamkeit der frühkindlichen Entwicklungsphase, den emotionalen Bezug zur Mutter und die spielerische Weltaneignung von Kleinkindern hervor (Fröbel 1973). Der wachsenden Schar seiner Anhängerinnen und Anhänger schwebte eine konfessionsungebundene Erziehungsstätte für alle drei- bis sechsjährigen Kinder vor, die als ein „organisches" Bindeglied zwischen der Familien- und Schulerziehung gedacht war (vgl. Franke-Meyer 2008). Als Fröbel 1852 starb, lag sein Lebenswerk in Trümmern. Der Nestor der Frühpädagogik war ins Kreuzfeuer der restaurativen Obrigkeit geraten, die den Kindergärten sozialistische und atheistische Umtriebe unterstellte. Nachdem das neun Jahre währende Kindergartenverbot 1860 aufgehoben wurde, war der Weg für private Gründungen frei. 1910 bestanden im Kaiserreich an die 7300 Fröbelsche Angebote. Die Kindergärtnerin gehörte – neben der Mädchenschullehrerin (vgl. Zymek/Neghabian 2005) – zu den ersten gesellschaftlich akzeptierten Ausbildungsberufen für (bürgerliche) Frauen. Die Ausbildung überhöhte und professionalisierte zugleich die für typisch weiblich gehaltenen Tugenden der mütterlichen Fürsorge. Auch für damalige Frauenrechtlerinnen war die „organisierte geistige Mütterlichkeit", wie es damals hieß, keineswegs anstößig (vgl. Nave-Herz 1997). Zahlenmäßig standen die Kindergärten weiterhin im Schatten der konfessionellen und konventionellen Bewahranstalten. Die organisatorische, pädagogische und didaktische Verknüpfung von Vorschul- und Schulerziehung wurde im Kaiserreich bestenfalls rudimentär bewerkstelligt.

Sonderschulwesen

Auch die meisten sonder- oder heilpädagogischen Schulen waren lange Zeit Nothilfeeinrichtungen, Pflege- oder Bewahranstalten. Meist kurzlebige Schulinitiativen privater, kirchlicher oder herrschaftlicher Mildtätigkeit lassen sich bis weit in die Frühe Neuzeit zurückverfolgen. In der Aufklärung kommt es hier und da zu einzelnen Versuchen, für behindert angesehene Menschen planvoll zu unterrichten und zu erziehen; in einigen europäischen Städten entstehen im letzten Drittel des 18. Jhs. Schulen für Gehörlose und Blinde, die mehrheitlich in privater Verantwortung standen. Allmählich aber zeigte auch der Staat ein Einsehen in die Notwendigkeit dieser zusätzlichen Erziehungsanstalten (vgl. Solarová 1983). Ab der zweiten Hälfte des 19. Jhs. wuchs in der Öffentlichkeit das Bewusstsein dafür, dass verwaiste, verwahrloste und verhaltensauffällige Heranwachsende, die sich am Rande oder außerhalb der Schulgesellschaft bewegten, der spezifischen sozialpädagogischen Betreuung und Erziehung bedürften. Die auf eine längere, missionarische Tradition zurückblickende, pietistisch geprägte Rettungshausbewegung etwa brachte es in den 1860er Jahren auf dem Scheitel ihrer Wirksamkeit auf über 350 Erziehungsanstalten. Zu jener Zeit verbreitete sich auch die Einsicht, dass lern-, körper- und geistigbeeinträchtigte Kinder, wie alle übrigen Menschen, generell unterrichtsfähig und bildungsberechtigt sind. Die formale Gleichstellung zog sich jedoch hin.

Nachdem kleinere Einzelstaaten im letzten Drittel des Jahrhunderts damit begonnen hatten, die allgemeine Schulpflicht auch auf Blinde und Gehörlose auszudehnen, verstrichen noch einmal Jahre, ehe Preußen 1911 nachzog.

Expansion und Exklusion

Von 1830 bis 1900 nimmt die Zahl der Taubstummenanstalten von 30 auf mehr als das Doppelte zu, die Mehrzahl waren Privatinstitute. Viele davon nehmen den Charakter von Förderschulen mit eigens konzipierten Lehr- und Erziehungsplänen an. Für (Kriegs-)Blinde wird 1806 eine erste Unterrichtsanstalt aufgebaut, 1892 sind im Kaiserreich 33 Blindenschulen für insgesamt 2000 Personen vorhanden. Für Taubstumme gibt es 1900 87 Anstalten mit über 6200 Schülerinnen und Schülern, womit der Bedarf bei weitem nicht gedeckt war (vgl. Kraus 1987). Für Kinder, die als geistig zurückgeblieben, extrem lerngehemmt oder minderbegabt galten, verfügte das Reich zwei Jahre vor Ausbruch des Kriegs in mehr als 300 Orten über 1670 mehrklassige Hilfsschulen mit rund 34000 Schülerinnen und Schülern. Da die Unterrichtsministerien sich mit verbindlichen Vorgaben zurückhielten, wichen die pädagogischen Konzepte der Einrichtungen in Qualität und Anspruch erheblich voneinander ab. Alles in allem verfeinerten sich die Lehrmethoden und verbesserte sich die allgemeine Fördersituation für die betroffenen Personengruppen. Allerdings mussten sie dafür einen Preis zahlen: Sie wurden aus der Regelschule ausgegliedert. Auf Devianz und Schulunfähigkeit reagierte das öffentliche Erziehungssystem, von punktuellen Experimenten abgesehen, mit institutioneller Exklusion, in die der Schulstaat investierte, weil er die Volksschule von „Problemfällen" entlasten wollte, ohne die Kinder mit speziellen Handicaps für die Gesellschaft verloren zu geben (vgl. Ellger-Rüttgardt 2008). Nicht zuletzt die Privatanstalten stützten das System der Exklusion. In einem 1911 erstellten Bericht heißt es über die zwölf privaten Institute, die intellektuell und physisch normabweichende Kinder aufnahmen, es seien „geistige Reparaturanstalten" für Heranwachsende, die „persönlich angepackt sein wollen", womit der reglementierte „Massenunterricht" der Staatsschulen überfordert sei (vgl. Herrmann 2003, S. 43). Dabei war keineswegs eindeutig festgelegt, welche kognitiven, personalen oder physiologischen „Defizite" ein Kind aufweisen musste, um aus der regulären Schulgesellschaft ausgeschlossen zu werden. Die diagnostische Grauzone ließ der Willkür breiten Raum.

9.3 Volksschulen

Das tragende Fundament der Schulgesellschaft war das niedere und mittlere Schulwesen, das aus Erziehungsstätten bestand, für die sich der Oberbegriff Volksschule durchsetzte. Sucht man nach den Gemeinsamkeiten in der Vielfalt der darunter gefassten Schulformen, so ergibt sich folgende Definition: „Volksschulen sind nicht zu Entlassungsprüfungen berechtigte, primär der Schulpflichtabsolvierung dienende, allgemeinbildende, im obligatorischen Fächerkanon fremdsprachenfreie, für die grundlegende Vermittlung von Unterricht für die später berufstätigen Unter- und Mittelschichten zuständige, mit hauptsächlich nichtakademischen Lehrpersonal arbeitende Bildungsinstitutionen" (Kuhlemann 1992, S. 40).

Umgehung der Volksschule

Der Besuch der Volksschule, das muss man vorwegschicken, war nicht verpflichtend. Das sich unentwegt transformierende Schulsystem des 19. Jhs. (vgl. Lundgreen 1980) hielt vor allem für wohlhabenere Familien viele Möglichkeiten offen, die Volksschule zu umgehen. So gab es einmal private Einrichtungen und Gemeindeschulen mit erweitertem, berufspraktisch bezogenem Volksschulanspruch: städtische Mittelschulen mit fünf oder sogar neun aufsteigenden Klassen und Unterricht in mindestens einer modernen Fremdsprache (vgl. Keck 1968; Kuhlemann 1991).

Realschulen

In den Städten wurde ferner, hauptsächlich im Interesse des gewerbetreibenden Bürgertums, das Realschulwesen ausgebaut. Wenn die Realschule für gewöhnlich als eine zusätzliche „Säule" im deutschen Schulsystem bezeichnet wird, gerät die multiple Erscheinungsform dieses Schultyps in Vergessenheit. Die damals gebräuchlichen Klassifkationen (Realschule 1. und 2. Ordnung, Oberrealschule, Realgymnasium etc.) nahmen jeweils Maß am Gymnasium. Im Fächer-, namentlich im Fremdsprachenangebot und der Wertigkeit der Abschlusszertifikate rückten die Realschulen dem altsprachlichen Gymnasium nach zähen Berechtigungskämpfen Stück für Stück in jenem Maße näher, wie sie sich von der Volks- und Mittelschule entfernten (vgl. Müller 1981; Jeismann 1987c; Albisetti/Lundgreen 1991).

Vorschulen

Für den Eintritt in die Sexta, der untersten Klasse der in neun Jahren auf das Abitur hinführenden Institutionen, brauchte man keine Volksschule besucht zu haben. Die Vorbereitung geschah in Vorklassen oder in sog. Vorschulen: privat finanzierte Institute mit kleinen Klassen, auf denen man nach drei Jahren die Gymnasialreife erlangte, was Volksschülern frühestens nach vier Jahren und einer schwer zu bestehenden Aufnahmeprüfung möglich war.

Schule der Majorität

Die öffentliche Volksschule trug ihren Namen trotz der zahlreichen Ausweichmöglichkeiten insofern zurecht, als die große Bevölkerungsmehrheit diese und keine andere Schule kennenlernte, um 1914 waren das rund 90 % aller schulpflichtigen Kinder. In den Volksschulen wurde der Grundstein des international bestaunten Alphabetisierungserfolgs gelegt. Durchaus staunenswert ist auch der Umstand, dass mit dem frappanten Ausbau des Volksschulwesens die Verhältnisse in den Schulen ebenfalls Fortschritte machten – weit stärker freilich in den Städten als auf dem Land und beschleunigt seit dem letzten Drittel des Jahrhunderts.

Armenschule

Ganz unten im Spektrum der Volksschule standen die Armenschulen. Wilhelm Raabe hat in seinem 1863/64 publizierten Roman „Der Hungerpastor" mit bitterer Ironie die desolate Situation in einer dieser Einrichtungen geschildert, die man so oder so ähnlich in der ersten Hälfte des 19. Jhs. noch vielfach antreffen konnte:

„In einem dunklen Sackgäßchen, in einem einstöckigen Gebäude, das einst als Spritzenhaus diente, hatte die Kommune die Schule für ihre Armen eingerichtet, nachdem sie sich so lange als möglich geweigert hatte, überhaupt ein Lokal zu so überflüssigem Zweck herzugeben. Es war ein feuchtes Loch; fast zu jeder Jahreszeit lief das Wasser von den Wänden; Schwämme und Pilze wuchsen in den Ecken und unter dem Pult des Lehrers. Klebrignaß waren die Tische und Bänke, die während der Ferien stets mit einem leichten Schimmelanflug überzogen wurden. [...] Hätte die Kommune auf jedes Kindergrab, welches durch ihre Schuld auf dem Kirchhof geschaufelt wurde, ein Marmordenkmal setzen müssen, so würde sie sehr bald für ein anderes Schullokal gesorgt haben" (Raabe 1968, S. 33f.)

Solche katastrophalen Zustände werden in den folgenden Jahrzehnten seltener. Natürlich nicht, weil die Kommunen die Kosten für Grabsteine fürchteten, sondern weil die Schulverwaltung den untersten Schulsektor attraktiver machen wollte, um den Zustrom zu den höheren Schulen einzudämmen. In Berlin etwa wurden in den 1860er Jahren die stiefmütterlich behandelten Fürsorgeschulen für die mittellose Bevölkerung aufgewertet zu passablen Volksschulangeboten, die für das Proletariat vorgesehen waren, währenddessen für das untere und mittlere Bürgertum, das materiell gefestigte wie das verarmte, anspruchsvollere Volksschulen bereit gestellt wurden (vgl. Müller 1981).

Volksschularchitektur

Sichtbarstes Zeichen für die Expansion der Volksschule, für ihre gesellschaftliche Aufwertung und die steigende finanzielle Unterstützung durch die öffentliche Hand waren einige städtische Schulgebäude. Die Neubauten fallen Ausgang der Epoche zwar längst nicht so mächtig aus wie manch einer der imposanten gymnasialen Repräsentationsgebäude, aber das Bestreben, architektonisch nachzuziehen, war unübersehbar (vgl. Billstein 2007). Auch innenarchitektonisch ließ die Volksschule die von Raabe geschilderte Armseligkeit nach und nach hinter sich. In den Ballungszentren des Kaiserreichs verfügten die größeren, mehrstöckigen Bauten über 30 und mehr Klassenzimmer für mehrere 1000 Schüler, ein Lehrerzimmer, einen Schulhof, eine Aula, Fachrräume, ein Schulbad für Kinder ohne häusliches Badezimmer, vielleicht eine Bibliothek. Medizinische Gutachten und amtliche Vorschriften legten Mindestanforderungen für Schulräume und Schulinventar fest (vgl. Sauer 1997). Friedrich Hebbel hatte den beginnenden Aufschwung Jahrzehnte zuvor in seiner Kindheit miterlebt. 1817, mit vier Jahren, besuchte er in Schleswig-Holstein das Provisorium einer Winkelschule, wo es offenbar nur wenig anders zuging als in Raabes Erzählung. „Wir Kinder wurden in dem geräumigen Saal, der zur Schulstube diente und ziemlich finster war, an den Wänden herumgepflanzt, die Knaben auf der einen Seite, die Mädchen auf der anderen" (Hebbel 1957, S. 14). Zwei Jahre später hielt der Staat Einzug in die öffentliche Erziehung, was sich nach Hebbels Eindruck im Neubau einer „hellen und freundlichen Elementarschule" bemerkbar machte, in der jedes Kind seinen eigenen Platz besaß an einem „bequemen Tisch mit Pult und Tintenfaß" (ebd., S. 37f.).

Schulkasernen

Der Bequemlichkeit sollte das bald in Großproduktion hergestellte Schulmobiliar nun allerdings als Letztes dienen. Es war funktional auf das konzentrierte Still- und Geradesitzen der in Reih und Glied platzierten Schüler und Schülerinnen und den frontal positionierten Lehrer ausgerichtet (vgl. Göhlich 2009). Reiz- und ablenkungsarm war das gesamte Inventar. Die Innenräume geizten mit allem, was Farbe, Freude, Abwechslung in den Schulalltag bringt. Ein kritischer Beobachter beschwerte sich zu Beginn des 20. Jhs.: „Unsere Schulen sehen im Innern durchweg so kahl und öde aus, daß man förmlich von einem Frostschauer gepackt wird, wenn man sie betritt. Die Wände erinnern in ihrer Leere und Eintönigkeit an die Wände in Kasernen und Gefängnissen" (Rühle 1903, S. 14). Der provokante Vergleich von Erziehungseinrichtungen mit Straf- und Militäranstalten ist gar nicht mal so weit hergeholt, das haben mittlerweile die Studien Michel Foucaults (1977) in aller Schärfe deutlich gemacht. Doch angesichts der zwar tendenziell abnehmenden, aber noch immer unglaublich hohen Zahl von Schülern pro Klasse, die im Zaum zu halten waren, mag die asketisch-strenge Sachlichkeit der Raumausstattung auch ein wenig verständlich sein.

Schülerzahlen

In keiner Region des Kaiserreichs sank die durchschnittliche Lehrer-Schüler-Relation unter das Verhältnis von 1:34, was schon ein überaus günstiger Ausnahmewert war. Üblich waren 50 bis 60 Kinder in einer Klasse, manchmal waren es noch bis zu 90. Die Schulen in ländlichen Gemeinden hatten am stärksten, noch bis weit ins 20. Jh. hinein, mit der Überfüllung zu kämpfen. Dort hielt sich auch die einklassige, altersgemischte Volksschule am längsten; Mitte der 1880er Jahre machten sie noch ca. 75 % aus. In den Städten entstanden mehr und mehr Einrichtungen mit mindestens drei aufsteigenden Klassen: 1911 werden 75 % der städtischen Elementarschüler in sieben- oder achtklassigen Volksschulen unterrichtet (vgl. Kuhlemann 1991; 1992).

Jahrgangsklassen

Damit waren auch die organisatorischen Voraussetzungen gegeben, um das verwaltungstechnisch vorteilhaftere Jahrgangsklassensystem umzusetzen, das im oberen Schulbereich bereits in der ersten Hälfte des 19. Jhs. die Fachklassen ersetzt hatte (vgl. Müller 1981). Das neue System erlaubte, den Versetzungsmodus zu standardisieren, die Gruppierung von altersgleichen Schülerkohorten und den am Lebensalter orientierten Leistungsvergleich; dafür nahmen die Jahrgangsklassen dem Schulleben einiges an innerer Vielfalt und Flexibilität.

Soziale Herkunft der Schüler

Trotz der beachtlichen Fortschritte war die Volksschule niemals der Stolz oder das Prestigeobjekt der Bildungsnation – das war das Gymnasium, die privilegierende, elitebildende Schule kleiner Teile der Mittel- und fast der kompletten Oberschicht; Arbeitersöhne dagegen besuchten die Gymnasien nur in verschwindend geringer Zahl. In der Volksschule stellt sich die Verteilung genau umgekehrt dar: Sie war so etwas wie die Regelschule der Unterschicht, das Kleinbürgertum war ebenfalls vertreten, Oberschichtfamilien mieden sie (vgl. Lundgreen 1985). Die soziale Herkunft der Schülerschaft relativiert, wie Hans-Ulrich Wehler zurecht festgestellt hat, die gängigen Annahmen von der „klassenegoistischen Versäulung“ des Schulsystems und der „zielstrebigen hierarchischen Exklusionspolitik zugunsten der Oberklasse“ (Wehler 2006, S. 1204). Das System ließ soziale Mischungen im mittleren Spektrum der Sozialschichten fraglos zu. Doch zwischen der Ober- und Unterschicht lagen Welten – Schulwelten. Von den beiden entgegengesetzten Polen aus betrachtet blieb die Schulgesellschaft eine schwer durchlässige Zweiklassengesellschaft.

Schulwechsel

So war auch der Wechsel von unteren Einrichtungen in besser gestellte Schulen, die Abschlusszertifikate und Berechtigungen vergaben, möglich, aber höchst kompliziert. Der Pastorensohn Friedrich Nietzsche beispielsweise hat 1849 seine ungewöhnlich lange Schullaufbahn in einer kümmerlichen Dorfschule begonnen und 1864 auf dem exklusiven Gelehrteninternat in Schulpforta beendet. Dazwischen lagen Stationen in einer städtischen Bürgerschule, einer privaten Vorschule und dem Naumburger Domgymnasium (vgl. Hoyer 2002). Die Anforderungsprofile der Schulen lagen weit auseinander, der Aufstieg von einem Schultyp in den nächsten kostete

Zeit und Geld, noch einmal mehr, wenn die geringe Angebotsdichte von höheren Schulen den Umzug in eine andere Stadt erforderte, was nur für eine Minderheit in Frage kam.

Volksschulpolitik

Die Schulpolitik trug wenig und nur zögerlich zur Überwindung dieser Situation und zur Angleichung der niederen und höheren Schulen bei, etwa durch die dringend notwendige Erhöhung des Volksschuletats oder durch die Annäherung der Lehrinhalte (vgl. Berg 1974). Vorwiegend notgedrungen reagierte sie – wie im Falle der Niveauanhebung der Armenschule – auf Eigendynamiken des schulischen und sozio-ökonomischen Systems. Dem zur Seite steht eine erdrückende Überzahl an konservativer Programmatik, die den niederen Schulbereich in jeder Hinsicht auf Sparflamme hielt, beispielhaft das badische Organisationsedikt von 1803:

„Die *unteren* oder *TrivialSchulen* sind bestimmt, den StadtBürger oder den Landmann in die Kenntniß alles desjenigen zu setzen, was ihm für seinen LebensBeruf als Christ und als StaatsBürger zu wissen nothwendig ist, ohne ihn jedoch zu einer GeistesEntwicklung hinaufzuschrauben, wobey seine BerufsArbeit versäumt oder für ihn unschmackhaft würde" (Regierungsakten 2012, S 68f.).

Bildungsbeschränkung

Dieselbe Grundhaltung, dieselbe auf Bildungsbeschränkung hinauslaufende Argumentation legt 35 Jahre später Bayerns König Ludwig I. an den Tag. Die in seinen Worten mit Händen zu greifende Angst vor hochwertiger Allgemeinbildung rührte aus der Befürchtung, die unlimitierte „Geistesentwicklung" aller Bürger würde das hierarchische Klassengefüge zum Einsturz bringen, eine Sorge, die den Auf- und Ausbau der Volksschule von Anfang an begleitete (vgl. Hoyer 2005b):

„So nützlich der Unterricht, so kann doch auch hierin, namentlich bei Landleuten, leicht zu viel geschehen. Sie sollen gute Christen und brave Hausväter werden, über diesen Zweck soll nicht hinausgegangen werden, namentlich dann nicht, wenn es mit Belastungen der Gemeinden und Umlagen geschehen muß. Bei dem Unterricht soll auch darauf gesehen werden, daß die Jugend, vorzüglich die männliche zur Höflichkeit gegen alle Grade von Vorgesetzten angehalten werde. Rohheit und Unhöflichkeit sind die Grundlagen zur Widersetzung" (Ludwig I. zit. n. Gollwitzer 1986, S. 542).

Reform und Restauration

Vor schwarz-weiß Malerei sollte man sich hüten. In der Volksschulpolitik der deutschen Staaten gab es „keinen monolithischen konservativen Block, genauso wenig wie eine konsistente Modernisierungspartei" (Wehler 2005, S. 484). Nachdem der Sozialismus sich als Reformkraft behaupten konnte, präsentierten sich die Machthaber allerdings von ihrer aggresivsten Seite. Die Meinungsfreiheit lag wieder einmal in weiter Ferne als Wilhelm II. 1889 seinen berüchtigten Kaiser-Erlass herausgab, mit dem er die Schulen und die Volksschullehrerbildung an ihre Staats- und Monarchieabhängigkeit erinnerte und als Erziehungsinstrument gegen Kommunismus, Sozialdemokratie und Ungläubigkeit zu mobilisieren suchte (Michael/Schepp 1973, S. 408ff.). Solche machtpolitischen Dekrete sind keine Kleinigkeit. Doch das Schul- und Ausbildungssystem war in den Verantwortungs- und Verwaltungsebenen schon zu vielförmig geworden, als dass man es schnurstracks auf eine Linie hätte einschwören können. Selbst in den finstersten Zeiten der Restaurationspolitik kamen in der Volksschulwirklichkeit durchaus zukunftsgerichtete Veränderungen voran (vgl. Herrlitz et al. 1993). Nicht einmal die umstrittenen preußischen Volksschulerlasse Ferdinand Stiehls aus dem Jahr 1854, die noch einmal unbeirrt die Bildungsbeschränkung verlängerten, sind von A bis Z rückwärtsgewandt. Die herrschaftsfromme Gesinnungspädagogik, die darin den Ton angibt, wehrte zwar so gut wie alle Schul- und Lehrerbildungsreformen liberal-sozialistischen Zuschnitts ab, enthielt gleichwohl durchaus praktikable, die damaligen Schulverhältnisse realistisch einschätzende Gestaltungsperspektiven (vgl. Jeismann 1966).

Falks „Allgemeine Bestimmungen"

Wegweisend für die weitere Entwicklung der Volks- und Mittelschule bis zum Ende des wilhelminischen Reichs waren die 1872 vom liberal eingestellten preußischen Kultusminister Adalbert Falk verfassten „Allgemeinen Bestimmungen" (1872). Gegen anhaltende Widerstände der Kirchen und konservativer Meinungsführer rückten die Ausführungen den unteren Schulbereich ein deutliches Stück näher an die sozialen und ökonomischen Verhältnisse der Moderne heran, ohne die Spaltung des öffentlichen Erziehungswesens in niedere und höhere Einrichtungen aufzuheben.

Volksschullehrerbildung

Einen beträchtlichen Schub erfuhr die Volksschullehrerbildung, die das ganze Jahrhundert über im Spannungsfeld von obrigkeitsstaatlichen, pädagogischen und berufsständischen Interessen stand. Seit Anfang des 19. Jhs. kann man von einem zunehmend strenger normierten Ausbildungszweig sprechen, der in Seminareinrichtungen organisiert wurde, also nicht akademisch, wie die Gymnasiallehrerbildung – auch darin zeigt sich das schulische Zweiklassenmodell (vgl. Bölling 1983). Der Schilderung Raabes ließen sich nun mühelos Erzählungen an die Seite stellen, in denen noch im ersten Drittel des Jahrhunderts von vollständig unausgebildeten Volksschullehrern berichtet wird. Der spätere Vormärzpolitiker Robert Blum etwa unterrichtete 1817 als Zehnjähriger seine Klassenkameraden viermal in der Woche im Rechnen, da sich die amtliche Lehrerin, seine Tante, Pflegerin von Beruf, darin als inkompetent einschätzte (vgl. Zerback 2007). Solchem Wildwuchs wollten die schulpolitisch Verantwortlichen durch eine verbindliche Ausbildung von Lehrkräften einen Riegel vorschieben, zugleich versuchte man das politische und soziale Emanzipationsstreben der Lehrer im Keim zu ersticken. Stiehl hatte die Ausbildungszeit verkürzt und die Untertanenerziehung in den Seminaren verstärkt. Falk erhöhte die Ausbildungsdauer wieder auf drei Jahre plus einer vorhergehenden, allgemeinbildenden Präparandenausbildung von ebenfalls drei Jahren. Das Berufsfeld und die Berufsgruppe weiteten sich aus. Von 1806 bis 1871 stieg die Zahl der Ausbildungsstätten in Preußen von elf auf 81, 1913 waren es 204, ein gutes Dutzend davon allein für weibliche Lehrkräfte. Bei den Lehrfächern machte sich nach 1872 eine Tendenz zur Verwissenschaftlichung bemerkbar. Pädagogisches und psychologisches Fachwissen gewann an Relevanz, die Realien – Naturlehre (Physik, Chemie), Naturgeschichte (Biologie), Geographie, Geschichte – erhielten einen größeren Stundenanteil, Mathematik- und Deutschunterricht wurden stark gewichtet, eine Fremdsprache kam hinzu. Das ging zu Lasten der bis dato dominierenden Fächer Religion (Bibellektüre, Katechismus etc.) und Musik, deren Bedeutung in der Lehrerbildung abnahm (vgl. Enzelberger 2001).

Unterrichtszeit, Lehrgegenstände

Übereinstimmend mit diesen Lehrplanverschiebungen im Ausbildungsbereich differenzierte sich auch im Volksschulunterricht das Fächerspektrum, das nach 1872, wenn auch stockend, eine Art realistische Wende vollzog. In den unteren Klassen wurden 20 Wochenstunden unterrichtet, in den oberen 30. Jede einzelne dauerte nach wie vor 60 Minuten. Die um 15 Minuten verminderte Kurzstunde wird 1911 zunächst an höheren preußischen Schulen eingeführt, nach dem Krieg stellten auch andere Schulen darauf um, weil man den gesamten Unterricht ohne längere Unterbrechung in den Vormittag verlegen wollte. Bis es soweit war, verteilte sich die Unterrichtszeit regulär auf den Vor- und Nachmittag, mit einigen Freistunden dazwischen; Halbtagsschulen waren genehmigungspflichtige Sonderfälle.

Nach den Falk'schen Vorgaben sollte in den Volksschulen der Deutschunterricht mit acht bis elf Stunden von allen Fächern am umfangreichsten vertreten sein. Religion und Rechnen nahmen vier bis fünf Stunden ein. Die übrigen Stunden teilten sich die Realien (bis zu sechs Stunden in der Woche), die Raumlehre, das Singen und Zeichnen sowie zwei Stunden Turnen für die Jungs und Handarbeit für die Mädchen; man hätte die Geschlechter in den oberen Stufen gerne getrennt unterrichtet, was sich organisatorisch aber nicht überall umsetzen ließ. Dem Normallehrplan ist abzulesen, wie die Vorherrschaft der Religion im Elementarschulbereich brüchig wurde. In den sächsischen Schulen ist 1874 ein Scheitelpunkt erreicht, der sich darin zu erkennen gibt, dass mit der Reduktion des Religionsunterrichts weltliche Lehrgegenstände in den Vordergrund traten, „und die Erziehung zu gläubigen Christen nicht mehr das Ziel des Volksschulunterrichts überhaupt war" (Modrow 2007, S. 460f.).

Gesinnungserziehung, Sozialdisziplinierung

Selbst bei vermindertem Stundenanteil stand in den meisten Reichsgebieten jedoch außer Frage, dass die konfessionelle Volksschule einen übergeordneten religiös fundierten Erziehungsauftrag besaß. Die Obrigkeit sah keine Veranlassung, von der herkömmlichen Gesinnungserziehung der Untertanen abzurücken: „Zweck der Volksschulen", heißt es exemplarisch im 1836 erlassenen Volksschulgesetz Württembergs, „ist die religiös-sittliche Bildung und Unterweisung der Jugend in den für das bürgerliche Leben nötigen allgemeinen Kenntnissen und Fertigkeiten", eine Leitlinie, die dort bis 1920 unverändert gültig blieb (vgl. Friederich 1978). Dem Schulstaat war der Aufschwung der Schulgesellschaft nur geheuer, insofern man von der Ausdehnung der Volksbildung sozialdisziplinierende, die Herrschaftsverhältnisse aufrechterhaltende Effekte erwarten durfte. Dass jede Form der Allgemeinbildung letztlich emanzipatorische Impulse freisetzt, die sich unter Umständen gegen das Bestehende richten, wollte man nicht tatenlos in Kauf nehmen. Der uns schon bekannte Hermann Enters schrieb über seine 1851 beginnende Volksschulzeit: „Außer Lesen, Schreiben, Rechnen wurde uns besonders noch gelehrt, was der liebe Gott für einen guten [sic!] Mann war und ebenso der König. Es wurden immer Lieder gesungen, wo nur Gott und der König gelobt wurden" (zit. n. Hardach-Pinke/Hardach 1981, S. 200).

Deutschunterricht

Unverfroren haben die Regierungen auch den Fachunterricht ideologisiert und für ihre Erziehungszwecke eingespannt, insbesondere den Deutschunterricht, weil es hier einfacher fiel als in Rechnen oder Chemie. Die in größer werdenden Auflagen produzierten Volksschullesebücher, die in der ersten Jahrhunderthälfte noch zum Teil erstaunlich hohe Anteile an philosophischen und „realistischen" Themen behandelten (vgl. Bünger

1898), vermitteln mit voranschreitender Normierung reihenweise Leitbilder von Untertanengeist und Gottesfurcht sowie antiaufklärerisches Gedankengut einer genügsamen, „volkstümlichen" Lebensführung (vgl. Heinze 2013). In Karlsruhe lernten die Kinder Ausgang des Jahrhunderts lesen in einer vom ortsansässigen Lehrer herausgegebenen „Fibel für deutsche Volksschulen", in der jeder Satz eine Verhaltensregel beinhaltet:

„Wenn es Zeit zur Schule war, holte Albert seine Schulsachen. Diese waren immer am gleichen Platze. Er machte sich auf den Weg und stand nicht lange auf der Straße herum. In der Schule grüßte er schön und setzte sich still an seinen Platz. In der Schule war er ruhig und artig. Er gab auf die Worte des Lehrers recht acht; er suchte auf alle Fragen rasch die rechte Antwort. Alles was der Lehrer sagte, tat er schnell. Vor und nach der Schule betete er schön und laut. Auf dem Wege lärmte und zankte er nie. Er ging still nach Hause. Dann machte er seine Hausaufgaben" (zit. n. Spanger 2002, S. 65 f.).

Geschichtsunterricht und Kriegserziehung

Den älteren Kindern versuchte man auf ähnliche Art und Weise eine religiös-sittlich und nun auch patriotische Gesinnung anzuerziehen. Obenan die anfangs noch im Deutschunterricht integrierte Geschichtskunde ließ sich im Sinne Wilhelm II. instrumentalisieren. Im Kaiserreich waren die Unterweisungen in „vaterländischer" Historie gespickt mit nationalistisch-chauvinistischen Inhalten (vgl. Langsam 1950). Mit Beginn des Weltkriegs kannte die tendenziöse Vereinnahmung der Curricula kein Halten mehr. Amtliche Memoranden und Erlasse versuchten den Geschichts- und Deutschunterricht, aber auch alle übrigen Fächer, ja, das gesamte Schulleben auf den niederen wie höheren Schulen rücksichtslos in den Dienst kriegserzieherischer Propaganda zu stellen (vgl. Kronenberg 2010). Der Krieg machte aus den Alberts gewissermaßen Kämpfer an der „Heimatfront" – bis sie tatsächlich zu den Waffen gerufen wurden.

Schulzucht

Der tadellose Vorzeigeschüler Albert verhielt sich Punkt für Punkt so, wie es die den Volksschülern zu Beginn jedes Schuljahrs vorgetragenen Schulordnungen Paragraph für Paragraph vorschrieben. Die Leitwerte hießen darin in Karlsruhe wie im übrigen Reich: Disziplin, Folgsamkeit, Fleiß, Sittsamkeit, Frömmigkeit und Vaterlandsliebe (vgl. Spanger 2002). Die Kontrolle oblag den Lehrpersonen. Sie repräsentierten die Welt der Erwachsenen, das Reich der Autoritäten, die keinen Widerspruch duldeten. Gehorsam, Artigkeit waren oberste Schülerpflichten – bei Klassenstärken von 50 und mehr Kindern nicht selten ein frommer Wunsch. Das Lehrpersonal aller Schulen stand weiterhin das Züchtigungsrecht zu, was mit dem primär disziplinierenden Erziehungsauftrag der Institution begründet wurde. Von den Schulbehörden wurden Strafkataloge ausgearbeitet, die von der Beschaffenheit des Schlagstocks bis zum penibel abgestuften Sanktionsmaß nichts dem Gutdünken der Lehrer und Lehrerinnen überlassen wollte: bürokratisierte Schulzucht (vgl. Kuhlemann 1992). Das Recht, Körperstrafen zu verabreichen (manch einer hielt es auch für seine Pflicht), nutzten hauptsächlich die Lehrkräfte in den Volks- und Mittelschulen, aber auch auf den Gymnasien waren schlagfreudige Lehrer gefürchtet (vgl. Budde 1994).

Unterrichtsmethoden

Der Unterricht in den höheren Schulen war schon immer auf den Lehrer zentriert, die Volksschulen zogen nach, sobald die Räumlichkeiten, das Inventar und die Klassengrößen dies zuließen. Über den Volksschulunterricht als solchen lässt sich bis in die zweite Hälfte des Jahrhunderts sagen, dass er in der Regel wie gewohnt ohne pädagogisches Konzept vonstatten ging. J. H. Pestalozzis um 1800 für einiges Aufsehen sorgende pädagogische „Methode“ legte den Akzent auf die Erziehung von Anlagen und Entwicklungspotentialen (vgl. Tröhler 2008). Das sorgte im Unterricht und in der Lehrerbildung punktuell für frischen Wind. Doch Pestalozzis Leitlinie, die Erziehung habe sich auf den „ganzen“ Menschen, auf Herz, Hand und Kopf einzustellen, drang nicht durch. Der Volksschulunterricht blieb alles in allem mindestens bis zur Jahrhundertmitte „gestelzt, lebensfern, buchstabentrocken“ (Friederich 1987, S. 145). Danach begannen Veränderungen allmählich in der Breite zu greifen. Die obligate Lehrerbildung und eine wachsende Zahl an didaktischer Literatur erlaubten ein reflektierteres, professionelleres pädagogisches Handeln. Die industriell hergestellten Lehr- und Lernmittel wurden reichhaltiger, praktischer, anschaulicher, sorgten aber auch, im Schreib- und Leseunterricht etwa, für eine schablonenhafte Unterrichtsführung (vgl. Schiffler 2013).

Reformpädagogik

Methodische Neuerungen kamen gehäuft nach 1900 zum Zuge. In dieser Zeit kulminierte die Kritik an der autoritären, lehrerorientierten Belehrungsschule. Die in der Weimarer Republik zu einer regelrechten „reformpädagogischen Bewegung“ stilisierten Fürsprecher von Schul- und Unterrichtsreformen waren in ihren Denkvoraussetzungen und Zielvorstellungen nicht einheitlich, aber unterm Strich forderten sie alle eine kinderfreundlichere Schule, die der Selbsttätigkeit und dem spezifischen Lernverhalten von Heranwachsenden Rechnung trage (vgl. Seyfrath-Stubenrauch/Skiera 1996). Manche Ideen haben ihre Gültigkeit bewahrt, andere griffen zu kurz, waren unausgegoren oder theoretisch fragwürdig (vgl. Oelkers 1989). Gemischt fällt auch die Bilanz (bis 1918) bei den praktischen Impulsen aus. Einige Fachdidaktiken standen im Begriff, von der Erwachsenen- auf die Kinderperspektive umzustellen; im Kunst- und Zeichenunterricht beispielsweise machten die pedantischen Übungen alter Schule phantasievolleren Methoden Platz (vgl. Möller 2013). Doch die Innovationen kamen über Flickwerk nicht hinaus. Solange man sich der Regelschule in sozialdisziplinierender Erziehungsabsicht bemächtigte, und davon nahmen auch große Teile der Reformpädagogik nicht Abstand, konnten „vom Kinde aus“ gedachte Einrichtungen keine Wirklichkeit werden.

10 Das höhere Schulsystem

Entwicklung des Gymnasiums

Um einiges geradliniger, administrativ geordneter und konzeptionell durchdachter, wenngleich nicht minder widersprüchlich als die Volksschulentwicklung, verlief der Ausbau des höheren Schulwesens, namentlich des Gymnasiums. Um die Beschreibung der Reforminitiativen und Gegenoffensiven, der institutionellen Differenzierungs- und Angleichungsprozesse abzukürzen, sei eine Zusammenfassung Karl-Ernst Jeismanns mit wenigen Ergänzungen versehen: „In der Frühphase bis etwa 1840 wurde das [preußische] Gymnasium als leitender Typ höherer Schulen ausgebaut. Dabei verfestigte sich, entgegen den Absichten der Reformer [W. v. Humboldt, J.W. Süvern u.a.] die Zweiteilung des Schulwesens in Elementar-(später Volks-)Schule und Gymnasien. In der nächsten Phase der ‚Systembildung' entwickelten sich die konkurrierenden höheren Schulen [Realgymnasium, Oberrealschule, Realschule] neben dem Gymnasium. Im letzten Drittel des Jahrhunderts dann, in der Phase der ‚Systemfindung', entstand [hinsichtlich der Zulassungsberechtigung zum Studium, dem Abitur] die Gleichberechtigung unterschiedlicher Typen höherer Schulen. Zugleich entfaltete sich mit der neuen ‚Mittelschule' wiederum eine Zwischenstufe, die zur Dreigliedrigkeit des Schulwesens im 20. Jahrhundert führte" (Jeismann 1987c, S. 163).

10.1 Das Gymnasium

Funktionswandel des Gymnasiums

Erst seit der zweiten Hälfte des 19. Jhs. erfüllte das Gymnasium vornehmlich jene wissenschaftspropädeutische und elitebildende Funktion, für die es in der Welt bekannt wurde. In den Jahrzehnten zuvor überwog der gesamtschulähnliche Charakter, wobei Schüler, die das komplette Unterrichtspensum in der Absicht absolvierten, die Reifeprüfung abzulegen und anschließend die Universität zu besuchen, nur eine kleine Minderheit bildeten: „Bis in die vierziger Jahre des 19. Jahrhunderts umfaßt der Begriff *Gymnasium* das eigentliche Gymnasium mit den Klassen Tertia bis Oberprima und die *Schulen* mit den Klassen Sexta bis Quarta. Die *Schulen* sind als Typ Regelanstalt für die männlichen Schulpflichtigen der städtischen Bevölkerung, *Quinta-* und *Quartaabgang* systemimmanente Abschlußmöglichkeiten der allgemeinen Bildung. Die Mehrheit der *Schüler* erlernt einen handwerklichen oder kaufmännischen Beruf, nur ein kleiner Teil wird *Gymnasiast*, ein noch geringerer Abiturient" (Müller 1981, S. 31).

Frequentierung höherer Schulen

Das änderte sich mit der Verwissenschaftlichung der Bildung, wofür sich das „neuhumanistische" Gymnasium und die sich reformiert aufstellende, „humboldtsche" Universität zuständig erklärten (vgl. Weingart 2005). Im Zuge dessen gewann das Abitur an sozialer Geltung. Es wurde vorrangiger Zweck des gymnasialen Unterrichts, Bestätigung der Studierfähigkeit und Ausweis sozialen Prestiges in einem. Das steigende Renommee des Abiturs zog wachsende Schülerscharen an, die sich zunächst auf das Gymnasium und nach der Auflösung des Abiturmonopols auch auf die dem Gymnasium gleichgestellten Realschulen verteilten (vgl. Müller/Zymek 1987).

Hoher Anteil jüdischer Schüler

Überproportional hoch war an der Wende zum 20. Jh. der Anteil von jüdischen Kindern auf den höheren Schulen. „Besitz und Bildung waren als Mittel des sozialen Aufstiegs für die Juden noch wichtiger als für die übrige Bevölkerung, da ihnen andere Wege, vor allem im Militär und in der Verwaltung, weitgehend versperrt waren" (Rürup 1984, S. 107f.). In der Gesamtbevölkerung des Kaiserreichs machten Juden eine Minderheit von etwas über 1 % aus. An preußischen Gymnasien aber waren 1860 fast 7 % und 20 Jahre später 10 % aller Schüler jüdischer Herkunft; etwa ebenso hoch war in den 80er Jahren der prozentuale Anteil von jüdischen Studenten an den Universitäten. Trotz des immer wieder aufflammenden Antisemitismus, trotz sozialer und juristischer Diskriminierungen (die 1871 gewährte Rechtsgleichheit der Juden, gegen die auch Männer wie Bismarck opponierten, war ein unentwegter, explosiver Zankapfel), gehörten Männer und Frauen aus der jüdischen Bevölkerung zu den wissenschaftlichen, kulturellen und wirtschaftlichen Tragpfeilern der wilhelminischen Bildungsnation, die davon über alle Maßen profitierte (vgl. Sieg 2013).

Expansion höherer Schulen

Die Angebotsdichte an Gymnasien und die Zahl der Gymnasiasten nahmen in den deutschen Ländern zwar in einem fort zu, doch die höheren Anstalten blieben Minoritätenschulen. 1864 zählte Preußen 145 Gymnasien (1810 waren es 91), die Schülerzahl (ca. 68000, davon 1864 Abiturienten) hatte sich in drei Jahrzehnten verdreifacht. Überproportional zum Bevölkerungswachstum war der Anteil höherer Schüler, im Alter zwischen zehn und 18 Jahren, um mehr als das Doppelte angestiegen, allerdings auf nicht mehr als rund 3,5 % aller schulpflichtigen Kinder. Ein Jahr vor Ausbruch des Weltkriegs lag der Anteil von Sextanern bei knapp über 8,5 % und die Gesamtschülerzahl auf höheren Schulen bei über 240000. Auch jetzt drangen längst nicht alle bis in die Oberstufen vor. Den 3,5 % der zehnjährigen Jungs, die in die Sexta eines preußischen Gymnasiums aufgenommen wurden, stand eine Abgängerquote von etwas unter 2 % gegenüber.

Einjährigen-Privileg

Jene Schüler, die vor der Unterprima das Gymnasium verließen, wollten oder mussten zwar auf das Abitur verzichten, konnten aber ein anderes Berechtigungsprivileg in Anspruch nehmen: die auf ein Jahr verkürzte Wehrzeit, die üblicherweise drei, seit 1893 zwei Jahre dauerte. Dieses Vorrecht stand den Schülern entweder nach sechsjährigem Schulbesuch und einer anschließenden Prüfung oder nach dem Eintritt in die Obersekunda zu. Mit der ursprünglich in Preußen eingeführten und später reichsweit gültigen Einjährig-Freiwilligen-Regelung wollte man den „Trägern höherer Intelligenz", die man in der Mittel- und Oberschicht lokalisierte, einen Anreiz schaffen, die militärische Laufbahn einzuschlagen. Diese zusätzlich ins höhere Schulsystem eingebaute Dirigierungsstelle verschärfte die soziale Ungerechtigkeit und Selektivität des Systems. Das einkalkulierte Nachsehen hatten Söhne aus Unterschichtfamilien, deren Haushaltskassen zu knapp waren, um erst das reguläre Schulgeld und während der Militärausbildung die Kosten für Ausrüstung und Verpflegung aufzubringen. Weil sich das Einjährigen-Privileg in der sozialen Auslese bewährte, prallte Kritik daran ab. Man behielt die Regelung bei, selbst als die Schulen und das Offizierkorps damit zu hadern begannen. Die Schulen, weil sie den Eindruck gewannen, viele Gymnasiasten würden der vorteilhaften Berechtigung mehr Wert beimessen als der vorzüglichen Bildung, und das Militär, weil es merkte, dass die Einjährigen in der verkürzten Zeit keine vollwertige Ausbildung erhielten und hinter dem gewünschten Bildungsstand des Reserveoffiziers zurück blieben (vgl. Messerschmitt 1975).

Neuhumanistische Reformen

Die höheren Schulen kultivierten die soziale Selektivität. Politische, berufsständische und gesellschaftliche Interessenvertreter sorgten für die Aufrechterhaltung der Zweiklassenschulgesellschaft, indem sie einen absoluten und keinen graduellen Unterschied zum unteren Schulbereich deklarierten. An dieser mächtigen Bastion scheiterten auch die neuhumanistischen Reformvorstellungen während der sog. Reformzeit zu Beginn des Jahrhunderts (vgl. Herrlitz et al. 1993). Als der liberale Gelehrte, Diplomat und Neuhumanist Wilhelm von Humboldt 1809 die Leitung der Sektion für Kultus und Unterricht in Preußen übernahm, stand für einen kurzen historischen Moment die Neustrukturierung des gesamten Schul- und Universitätswesens auf der politischen Agenda. Wären die Pläne ohne Abstriche umgesetzt wurden, hätte in Preußen ein am Ideal der allgemeinen Menschen- und allseitigen Kräftebildung orientiertes, stufenförmig aufeinander aufgebautes Erziehungssystem entstehen können. Dieser Systemwechsel wurde ausgebremst, doch als Humboldt bereits 1810 sein ungeliebtes Amt abgab, hatten er und seine Staatsräte die organisatorische Entwicklung insbesondere der höheren, wissenschaftlichen Erziehung auf neue Gleise gesetzt – mit der unbeabsichtigten Konsequenz, dass sich das obere Schulwesen noch weiter vom unteren entfernte.

Universitätsreform, Gymnasiallehrerbildung

Zu den neuhumanistischen Reforminitiativen gehörte obenan die Gründung der Berliner Universität. Mit dieser Herkulestat fängt 1810 – etliche der erwähnten Neuerungen aus Göttingen aufnehmend – eine neue Ära in der deutschen Universitätsgeschichte an; der Aufstieg dieser modernen Forschungs- und Lehranstalt zur Weltgeltung kann hier bloß erwähnt, aber nicht gewürdigt werden (vgl. Tenorth 2012). Im selben Jahr wird in Preußen – wie kurz zuvor in Bayern – mit der Einführung der staatlichen Lehramtsprüfung, dem Examen *pro facultate docendi*, die akademische Gymnasiallehrerbildung und der Berufsstand des Gymnasiallehrers aufgewertet und normiert (vgl. Enzelberger 2001). In der Gewichtung der Prüfungsfächer – vor allem Altphilologie, daneben Geschichte und Mathematik, keine Theologie – kommt die neuhumanistische Wertschätzung der vormodernen Sprachen und Kulturen zum Tragen. Der gelehrte Sprachwissenschaftler wird zum Urbild des Gymnasiallehrers und zu einem standesbewusst auftretenden Hüter einer dem Geistesgut des antiken Humanismus verschriebenen Erziehung. In der zweiten Hälfte des Jahrhunderts und verstärkt um die Jahrhundertwende sahen sich die Philologen und die sprachwissenschaftlich-historische Erziehung des neuhumanistischen Gymnasiums zunehmend in die Defensive gedrängt von gesellschaftlichen Kreisen, die auch im höheren Schulbereich eine realistische Wende für zeitgemäß hielten.

Unterrichtsfächer

Das Abitur hatte mit der Neuregelung von 1812 und den Verordnungen der nächsten Jahrzehnte einen formal vergleichbaren Zuschnitt erhalten wie die Eignungsprüfung der Lehrer; der Anspruch wurde nach oben geschraubt. „Der ideale Abiturient sollte viel leisten. Latein mußte er in Wort und Schrift flüssig beherrschen und die Klassiker geläufig lesen können; attische Prosa und den Homer sollte er ohne Hilfsmittel, die Tragiker mit Wörterbuch verstehen und einen deutschen Text grammatisch richtig ins Griechische übersetzen können. Der mathematische Kurs führte ihn durch die euklidische Geometrie bis zur sphärischen Trigonometrie und zu den Kegelschnitten, in der Algebra bis zu den Gleichungen vierten Grades und zur Wahrscheinlichkeitsrechnung. Die philosophische Propädeutik und das Französische wurden schon bald als zusätzliche Fächer eingeführt und 1837 allgemein empfohlen. Erwartet wurde die freiwillige Teilnahme am Musik- und Zeichenunterricht, seit 1842 auch wieder am Turnen" (Jeismann 1987, S. 156f.).

Dem gymnasialen Lehrplan von 1882 entsprechend erhielt ein Gymnasiast von Sexta bis Obertertia neun, anschließend acht Wochenstunden Latein und ab Untertertia sieben bzw. in Prima sechs Stunden Griechisch. Der Deutschunterricht war mit zwei oder drei Vollstunden angesetzt, so auch die christliche Religionslehre. Drei bis vier von den 30 oder mehr Wochenstunden entfielen jeweils auf die Doppelfächer Geschichte/Geographie und Rechnen/Mathematik. Zwei Stunden Französisch, zwei Stunden Naturbeschreibung bzw. ab Untersekunda Physik vervollständigten das von Spracherziehung dominierte Curriculum, das sich auf sechs Wochentage erstreckte. 1901 kam es zu kleinen Verschiebungen in der Stundenverteilung. Die Gesamtstundenzahl aller Klassen wurde – zurückhaltender Tribut an die nie verstummenden Überbürdungsklagen – von 268 auf 259 reduziert, der Lateinunterricht ging, wenn man die Klassen zusammenrechnet, von wöchentlich 77 auf 68 Stunden zurück, das Griechische verlor insgesamt vier Stunden. Der Deutschunterricht gewann dafür ein wenig hinzu und die Naturwissenschaften stagnierten in allen Klassenstufen bei zwei Stunden pro Woche (vgl. Lundgreen 1980).

Realgymnasium, Oberrealschule

Und was wurde aus der realistischen Wende? Sie wurde gewissermaßen umgelenkt ins griechischlose Realgymnasium und in die griechisch- und lateinlose Oberrealschule, die besonders für Bevölkerungsschichten an Attraktivität gewannen, die sich von naturwissenschaftlichen und mathematisch-technischen Lehrinhalten für die akademische oder berufliche Karriere mehr versprachen als von exzessiven Sprach-, Grammatik- und Literaturstudien. „Der Gymnasiast mußte in neun Jahren 30 % mehr Zeit für Fremdsprachen aufbringen als der Realgymnasiast, dieser ebenfalls 30 % mehr als der Oberrealschüler. Umgekehrt hatte der Realgymnasiast den Naturwissenschaften und der Mathematik 40 % mehr Zeit als der Gymnasiast zu widmen, und der Oberrealschüler legte in neun Jahren noch einmal 15–20 % zu. Der doppelt so hohe Stundenanteil für Zeichnen an den realistischen Anstalten gehört in diesen Zusammenhang, er verweist auf die Traditionslinie der technischen Fachschule“ (Albisetti/Lundgreen 1991, S. 254).

Unterricht

Gestelzt, lebensfern, buchstabentrocken, hieß es oben über den Volksschulunterricht, und ausgerechnet in dieser Hinsicht unterschieden sich die unteren und oberen Schulen so gut wie gar nicht, nur dass auf den Gymnasien die immense Stofffülle und das hohe Leistungsdiktat für zusätzliche Belastung sorgten. „Es war mehr als zuviel“, resümierte der Schriftsteller Stefan Zweig, der 1899 in Wien die Matura ablegte, seine Schulzeit, „und ließ für die körperliche Entwicklung, für Sport und Spaziergänge fast keinen Raum und vor allem nicht für Frohsinn und Vergnügen“ (Zweig 2012, S. 45). Ob man in Österreich oder im wilhelminischen Kaiserreich eine höhere Schule besuchte, spielte in diesem Fall keine große Rolle, fast überall herrschte ein überwiegend autoritärer, mit Diziplin und Unerbittlichkeit gegen Spontaneität und Eigensinn zu Felde ziehender Unterrichtsstil. Das bezeugen unzählige autobiographische und literarische Erlebnisberichte (vgl. Enzelberger 2001). Kreativen Geistern setzte der streng formalisierte Schulalltag besonders zu. Der früh verstorbene Dichter Georg Heym schrieb am 8. Februar 1905 über seinen Deutschlehrer ins Tagebuch: „Was das für eine Qual ist unter einem solchen hölzernen Kerl von Pauker zu arbeiten. Steif wie ein Ladestock. [...] Um Gotteswillen nicht sich erlauben, produktiv zu sein. Da sind wir ja noch viel zu unreif“ (Heym 1960, S. 10). Und nochmals Stefan Zweig, der die Schulerfahrung mehrerer Generationen zu Papier brachte:

„Schule war uns Zwang, Öde, Langeweile, eine Stätte, in der man die ‚Wissenschaft des nicht Wissenswerten' in genau abgeteilten Portionen sich einzuverleiben hatte, scholastische oder scholastisch gemachte Materien, von denen wir fühlten, daß sie auf das reale und auf unser persönliches Interesse keinerlei Bezug haben konnten. [...] [D]er sogenannte ‚Lehrplan' war nach hundertjähriger Erfahrung sorgsam ausgearbeitet und hätte, wenn aufregend übermittelt, eine fruchtbare und ziemlich universale Bildung fundieren können. Aber eben durch die akkurate Planhaftigkeit und ihre trockene Schematisierung wurden unsere Schulstunden grauenhaft dürr und unlebendig" (Zweig 2012, S. 46f.).

Gesundheitsschäden

Überanstrengung, Leistungsdruck, Bewegungsarmut, die distanziert-angespannten Schüler-Lehrer-Beziehungen sowie unzureichende Licht- und Belüftungsverhältnisse in vielen Klassenzimmern beeinträchtigten die Gesundheit der Gymnasiasten und Realschüler. Das Militär schlug wieder einmal Alarm, nachdem an der Wende zum 20. Jh. gesundheitsbedingte Ausmusterungen überhand nahmen. Über 30 % der Einjährig-Freiwilligen, zuzeiten sogar bis zu 50 und 60 %, erhielten aufgrund von Rücken- und Haltungsproblemen, Sehfehlern, Konditionsmängeln oder sonstiger Beeinträchtigungen den Bescheid, für den Dienst im Feld und an der Waffe untauglich zu sein (vgl. Geißler 2011).

10.2 „Höhere" Mädchenbildung

Es ist keine Unachtsamkeit des Autors, wenn bisher im Zusammenhang mit der höheren Schule durchgehend von Schülern und nicht von Schülerinnen gesprochen wurde. Die meisten Gymnasien und Realschulen nahmen, wie erwähnt, bis 1918 nur Knaben, keine Mädchen auf. Auch in geschlechtsspezifischer Hinsicht war das lange 19. Jh. also eine Zweiklassenschulgesellschaft. Dadurch blieb die weibliche Jugend von den härtesten, gesundheitsschädigenden Belastungen der Schulkindheit noch relativ verschont – vielleicht der einzige Vorteil, den ihnen die Bildungsbenachteiligung einbrachte. Das im angesprochenen Weiblichkeitsmythos verankerte Geschlechtsstereotyp von der „natürlichen" Bildungsferne der Frau stellte sich einer europäischen Entwicklung in den Weg, die in äußerst zaghaften Schritten auf die prinzipielle Gleichstellung der Geschlechter hinauslief. Breite Schichten reagierten auf die zunehmende Mädchenbildung in einer Mischung aus Furcht und Abwehr; beispielsweise der Soziologe Ferdinand Tönnies, der in seiner zwischen 1887 und 1935 mehrfach aufgelegten Studie „Gemeinschaft und Gesellschaft" angewidert feststellte: „Das Weib wird aufgeklärt, wird herzenskalt, bewußt. Nichts ist ihrer ursprünglichen, trotz aller erworbenen Modifikationen immer wieder *angeborenen* Natur fremdartiger, ja schauderhafter" (Tönnies 1979, S. 139).

Erweiterung weiblicher Berufs- und Bildungsperspektiven

Demgegenüber standen das von liberalen, sozialen Bewegungen in die politische Arena geworfene universalistische Postulat von der allgemeinen Menschenbildung sowie die Staatsdoktrin der Schul- oder Unterrichtspflicht, die beide Geschlechter einschloss. Hinzu kam, dass die beschriebene Spezialisierung der Frauen auf Ehe, Mutterschaft, Erziehung und Hausverwaltung vor allem in der Mittel- und Oberschicht allerhand Kenntnisse und Kommunikationsfähigkeiten erforderte, die den Mädchen in Erziehungseinrichtungen vermittelt werden sollten (vgl. Küpper 1987). Die unbedingte Fixierung der Töchter auf Herd und Heim begann sich infolgedessen aufzulockern, aber nicht aufzulösen. Dass den Frauen die meisten Berufsperspektiven verstellt waren, wurde als Diskriminierung öffentlich thematisiert. In den letzten Jahrzehnten des kalendarischen Jahrhunderts wehrten sich Frauenvereine gegen die Ausgrenzung von Frauen aus Ausbildungsberufen, höheren Schulen und Universitäten; besonders bedeutend war der 1890 von Helene Lange gegründete Allgemeine Deutsche Lehrerinnen-Verein (vgl. Karl 2011).

Sehr widerstrebend – auch im europäischen Vergleich (vgl. Wehler 2006) – ließen sich die deutschen Staaten auf die Forderungen der Frauenbewegung und die sozio-kulturellen Veränderungen ein. Bis zum Ende des Jahrhunderts duldete man Frauen an deutschen Universitäten höchstens als Gasthörerinnen in der Philosophischen Fakultät. Um die Jahrhundertwende gewährte man ihnen endlich nach und nach das Studium einzelner Fachgebiete: 1899 werden sie zum medizinischen Staatsexamen zugelassen, 1905 zum philologischen. Mit 95-jähriger Verzögerung erhielten sie nun auch die Berechtigung, die akademische Prüfung *pro facultate docendi* abzulegen. Frauen konnten jetzt verbeamtete Lehrerinnen an höheren Schulen werden; nur unverheiratet mussten sie sein, sonst erlosch die Verbeamtung – bis 1919 galt das Lehrerinnenzölibat (vgl. Müller-Benedict 2008b). Die Immatrikulationsberechtigung an den Universitäten wurde den Frauen zunächst in den süd- und südwestdeutschen Staaten gewährt: Baden gab 1900 einen Ministerialerlass heraus, es folgten in kurzen Abständen Bayern und Württemberg, dann auch Sachsen, Thüringen, Hessen und 1908 schließlich Preußen gefolgt von Mecklenburg (vgl. Titze 1995). Kurz vor Ausbruch des Weltkriegs waren annähernd 4000 Studentinnen an den Hochschulen des Reichs eingeschrieben, womit die gesamte Studentenschaft zu rund 4 % aus jungen Frauen bestand. Akademische Berufskarrieren sind den Frauen im wilhelminischen Reich weitgehend verwehrt geblieben. Ein Jahr vor Kriegsbeginn bekam die Medizinerin Rahel Hirsch als erste deutsche Frau in Preußen den Professorentitel zugesprochen, ein Ordinariat verweigerte man ihr. Es vergingen weitere fünf Jahre, bevor die Ärztin Adele Hartmann als erste Frau an einer deutschen Universität in München die Habilitation und universitäre Lehrbefähigung erhielt.

Höheres Mädchenschulwesen

Voraussetzung für den Zugang zu den akademischen Institutionen war die allgemeine Abiturberechtigung für Frauen, die im bevölkerungsreichsten Staat Preußen ebenfalls 1908 im Zuge der „Neuordnung des höheren Mädchenschulwesens" (Zentralblatt 1908, S. 694) veranlasst wurde. Erst ein paar Jahre zuvor (1894) hatte der Schulstaat die organisatorische Reglementierung der Mädchenschulen in die Hand genommen und „der vorherigen willkürlichen und regellosen Entwicklung" (ebd.) ein Ende gemacht. Nun sah man sich veranlasst, nachzubessern, um den „jungen Mädchen der höheren Stände" (ebd. S. 699) den Weg zur akademischen Bildung freizugeben. Aus der weiteren Begründung des Unterrichtsministeriums spricht die Absicht, den Modernisierungszwängen offensiv zu begegnen, weil man ihnen nicht länger ausweichen konnte:

„Die rasche Entwicklung unserer Kultur und die damit gegebene Verschiebung der Gesellschafts-, Erwerbs- und Bildungsverhältnisse der Gegenwart haben es mit sich gebracht, daß gerade in den mittleren und höheren Ständen viele Mädchen unversorgt bleiben und viele für die Gesamtheit wertvolle Frauenkraft brach liegt. Der Überschuß der weiblichen über die männliche Bevölkerung und die zunehmende Ehelosigkeit der Männer in höheren Ständen zwingen einen größeren Prozentsatz der Mädchen gebildeter Kreise zum Verzicht auf ihren natürlichen Beruf als Gattin und Mutter. Ihnen sind die Wege zu einem ihrer Erziehung angemessenen Berufe zu bahnen, bei den meisten auch zwecks Erwerbung der nötigen Mittel zum Lebensunterhalte, nicht allein in der Oberlehrerinnenlaufbahn sondern auch in anderen, auf Universitätsstudien begründeten Lebensstellungen, soweit sie für Frauen in Betracht kommen" (ebd.).

Differenzen und Angleichung

Der offiziellen Nomenklatur nach galten die meisten Mädchen- oder Töchterschulen als „höhere" Lehranstalten, was bis Anfang des 20. Jhs. eine irreführende Bezeichnung war, weil sie eben nicht zum Abitur führten und keine Berechtigung für den Staatsdienst vergaben. Bis zu der nach 1900 beginnenden organisatorischen Eingliederung des Mädchenschulwesens in das bestehende System höherer Erziehung und der administrativen Gleichstellung der geschlechtsgetrennten Einrichtungen gehörten die „höheren" Mädchenschulen formal, strukturell und curricular den unteren oder mittleren Schulen an. Sie „vermittelten ihren Schülerinnen eine Bildung, die in spezifischen sozialen und konfessionellen Milieus als für eine Frau angemessen gehalten wurde und in vieler Hinsicht mit curricularen Elementen des Knabenschulwesens identisch war" (Zymek/Neghabian 2005, S. 15). Legt man die preußischen Lehrpläne für Mädchenschulen der Jahre 1886 bis 1908 neben die Normallehrpläne für die höheren Knabenschulen, stechen neben einigen Gemeinsamkeiten zwei Differenzen hervor. Zum einen fehlen bei den Mädchen Unterrichtseinheiten in den alten Sprachen, womit die Schulen von vornherein aus der neuhumanistischen Gymnasiallinie ausscherten. Und zum anderen wurden bei den Mädchen für den Deutschunterricht eineinhalbmal bis doppelt so viele Stunden veranschlagt wie auf den Realgymnasien oder Gymnasien (vgl. Kraul 1991). Dem Deutschunterricht wurde einmal mehr ein exponierter Erziehungsauftrag zuteil, der die Bildung des weiblichen Geschmacks, des Gemüts, der Einbildungskraft und des „angemessenen" Verhaltens zum Inhalt hatte. Erst mit den Strukturreformen zu Beginn des 20. Jhs. konnten sich die Mädchenschulen allmählich aus diesem einengenden Erziehungskorsett lösen. „Es ist zu verhüten", erklärten die Bestimmungen von 1908, „daß die ästhetische und die Gefühlsbildung [in den Mädchenschulen] zu sehr überwiegen, daß hauptsächlich die Phantasie angeregt und das Gedächtnis in Anspruch genommen wird, während die Verstandesbildung sowie die Erziehung zu selbsttätiger und selbständiger Beurteilung der Wirklichkeit zurücktreten" (Zentralblatt 1908, S. 694). Den Schülerinnen sollten von nun an regulär zehn aufsteigende Klassen zur Verfügung stehen, womit das sog. Lyzeum über ein Schuljahr mehr verfügte als das Knabengymnasium.

Expansion der Mädchenschulen

Das Mädchenschulwesen expandierte, obgleich nur eine Minderheit von Mädchen dort und nicht auf der Volksschule der Schulpflicht nachkam. Die separaten Einrichtungen waren zu einem erheblichen Teil exklusive Privatschulen. Greift man exemplarisch Preußen heraus, dann besuchten 1884 rund 42700 Mädchen die 185 „höheren" Mädchenschulen. Sieben Jahre darauf war die Zahl der Einrichtungen auf 1102 angewachsen, 752 Anstalten befanden sich in privater Trägerschaft. Sie wurden von etwas über 81000 Schülerinnen besucht, 100000 Mädchen verteilten sich auf die 350 staatlichen Institutionen. 1911, zwei Jahre nachdem die Neustrukturierung des höheren Mädchenschulwesens in Kraft getreten war, besaß Preußen über 3,2 Millionen Volksschülerinnen (1901 ca. 2,7 Millionen). Knapp 266000 Mädchen besuchten entweder eine der 450 höheren Lehranstalten – fast die Hälfte davon waren private Schulen – oder eine mittlere Mädchenschule, von denen es etwa 770 gab, über 500 von ihnen privat finanziert (vgl. Zymek/Neghabian 2005).

Erste Mädchengymnasien

Keiner staatlichen, sondern der privaten Initiative engagierter Frauen verdankte sich auch die Gründung der ersten Mädchenschule mit Abiturberechtigung. Sie eilte ihrer Zeit voraus. Die 1893 in Karlsruhe (und noch im selben Jahr in Berlin) eingerichteten Gymnasialkurse hatten neben Akzeptanz- und Finanzierungsproblemen mit der Schwierigkeit zu kämpfen, dass das den Schülerinnen nach sechsjährigem Schulbesuch ausgestellte Abitur von den meisten Universitäten noch nicht anerkannt wurde. 1889 ging der Karlsruher Gymnasialzug in städtische Hände über, was diesem Prototyp des Mädchengymnasiums, kurz vor dem Aus stehend, die Existenz sicherte (vgl. 100 Jahre Mädchen-Gymnasium 1993).

Abbau von Diskriminierungen

Der Schriftsteller Günter Grass (1987) hat den Fortschritt einmal zu einer Schnecke erklärt. Dieses Bild kommt einem am Ende dieses Buches in den Sinn, wenn man den Abbau von Diskriminierungen im Erziehungssystem Revue passieren lässt: Fortschritte kamen wahrlich nur im Schneckentempo voran. Von Ausgrenzung, Abwertung und Stigmatisierung betroffen waren allen voran Frauen, aber auch Unterschichtfamilien, körperlich, geistig und im Verhalten von der Norm abweichende Menschen, als kulturfremd angesehene Volksgruppen und religiöse Minderheiten sind fortwährend benachteiligt worden. Und das werden sie weltweit noch heute. Was die Beseitigung von Benachteilungen anbelangt, wird man aus der Sozialgeschichte der Erziehung, ihren skizzierten Verlauf und die Schnecke vor Augen, keinen übermütigen Optimismus schöpfen. Doch auch entmutigender Defätismus wäre fehl am Platz. Für Gleichberechtigung ist – selbstverständlich auch über den hier behandelten Zeitraum hinaus – leidenschaftlich gekämpft worden, mit unübersehbaren Erfolgen. Daran anzuknüpfen ist die dringlichste Aufgabe, die sich der Erziehung in der fortgeschrittenen Moderne stellt.

Was Sie wissen sollten, wenn Sie Teil C (Kapitel 6–10) gelesen haben:
- Sie können charakteristische Merkmale des langen 19. Jhs. beschreiben.
- Sie wissen, wie sich die Familienverhältnisse, die Beziehungen zwischen Vätern, Müttern und Kindern und die häusliche Erziehung insbesondere im bürgerlichen Milieu verändert haben.
- Sie haben eine Vorstellung von den Lebensbedingungen von Kindern und Jugendlichen im 19. Jh.
- Sie können die Ausdrücke Schulstaat, Schulgesellschaft und Schulkindheit mit Inhalt füllen.
- Sie wissen, wie sich die Hauptzweige des deutschen Schulsystems (Volksschule, Realschule, Gymnasium) entwickelt haben.
- Sie kennen die organisatorischen Grundzüge von vorschulischen Erziehungseinrichtungen, des Sonderschulwesens und der höheren Mädchenbildung im 19. Jh.

Weiterführende Literatur zu Teil C

Kapitel 6

Umfassende Werke zur Geschichte Deutschlands im 19. Jahrhundert (einschließlich der Erziehungsgeschichte):

Nipperdey, Thomas (1983): Deutsche Geschichte 1800–1866. Bürgerwelt und starker Staat. München.

Nipperdey, Thomas (1990): Deutsche Geschichte 1866–1918. Bd. 1: Arbeitswelt und Bürgergeist. München.

Nipperdey, Thomas (1992): Deutsche Geschichte 1866–1918. Bd. 2: Machtstaat und Demokratie. München.

Wehler, Hans-Ulrich (1987): Deutsche Gesellschaftsgeschichte. Bd. 1: Vom Feudalismus des Alten Reiches bis zur Defensiven Modernisierung der Reformära 1700–1815. München.

Wehler, Hans-Ulrich (2005): Deutsche Gesellschaftsgeschichte. Bd. 2: Von der Reformära bis zur industriellen und politischen „Deutschen Doppelrevolution". 1815–1845/49. 4. Aufl. München.

Wehler, Hans-Ulrich (2006): Deutsche Gesellschaftsgeschichte. Bd. 3: Von der „Deutschen Doppelrevolution" bis zum Beginn des Ersten Weltkrieges. 1849–1914. 2. Aufl. München.

Zur Kultur- und Sozialgeschichte der Bildung im 19. Jahrhundert:

– zur Orientierung über den Forschungsstand:

Kraus, Hans-Christof (2008): Kultur, Bildung und Wissenschaft im 19. Jahrhundert. Enzyklopädie Deutscher Geschichte. Bd. 82. München.

– hervorragend zu lesende Bildungsgeschichte:

Bollenbeck, Georg (1996): Bildung und Kultur. Glanz und Elend eines deutschen Deutungsmusters. Frankfurt/M.

Kapitel 7

Die beiden Bände des Handbuchs enthalten wichtige Beiträge zur Familien-, Kindheits- und Jugendgeschichte im langen 19. Jahrhundert:

Berg, Christa (Hg.) (1991): Handbuch der deutschen Bildungsgeschichte. Bd. IV: 1870–1918: Von der Reichsgründung bis zum Ende des Ersten Weltkriegs. München

Jeismann, Karl-Ernst / Lundgreen, Peter (Hg.) (1987): Handbuch der deutschen Bildungsgeschichte. Bd. III: 1800–1871: Von der Neuordnung Deutschlands bis zur Gründung des Deutschen Reiches. München.

Zur bürgerlichen Familie der Epoche:

Budde, Gunilla-Friederike (1994): Auf dem Weg ins Bürgerleben. Kindheit und Erziehung in deutschen und englischen Bürgerfamilien 1840–1914. Göttingen.

Lebensbedingungen unterer Schichten in Deutschland:

Kaschuba, Wolfgang (1990): Lebenswelt und Kultur der unterbürgerlichen Schichten im 19. und 20. Jahrhundert. Enzyklopädie Deutscher Geschichte. Bd. 5. München.

Aristokratie im 19. und 20. Jahrhundert (Schwerpunkt Deutschland):

Wienfort, Monika (2006): Adel in der Moderne. Göttingen.

Kapitel 8

Kindheitserfahrungen, eine Quellensammlung:

Hardach-Pinke, Irene / Hardach, Gerd (Hg.) (1981): Kinderalltag. Deutsche Kindheiten in Selbstzeugnissen 1700–1900. Reinbek bei Hamburg.

Ein illustrierter, informativer Ausstellungskatalog zur Kindheit der Epoche:

Winzen, Matthias (Hg.) (2013): Kindheit. Eine Erfindung des 19. Jahrhunderts. Oberhausen.

Kindheit und Jugend im Ersten Weltkrieg:

Stekl, Hannes / Hämmerle, Christa / Bruckmüller, Ernst (Hg.) (2015): Kindheit und Schule im Ersten Weltkrieg. Wien.

Schubert-Weller, Christoph (1998): „Kein schöner Tod …" Die Militarisierung der männlichen Jugend und ihr Einsatz im Ersten Weltkrieg 1890–1918. Weinheim.

Zur Jugendbewegung:

– lohnt zum Einstieg unverändert die Lektüre:

Laquer, Walter (1978): Die deutsche Jugendbewegung. Eine historische Studie. Köln.

– aktuelle Literatur:

Herrmann, Ulrich (2006) (Hg.): „Mit uns zieht die neue Zeit …" Der Wandervogel in der deutschen Jugendbewegung. Weinheim, München.

Publikationen des Archivs der deutschen Jugendbewegung: http://www.burgludwigstein.de/content/publikationen

Kapitel 9

Die Geschichte der niederen und höheren Schulen:

– instruktiv und facettenreich:

Berg, Christa (Hg.) (1991): Handbuch der deutschen Bildungsgeschichte. Bd. IV: 1870–1918: Von der Reichsgründung bis zum Ende des Ersten Weltkriegs. München

Jeismann, Karl-Ernst / Lundgreen, Peter (Hg.) (1987): Handbuch der deutschen Bildungsgeschichte. Bd. III: 1800–1871: Von der Neuordnung Deutschlands bis zur Gründung des Deutschen Reiches. München.

– zum Einstieg in die Schulgeschichte der Epoche:

Herrlitz, Hans-Georg / Hopf, Wulf / Titze, Hartmut (1993): Deutsche Schulgeschichte von 1800 bis zur Gegenwart. Eine Einführung. Weinheim, München.

Müller, Detlef K. (1981): Sozialstruktur und Schulsystem. Aspekte zum Strukturwandel des Schulsystems im 19. Jahrhundert. Göttingen.

– kurz gefasst:
Lundgreen, Peter (1980): Sozialgeschichte der deutschen Schule im Überblick. Teil I: 1770–1918. Göttingen.

Zur Entwicklung der Sonderschulen:
Ellger-Rüttgardt, Sieglinde Luise (2008): Geschichte der Sonderpädagogik. Eine Einführung. München, Basel.

Zur Institutionalisierung vorschulischer Erziehung:
Reyer, Jürgen (1983): Wenn die Mütter arbeiten gingen... Eine sozialhistorische Studie zur Entstehung der öffentlichen Kleinkindererziehung im 19. Jahrhundert. Köln.

Zur Volksschule:
Friedrich, Gerd (1978): Die Volksschule in Württemberg im 19. Jahrhundert. Weinheim, Basel.
Kuhlemann, Frank-Michael (1992): Modernisierung und Disziplinierung. Sozialgeschichte des preußischen Volksschulwesens. Göttingen.
Moderow, Hans-Martin (2007): Volksschule zwischen Staat und Kirche. Das Beispiel Sachsen im 18. und 19. Jahrhundert. Köln et al.
Sauer, Michael (1998): Vom „Schulehalten" zum Unterricht: Preußische Volksschule im 19. Jahrhundert. Köln et al.

Zur Real- und Mittelschulschule:
Godel-Gaßner, Rosemarie (2004): Die Geschichte der mittleren Mädchenbildung in Baden und Württemberg von 1871 bis 1933. Ein Beitrag zur allgemeinen Entwicklungsgeschichte der baden-württembergischen Realschule. Frankfurt/M. et al.
Wollenweber, Horst (1979): Die Realschule. Bd. 1: Begründung und Gestaltung. Paderborn, München.

Berufsbildung, Gewerbeschulen und Technische Hochschulen im 19. Jahrhundert:
Blankertz, Herwig (1969): Bildung im Zeitalter der großen Industrie. Pädagogik, Schule und Berufsbildung im 19. Jahrhundert. Hannover.
Jost, Wolfdietrich (1982): Gewerbliche Schulen und politische Macht. Zur Entwicklung des gewerblichen Schulwesens in Preussen in der Zeit von 1850 bis 1880. Weinheim.

Lehrer/innenbildung:
Bölling, Rainer (1983): Sozialgeschichte der deutschen Lehrer. Ein Überblick von 1800 bis zur Gegenwart. Göttingen.
Enzelberger, Sabina (2001): Sozialgeschichte des Lehrerberufs. Gesellschaftliche Stellung und Professionalisierung von Lehrerinnen und Lehrern von den Anfängern bis zur Gegenwart. Weinheim, München.

Kapitel 10

Zum Gymnasium:
– ein kompakter Überblick:
Kraul, Margret (1984): Das deutsche Gymnasium. 1780–1980. Frankfurt/M.

– reich an Daten- und Informationen:
Herrmann, Ulrich G. / Müller, Detlev K. (2003): Datenhandbuch zur deutschen Bildungsgeschichte. Bd II/2: Regionale Differenzierung und gesamtstaatliche Systembildung. Preußen und seine Provinzen – Deutsches Reich und seine Staaten, 1800–1945. Göttingen.

– aus Sicht eines Interessenvertreters:
Fluck, Bernhard (2003): Gymnasium, Auftrag, Fortschritt. Deutscher Philologenverband und Gymnasium im 19. und 20. Jahrhundert. Düsseldorf.

Daten und Informationen zur Universität und akademischen Bildung:
Rüegg, Walter (Hg.) (2004): Geschichte der Universität in Europa. Bd. 3: Vom 19. Jahrhundert zum Zweiten Weltkrieg (1800–1945). München.

Müller-Benedict, Volker (2008): Datenhandbuch zur deutschen Bildungsgeschichte. Bd VI: Akademische Karrieren in Preußen und Deutschland 1850–1940. Göttingen.

Mädchenbildung:

Albisetti, James C. (2007): Mädchen- und Frauenbildung im 19. Jahrhundert. Bad Heilbrunn.

Jacobi, Juliane (2013): Mädchen- und Frauenbildung in Europa. Von 1500 bis zur Gegenwart. Frankfurt/M.

Zymek, Bernd / Neghabian, Gabriele (2005): Datenhandbuch zur deutschen Bildungsgeschichte. Bd. II/3: Sozialgeschichte und Statistik des Mädchenschulwesens in den deutschen Staaten 1800–1945. Göttingen.

Literaturverzeichnis

Aden-Grossmann, Wilma (2002): Kindergarten. Eine Einführung in seine Entwicklung und Pädagogik. Weinheim, Basel.

Adrion, Dieter / Schneider, Karl (Hg.) (1991): Schul-Anfang im Herzogtum Württemberg. Die frühen Schulordnungen des 16. und 17. Jahrhunderts. Ludwigsburg.

Albisetti, James C. (2007): Mädchen- und Frauenbildung im 19. Jahrhundert. Bad Heilbrunn.

Albisetti, James C. / Lundgreen, Peter (1991): Höhere Knabenschulen. In: Berg, Christa (Hg.): Handbuch der deutschen Bildungsgeschichte. Bd. IV: 1870–1918: Von der Reichsgründung bis zum Ende des Ersten Weltkriegs. München, S. 228–278.

Allgemeine Bestimmungen des Königlich Preußischen Ministers der geistlichen, Unterrichts- und Medicinal-Angelegenheiten vom 15. Oktober 1872 betreffend das Volksschul-, Präparanden- und Seminar-Wesen. In: Centralblatt für die gesammt Unterrichts-Verwaltung in Preußen. Berlin 1872, S. 585 ff., 598 ff.

Alt, Robert (1956): Vorlesungen über die Erziehung auf frühen Stufen der Menschheitsentwicklung. Berlin.

Amann, Konrad (2006): Höhere Schulen und Schulbildung im Heiligen Römischen Reich im 17. und 18. Jahrhundert. In: Hartmann, Peter Claus (Hg.): Religion und Kultur im Europa des 17. und 18. Jahrhunderts. 2., durchges. Aufl. Frankfurt/M. et al., S. 409–430.

Aretin, Karl Ottmar Freiherr von (1993): Deutsche Geschichte Bd. 7: Vom Deutschen Reich zum Deutschen Bund. 2., erg. Aufl. Göttingen.

Ariès, Philippe (1978): Geschichte der Kindheit. München.

Arnold, Klaus (1980): Kind und Gesellschaft im Mittelalter und in der Renaissance. Paderborn.

Arnold, Klaus (1996): Familie – Kindheit – Jugend. In: Hammerstein, Notker (Hg.): Handbuch der deutschen Bildungsgeschichte. Bd. I: 15. bis 17. Jahrhundert. Von der Renaissance und der Reformation bis zum Ende der Glaubenskämpfe. München, S. 135–152.

Augustinus, Aurelius (1877a): Über das Symbolum an die Katechumen. Übers. v. R. Storf. In: ders.: Ausgewählte Schriften. Bd. 4. Kempten, S. 336–481.

Augustinus, Aurelius (1877b): Enchiridion, d. i. Handbüchlein für den Laurentius oder Buch über Glauben, Hoffnung und Liebe. Übers. v. J. Molzberger. In: ders.: Ausgewählte Schriften. Bd. 4. Kempten, S. 567–695.

Augustinus, Aurelius (2008): Bekenntnisse. Übers. v. Kurt Flasch u. Burkhard Mojsisch. Stuttgart.

Backe-Dahmen, Annika (2008): Die Welt der Kinder in der Antike. Mainz.

Badinter, Elisabeth (2010): Der Infant von Parma oder Die Ohnmacht der Erziehung. München.

Baldzuhn, Michael (2012): Das Ritual des Textverstehens. Zu Konzeption und Gebrauch des spätmittelalterlichen Schulbuchs. In: Hellekamps, Stephanie et al. (Hg.): Schulbücher und Lektüren in der vormodernen Unterrichtspraxis. Wiesbaden, S. 13–30.

Barth, Paul (1911): Die Geschichte der Erziehung in soziologischer und geistesgeschichtlicher Beleuchtung. Leipzig.

Baumgarten, Roland (2006): Schule: Elementar- und Grammatikunterricht. In: Christes, Johannes et al. (Hg.): Handbuch der Erziehung und Bildung in der Antike. Darmstadt, S. 89–100.

Beck, Rainer (2011): Mäuselmacher oder die Imagination des Bösen. Ein Hexenprozess 1715–1723. München.

Benjamin, Walter (1980): Goethes Wahlverwandtschaften. In: ders.: Gesammelte Schriften. Bd I,1. Hg. v. Rolf Tiedemann u. Hermann Schweppenhäuser. Frankfurt/M., S. 123–201.

Benner, Dietrich / Brüggen, Friedhelm (2011): Geschichte der Pädagogik. Vom Beginn der Neuzeit bis zur Gegenwart. Stuttgart.

Berg, Christa (1974): Volksschule im Abseits von „Industrialisierung“ und „Fortschritt“. In: Pädagogische Rundschau. Jg. 28, S. 385–406.

Berg, Christa (1991): Familie, Kindheit, Jugend. In: dies. (Hg.): Handbuch der deutschen Bildungsgeschichte. Bd. IV: 1870–1918: Von der Reichsgründung bis zum Ende des Ersten Weltkriegs. München, S. 91–145.

Berg, Christa / Herrmann, Ulrich (1991): Industriegesellschaft und Kulturkrise. Ambivalenzen der Epoche des Zweiten Deutschen Kaiserreichs 1870–1918. In: Berg, Christa (Hg.): Handbuch der deutschen Bildungsgeschichte. Bd. IV: 1870–1918: Von der Reichsgründung bis zum Ende des Ersten Weltkriegs. München, S. 1–56.

Billstein, Johannes (2007): Hör-Räume – Seh-Räume. Zur Real- und Imaginationsgeschichte von Schulbauten. In: Westphal, Kristin (Hg.): Orte des Lernens. Beiträge zu einer Pädagogik des Raumes. Weinheim, S. 95–120.

Blankertz, Herwig (1969): Bildung im Zeitalter der großen Industrie. Pädagogik, Schule und Berufsbildung im 19. Jahrhundert. Hannover.

Blankertz, Herwig (1982): Die Geschichte der Pädagogik. Von der Aufklärung bis zur Gegenwart. Wetzlar.

Boehm, Laetitia (1988): Das mittelalterliche Erziehungs- und Bildungswesen. In: Propyläen Geschichte der Literatur. Bd. 2. Frankfurt/M., Berlin, S. 143–181.

Bölling, Rainer (1983): Sozialgeschichte der deutschen Lehrer. Ein Überblick von 1800 bis zur Gegenwart. Göttingen.

Bollenbeck, Georg (1996): Bildung und Kultur. Glanz und Elend eines deutschen Deutungsmusters. Frankfurt/M.

Bormann, Diana (2006): Schule: Rom – Republik und Kaiserzeit. In: Christes, Johannes et al. (Hg.): Handbuch der Erziehung und Bildung in der Antike. Darmstadt, S. 101–110.

Bourdieu, Pierre (1982): Die feinen Unterschiede. Kritik der gesellschaftlichen Urteilskraft. Frankfurt/M.

Bovenschen, Silvia (1979): Die imaginierte Weiblichkeit. Exemplarische Untersuchungen zu kulturgeschichtlichen und literarischen Präsentationsformen des Weiblichen. Frankfurt/M.

Bresc, Henri (1996): Stadt und Land in Europa zwischen dem 13. und 15. Jahrhundert. In: Burguière, André et al. (Hg.): Geschichte der Familie. Bd. 2: Mittelalter. Frankfurt/M., New York, S. 159–206.

Bruning, Jens (2005): Das protestantische Gelehrtenschulwesen im 18. Jahrhundert: Pietismus – Aufklärung – Neuhumanismus. In: Hammerstein, Notker / Herrmann, Ulrich (Hg.): Handbuch der deutschen Bildungsgeschichte. Bd. II: 18. Jahrhundert. Vom späten 17. Jahrhundert bis zur Neuordnung Deutschlands um 1800. München, S. 278–323.

Brunner, Otto (1956): Das „ganze Haus" und die alteuropäische „Ökonomik". In: ders.: Neue Wege der Sozialgeschichte. Göttingen, S. 33–61.

Budde, Gunilla-Friederike (1994): Auf dem Weg ins Bürgerleben. Kindheit und Erziehung in deutschen und englischen Bürgerfamilien 1840–1914. Göttingen.

Budde, Gunilla-Friederike (1999): Das Dienstmädchen. In: Frevert, Ute / Haupt, Heinz-Gerhard (Hg.): Der Mensch des 19. Jahrhunderts. Frankfurt, New York, S. 148–175.

Bünger, Ferdinand (1898): Entwickelungsgeschichte des Volksschullesebuches. Leipzig.

Bünz, Enno (2004): Die mitteldeutsche Bildungslandschaft am Ausgang des Mittelalters. In: Flöter, Jonas / Wartenberg, Günther (Hg.): Die sächsischen Fürsten- und Landesschulen. Interaktion von lutherisch-humanistischem Erziehungsideal und Eliten-Bildung. Leipzig, S. 39–81.

Bugenhagen, Johannes (1912): Braunschweiger Kirchenordnung 1528. Hg. v. Hans Lietzmann. Bonn.

Burckhardt, Jacob (1988): Die Kultur der Renaissance in Italien. Ein Versuch. 11. Aufl., Stuttgart.

Burguière, André / Lebrun, François (1996a): Die Vielfalt der Familienmodelle in Europa. In: Burguière, André et al. (Hg.): Geschichte der Familie. Bd. 3: Neuzeit. Frankfurt/M., New York, S. 13–118.

Burguière, André / Lebrun, François (1996b): Der Priester, der Fürst und die Familie. In: Burguière, André et al. (Hg.): Geschichte der Familie. Bd. 3: Neuzeit. Frankfurt/M., New York, S. 119–194.

Caron, Jean-Claude (1997): Jugend und Schule: Gymnasiasten in Frankreich und Europa (1780–1880). In: Levi, Giovanni / Schmitt, Jean-Claude (Hg.): Geschichte der Jugend. Bd. 2: Von der Aufklärung bis zur Gegenwart. Frankfurt/M., S. 167–238.

Christes, Johannes / Klein, Richard / Lüth, Christoph (Hg.) (2006): Handbuch der Erziehung und Bildung in der Antike. Darmstadt.

Chrysostomes, Johannes (1968): Über Kindererziehung. In: ders.: Über Hoffart und Kindererziehung. Hg. u. Übers. v. Joseph Glagla. Paderborn, S. 35–45.

Conrads, Norbert (1982): Ritterakademien der frühen Neuzeit: Bildung als Standesprivileg im 16. und 17. Jahrhundert. Göttingen.

Daniel, Ute (1989): Arbeiterfrauen in der Kriegsgesellschaft. Beruf, Familie und Politik im Ersten Weltkrieg. Göttingen.

Danzer, Max (1894): Das Bayerische Landrecht (Codex Maximilianeus Bavaricus Civilis) vom Jahre 1756 in seiner heutigen Geltung. München.

Demel, Walter (2005): Reich, Reformen und sozialer Wandel 1763–1806. Gebhardt: Handbuch der deutschen Geschichte. Bd. 12. 10. Aufl. Stuttgart.

Die Fragmente der Vorsokratiker (DK) (1952). Übers. v. Hermann Diels, Bd. 1–3, 6. verb. Aufl. hg. v. Walther Kranz. Berlin.

Diogenes, Laertius (1990): Leben und Meinungen berühmter Philosophen. 3. Aufl. Hamburg.

Dolch, Josef (1982): Lehrplan des Abendlandes. Nachdr. d. 3. Aufl. 1971. Darmstadt.

Dreyer, Boris (2010): Bildung und Ausbildung in der

Antike. Bestand – Tendenzen – Perspektiven. In: Jahrbuch für Historische Bildungsforschung. Bd. 16. Bad Heilbrunn.

Dülmen, Richard van (1990): Kultur und Alltag in der Frühen Neuzeit. Bd. 1: Das Haus und seine Menschen. München.

Dülmen, Richard van (1992): Kultur und Alltag in der Frühen Neuzeit. Bd. 2: Dorf und Stadt. München.

Dülmen, Richard van (1994): Kultur und Alltag in der Frühen Neuzeit. Bd. 3: Religion, Magie, Aufklärung. München.

Eidam, Heinz / Hoyer, Timo (Hg.) (2006): Erziehung und Mündigkeit. Bildungsphilosophische Studien. Münster.

Elias, Norbert (1976): Über den Prozeß der Zivilisation. Bd. 1. Frankfurt/M.

Ellger-Rüttgardt, Sieglinde Luise (2008): Geschichte der Sonderpädagogik. Eine Einführung. München, Basel.

Endres, Rudolf (1996): Handwerk – Berufsbildung. In: Hammerstein, Notker (Hg.): Handbuch der deutschen Bildungsgeschichte. Bd. I: 15.–17. Jahrhundert. Von der Renaissance und der Reformation bis zum Ende der Glaubenskämpfe. München, S. 375–424.

Enzelberger, Sabina (2001): Sozialgeschichte des Lehrerberufs. Gesellschaftliche Stellung und Professionalisierung von Lehrerinnen und Lehrern von den Anfängen bis zur Gegenwart. Weinheim, München.

Eppe, Heinrich (2008): 100 Jahre Sozialistische Jugend in Deutschland im Überblick. In: Eppe, Heinrich / Herrmann, Ulrich (Hg.): Sozialistische Jugend im 20. Jahrhundert. Studien zur Entwicklung und politischen Praxis der Arbeiterjugendbewegung in Deutschland. Weinheim, München, S. 43–68.

Erasmus von Rotterdam (1966): Lob der Torheit. Übers. u. hg. v. Uwe Schultz. Bremen.

Erning, Günter (1993): Außerfamiliale Betreuung von Kleinkindern vor dem 19. Jahrhundert. Zur Vorgeschichte der öffentlichen Kleinkindererziehung in Deutschland. In: Faber, Werner (Hg.): Wissen vom Menschen. Heft 5. Bamberg, S. 16–22.

Euripides (1958): Medea. In: Euripides: Tragödien. Bd. 1. Übers. v. Hans von Arnim. Hamburg, S. 43–84.

Fend, Helmut (2006): Geschichte des Bildungswesens. Der Sonderweg im europäischen Kulturraum. Wiesbaden.

Fénelon, François (1956): Über die Erziehung der Mädchen. Nachdr. d. v. F. Schieffer bearb. 6. Aufl. Paderborn.

Fénelon, François (1984): Die Abenteuer des Telemach. Hg. v. Volker Kapp. Stuttgart.

Fertig, Ludwig (1979): Die Hofmeister. Ein Beitrag zur Geschichte des Lehrerstandes und der bürgerlichen Intelligenz. Stuttgart.

Flöter, Jonas / Wartenberg, Günther (Hg.) (2004): Die sächsischen Fürsten- und Landesschulen. Interaktion von lutherisch-humanistischem Erziehungsideal und Eliten-Bildung. Leipzig.

Fontane, Theodor (1998): Effi Briest. Das erzählerische Werk. Bd. 15. Hg. v. Christine Hehle. Große Brandenburger Ausgabe. Berlin.

Fossier, Robert (2009): Das Leben im Mittelalter. München.

Foucault, Michel (1977): Überwachen und Strafen. Frankfurt/M.

Foucault, Michel (1983): Sexualität und Wahrheit I. Der Wille zum Wissen. Frankfurt/M.

Foucault, Michel (2009): Hermeneutik des Subjekts. Vorlesungen am Collège de France. Frankfurt/M.

Fraenkel, Ernst (1991): Deutschland und die westlichen Demokratien. Erw. Ausg. Frankfurt/M.

Franke-Meyer, Diana (2008): August Köhler und die Verbindung von Kindergarten und Schule. In: Hering, Sabine / Schröer, Wolfgang (Hg.): Sorge um die Kinder. Beiträge zur Geschichte von Kindheit, Kindergarten und Kinderfürsorge. Weinheim, München, S. 85–99.

Fraschetti, Augusto (1996): Die Welt der jungen Römer. In: Levi, Giovanni / Schmitt, Jean-Claude (Hg.): Geschichte der Jugend. Bd. 1: Von der Antike bis zum Absolutismus. Frankfurt/M., S. 70–112.

Freyer, Michael (1982): Die Wurzeln der Institution „Schule“ und des Erzieherberufs in Kulturen ohne literale Traditionen. In: Pädagogische Rundschau. Jg. 36 (Sonderheft), S. 3–28.

Friedeburg, Ludwig von (1989): Bildungsreform in Deutschland. Geschichte und gesellschaftlicher Widerspruch. Frankfurt/M.

Friedrich, Gerd (1978): Die Volksschule in Württemberg im 19. Jahrhundert. Weinheim, Basel.

Friedrich, Gerd (1987): Das niedere Schulwesen. In: Jeismann, Karl-Ernst / Lundgreen, Peter (Hg.): Handbuch der deutschen Bildungsgeschichte. Bd. III: 1800–1871: Von der Neuordnung Deutschlands bis zur Gründung des Deutschen Reiches. München, S. 123–152.

Fröbel, Friedrich (1973): Die Menschheitserziehung. Hg. v. Hermann Holstein. Bochum.

Fuchs, Max (1985): Das Scheitern des Philanthropen Ernst Christian Trapp. Eine Untersuchung zur sozialen Genese der Erziehungswissenschaft im 18. Jahrhundert. Weinheim, Basel.

Gardner, Jane F. (1998): Family and Familia in Roman Law and Life. Oxford.

Geißler, Gert (2011): Schulgeschichte in Deutschland. Von den Anfängen bis in die Gegenwart. Frankfurt/M.

Gervinus, Georg Gottfried (1860): Denkschrift. In: Herrmann, Ulrich (Hg.): Schule und Gesellschaft im 19. Jahrhundert. Sozialgeschichte der Schule im Übergang zur Industriegesellschaft. Weinheim, Basel, S. 196–211.

Gestrich, Andreas / Krause, Jens-Uwe / Mitterauer, Michael (2003): Geschichte der Familie. Stuttgart.

Giddens, Anthony (1995): Konsequenzen der Moderne. Frankfurt/M.

Godel-Gaßner, Rosemarie (2004): Die Geschichte der mittleren Mädchenbildung in Baden und Württemberg von 1871 bis 1933. Ein Beitrag zur allgemeinen Entwicklungsgeschichte der badenwüttembergischen Realschule. Frankfurt/M. et al.

Göhlich, Michael (2009): Schulraum und Schulentwicklung: Ein historischer Abriss. In: Böhme, Jeanette (Hg.): Schularchitektur im interdisziplinären Diskurs. Territorialisierungskrise und Gestaltungsperspektiven des schulischen Bildungsraums. Wiesbaden, S. 89–102.

Gollwitzer, Heinz (1986): Ludwig der Erste von Bayern: Königtum im Vormärz. Eine politische Biographie. München.

Gotthard, Axel (2009): Das Alte Reich 1495–1806. 4., durchges. u. bibliogr. erg. Aufl. Darmstadt.

Grasberger, Lorenz (1971): Erziehung und Unterricht im klassischen Altertum. Teil 2. Neudr. d. Ausg. Würzburg 1864–1866. Aalen.

Grass, Günter (1987): Aus dem Tagebuch einer Schnecke. In: ders.: Werkausgabe in zehn Bänden. Bd. IV. Hg. v. Volker Neuhaus. Darmstadt, Neuwied, S. 265–567.

Grosser, Thomas (1999): Reisen und soziale Eliten. Kavalierstour – Patrizierreise – bürgerliche Bildungsreise. In: Maurer, Michael (Hg.): Neue Impulse der Reiseforschung. Historische Beiträge zur interdisziplinären Erforschung eines europäischen Kulturphänomens. Berlin, S. 136–176.

Habermas, Jürgen (1990): Strukturwandel der Öffentlichkeit. Untersuchung zu einer Kategorie der bürgerlichen Gesellschaft. Frankfurt/M.

Hämmerle, Christa (Hg.) (1993): Kindheit im Ersten Weltkrieg. Wien et al.

Hämmerle, Christa (2015): An der ‚Schulfront'. Kindheit – staatlich instrumentalisiert. In: Stekl, Hannes et al. (Hg.): Kindheit und Schule im Ersten Weltkrieg. Wien, S. 112–136.

Hahn, Hans-Werner / Helmut Berding (2010): Reformation, Restauration und Revolution 1806–1848/49. Gebhardt: Handbuch der deutschen Geschichte. Bd. 14. 10. Aufl. Stuttgart.

Hammerstein, Notker (1996): Die historische und bildungsgeschichtliche Physiognomie des konfessionellen Zeitalters. In: ders. (Hg.): Handbuch der deutschen Bildungsgeschichte. Bd. I: 15.–17. Jahrhundert. Von der Renaissance und der Reformation bis zum Ende der Glaubenskämpfe. München, S. 57–133.

Hammerstein, Notker (2003): Bildung und Wissenschaft vom 15. bis zum 17. Jahrhundert. Enzyklopädie deutscher Geschichte Bd. 64. München.

Hammerstein, Notker (2005): Universitäten. In: Hammerstein, Notker / Herrmann, Ulrich (Hg.): Handbuch der deutschen Bildungsgeschichte. Bd. II: 18. Jahrhundert. Vom späten 17. Jahrhundert bis zur Neuordnung Deutschlands um 1800. München, S. 369–400.

Hammerstein, Notker / Müller, Rainer A. (2005): Das katholische Gymnasialwesen im 17. und 18. Jahrhundert. In: Hammerstein, Notker / Herrmann, Ulrich (Hg.): Handbuch der deutschen Bildungsgeschichte. Bd. II: 18. Jahrhundert. Vom späten 17. Jahrhundert bis zur Neuordnung Deutschlands um 1800. München, S. 324–354.

Hardach-Pinke, Irene (1993): Die Gouvernante. Geschichte eines Frauenberufs. Frankfurt/M., New York.

Hardach-Pinke, Irene / Hardach, Gerd (Hg.) (1981): Kinderalltag. Deutsche Kindheiten in Selbstzeugnissen 1700–1900. Reinbek bei Hamburg.

Harris, William V. (1989): Ancient Literacy. Cambridge/Mass.

Hattenhauer, Hans (Hg.) (1970): Allgemeines Landrecht für die Preußischen Staaten. Frankfurt/M.

Hebbel, Friedrich (1957): Aufzeichnungen aus meinem Leben. Aus meiner Jugend. Hg. v. Wilhelm Schiller. Stuttgart.

Heinze, Carsten (2013): Nützliches Wissen, Untertanengeist und Gottesfurcht. Zur Konstruktion von Kindheit in preußischen Volksschullesebüchern. In: Winzen, Matthias (Hg.): Kindheit. Eine Erfindung des 19. Jahrhunderts. Oberhausen, S. 173–194.

Herrlitz, Hans-Georg / Hopf, Wulf / Titze, Hartmut (1993): Deutsche Schulgeschichte von 1800 bis zur Gegenwart. Eine Einführung. Weinheim, München.

Herrmann, Ulrich (Hg.) (1981): „Das pädagogische Jahrhundert". Volksaufklärung und Erziehung zur Armut im 18. Jahrhundert in Deutschland. Weinheim, Basel.

Herrmann, Ulrich (1987): Familie, Kindheit, Jugend. In: Jeismann, Karl-Ernst / Lundgreen, Peter (Hg.): Handbuch der deutschen Bildungsgeschichte. Bd. III: 1800–1871: Von der Neuordnung Deutschlands bis zur Gründung des Deutschen Reiches. München, S. 53–69.

Herrmann, Ulrich (2003): Die Alumnate und Internate in den Staaten des Deutschen Reiches im 19. Jahrhundert. In: Datenhandbuch zur deutschen Bildungsgeschichte. Bd II/2: Regionale Differenzierung und gesamtstaatliche Systembildung. Preußen und seine Provinzen – Deutsches Reich und seine Staaten, 1800–1945. Göttingen, S. 15–74.

Herrmann, Ulrich (Hg.) (2006): „Mit uns zieht die neue Zeit..." Der Wandervogel in der deutschen Jugendbewegung. Weinheim, München.

Herrmann, Ulrich (2008): „Wir sind das Bauvolk der kommenden Welt". Die Arbeiterjugendbewegung – die „andere" Jugendbewegung in Deutschland und Österreich. In: Eppe, Heinrich / Herrmann, Ulrich (Hg.): Sozialistische Jugend im 20. Jahrhundert. Studien zur Entwicklung und politischen Praxis der Arbeiterjugendbewegung in Deutschland. Weinheim, München, S. 19–42.

Herrmann, Ulrich / Oelkers, Jürgen (Hg.) (1990): Französische Revolution und Pädagogik der Moderne. Aufklärung, Revolution und Menschenbildung im Übergang vom Ancien Régime zur bürgerlichen Gesellschaft. Weinheim, Basel.

Herzig, Arno (2013): Juden in Deutschland im Mittelalter (800–1350). In: Herzig, Arno / Rademacher, Cay (Hg.): Die Geschichte der Juden in Deutschland. Hamburg, S. 32–49.

Heym, Georg (1960): Dichtungen und Schriften. Hg. v. Karl Ludwig Schneider. Bd 3: Tagebücher, Träume, Briefe. Hamburg, München.

Hölderlin, Friedrich (1970): Sämtliche Werke und Briefe. Bd. 2. München.

Hoffmann, Heinrich (1966): Der Struwwelpeter oder lustige Geschichten und drollige Bilder. 6. Aufl. Leipzig.

Hoffmann-Ocon, Andreas (2009): Schule zwischen Stadt und Staat. Steuerungskonflikte zwischen städtischen Schulträgern, höheren Schulen und staatlichen Unterrichtsbehörden im 19. Jahrhundert. Bad Heilbrunn.

Holtz, Sabine (2008): Zwischen (Re-)Christianisierung und Säkularisierung. Das württembergische Bildungswesen zwischen Reformation und Aufklärung. In: Musolff, Hans-Ulrich et al. (Hg.): Säkularisierung vor der Aufklärung? Bildung, Kirche und Religion 1500–1750. Köln et al., S. 179–195.

Hoyer, Timo (2002): Nietzsche und die Pädagogik. Werk, Biografie und Rezeption. Würzburg.

Hoyer, Timo (2005a): Tugend und Erziehung. Die Grundlegung der Moralpädagogik in der Antike. Bad Heilbrunn.

Hoyer, Timo (2005b): „...wenn man Sklaven will..." Ein unhaltbares pädagogisches Argument (und dessen gehaltvoller Bildungsbegriff). In: Hansmann, Wilfried / Hoyer, Timo (Hg.): Zeitgeschichte und historische Bildung. Kassel, S. 278–304.

Hoyer, Timo (2011): Vermittelnde Formen pädagogischen Handelns. In: Mertens, Gerhard et al. (Hg.): Allgemeine Erziehungswissenschaft II. Handbuch der Erziehungswissenschaft 2, Paderborn et al., S. 503–524.

Hoyer, Timo / Weigand, Gabriele / Müller-Oppliger, Victor (2013): Begabung. Eine Einführung. Darmstadt.

Hubig, Christoph (1988): Humanismus – die Entdeckung des individuellen Ichs und die Reform der Erziehung. In: Propyläen Geschichte der Literatur. Bd. 3. Frankfurt/M., Berlin, S. 31–67.

100 Jahre Mädchen-Gymnasium in Deutschland (1993). Red.: Peter Behringer / Gabriele Zeijpert-Haßinger. Hg. Stadt Karlsruhe. Karlsruhe.

Hunt, David (1970): Parents and Children in History. The Psychology of Family Life in Early Modern France. New York.

Hurrelmann, Klaus (2006): Einführung in die Sozialisationstheorie. 9. Aufl. Weinheim, Basel.

Illmer, Detlef (1987): Zur Entstehungsgeschichte der Schule im Mittelalter. In: Informationen zur Erziehungs- und Bildungsforschung. Heft 31, S. 53–79.

Jacobi, Juliane (2008): Zwischen „nöthigen Wissenschaften" und „Gottesfurcht". Protestantische Mädchenschulen von der Reformation bis zum 18. Jahrhundert. In: Musolff, Hans-Ulrich et al. (Hg.): Säkularisierung vor der Aufklärung? Bildung, Kirche und Religion 1500–1750. Köln et al., S. 253–274.

Jacobi, Juliane (2013): Mädchen- und Frauenbildung in Europa. Von 1500 bis zur Gegenwart. Frankfurt/M.

Jean Paul (1963): Levana oder Erziehlehre. Hg. v. K. G. Fischer. Paderborn.

Jeismann, Karl-Ernst (1966): Die „Stiehlschen Regulative". Ein Beitrag zum Verhältnis von Politik und Pädagogik während der Reaktionszeit in Preußen. In: Vierhaus, Rudolf / Botzenhart, Manfred (Hg.): Dauer und Wandel der Geschichte. Aspekte europäischer Vergangenheit. Münster, S. 423–447.

Jeismann, Karl-Ernst (1987a): Zur Bedeutung der „Bildung" im 19. Jahrhundert. In: Jeismann, Karl-Ernst / Lundgreen, Peter (Hg.): Handbuch der deutschen Bildungsgeschichte. Bd. III: 1800–1871: Von der Neuordnung Deutschlands bis zur Gründung des Deutschen Reiches. München, S. 1–21.

Jeismann, Karl-Ernst (1987b): Schulpolitik, Schulverwaltung, Schulgesetzgebung. In: Jeismann, Karl-Ernst / Lundgreen, Peter (Hg.): Handbuch der deutschen Bildungsgeschichte. Bd. III: 1800–1871: Von der Neuordnung Deutschlands bis zur

Gründung des Deutschen Reiches. München, S. 105–122.

Jeismann, Karl-Ernst (1987c): Das höhere Knabenschulwesen. In: Jeismann, Karl-Ernst / Lundgreen, Peter (Hg.): Handbuch der deutschen Bildungsgeschichte. Bd. III: 1800–1871: Von der Neuordnung Deutschlands bis zur Gründung des Deutschen Reiches. München, S. 152–180.

Kafka, Franz (1983): Brief an den Vater. In: ders.: Gesammelte Werke. Hg. v. Max Brod. Taschenbuchausgabe in 8 Bänden. Hochzeitsvorbereitungen auf dem Lande und andere Prosa aus dem Nachlaß. Frankfurt/M., S. 119–162.

Karl, Michaela (2011): Die Geschichte der Frauenbewegung. Stuttgart.

Kastner, Dieter (2004): Kinderarbeit im Rheinland. Entstehung und Wirkung des ersten preußischen Gesetzes gegen die Arbeit von Kindern in Fabriken von 1839. Köln.

Keck, Rudolf W. (1968): Geschichte der Mittleren Schule in Württemberg. Motive und Probleme ihrer Entwicklung von der Reformation bis zur Gegenwart unter besonderer Berücksichtigung von Stuttgart und Ulm. Stuttgart.

Kerbs, Diethart / Reulecke, Jürgen (Hg.) (1998): Handbuch der deutschen Reformbewegungen 1800–1933. Wuppertal.

Kintzinger, Martin (2003): Wissen wird Macht. Bildung im Mittelalter. Darmstadt.

Kintzinger, Martin (2008): Jugend an der Schwelle. Lehre und Handwerk im späten Mittelalter. In: Jahrbuch für Historische Bildungsforschung. Bd. 14. Bad Heilbrunn, S. 117–135.

Klöden, Karl Friedrich (1976): Von Berlin nach Berlin. Erinnerungen 1786–1824. Berlin.

Klueting, Edeltraud / Kluetig, Harm (Hg.) (2010): Fromme Frauen als gelehrte Frauen. Bildung, Wissenschaft und Kunst im weiblichen Religiosentum des Mittelalters und der Neuzeit. Köln.

Kocka, Jürgen (1986): Sozialgeschichte. Begriff – Entwicklung – Probleme. 2., erw. Aufl. Göttingen.

Kocka, Jürgen (2001): Das lange 19. Jahrhundert. Gebhardt: Handbuch der deutschen Geschichte. Bd. 13. 10. Aufl. Stuttgart.

Kollbach, Claudia (2009): Aufwachsen bei Hof. Aufklärung und fürstliche Erziehung in Hessen und Baden. Frankfurt/M.

Konrad, Franz-Michael (2007): Geschichte der Schule. Von der Antike bis zur Gegenwart. München.

Koselleck, Reinhart (2010a): Sozialgeschichte und Begriffsgeschichte. In: ders.: Begriffsgeschichten. Frankfurt/M., S. 9–31.

Koselleck, Reinhart (2010b): Zur anthropologischen und semantischen Struktur der Bildung. In: ders.: Begriffsgeschichten. Frankfurt/M., S. 105–154.

Kraul, Margret (1991): Höhere Mädchenschulen. In: Berg, Christa (Hg.): Handbuch der deutschen Bildungsgeschichte. Bd. IV: 1870–1918: Von der Reichsgründung bis zum Ende des Ersten Weltkriegs. München, S. 279–303.

Kraus, Antje (1987): Armenwesen, Wohlfahrtspflege, Sozialarbeit. In: Jeismann, Karl-Ernst / Lundgreen, Peter (Hg.): Handbuch der deutschen Bildungsgeschichte. Bd. III: 1800–1871: Von der Neuordnung Deutschlands bis zur Gründung des Deutschen Reiches. München, S. 317–331.

Kraus, Hans-Christof (2008): Kultur, Bildung und Wissenschaft im 19. Jahrhundert. Enzyklopädie Deutscher Geschichte. Bd. 82. München.

Kraus, Karl (2014): Die letzten Tage der Menschheit. Hg. v. Franz Schuh. 2. Aufl. Salzburg, Wien.

Kreiker, Sebastian (2008): Disziplin und Elitenbildung – Aspekte des protestantischen Schulwesens des 16. Jahrhunderts. In: Jahrbuch für Historische Bildungsforschung. Bd. 14. Bad Heilbrunn, S. 137–158.

Kronenberg, Martin (2010): Die Bedeutung der Schule für die „Heimatfront" im Ersten Weltkrieg. Sammlungen, Hilfsdienste, Feiern und Nagelungen im Deutschen Reich. Norderstedt.

Kühlmann, Wilhelm (1996): Pädagogische Konzeptionen. In: Hammerstein, Notker (Hg.): Handbuch der deutschen Bildungsgeschichte. Bd. I: 15.–17. Jahrhundert. Von der Renaissance und der Reformation bis zum Ende der Glaubenskämpfe. München, S. 153–196.

Künzig, Bernd (2013): Kein Kinderspiel. Kinderszenen in der Musik des 19. und 20. Jahrhunderts. In: Winzen, Matthias (Hg.): Kindheit. Eine Erfindung des 19. Jahrhunderts. Oberhausen, S. 269–285.

Küpper, Erika (1987): Die höheren Mädchenschulen. In: Jeismann, Karl-Ernst / Lundgreen, Peter (Hg.): Handbuch der deutschen Bildungsgeschichte. Bd. III: 1800–1871: Von der Neuordnung Deutschlands bis zur Gründung des Deutschen Reiches. München, S. 180–191.

Kuhlemann, Frank-Michael (1991): Niedere Schulen. In: Berg, Christa (Hg.): Handbuch der deutschen Bildungsgeschichte. Bd. IV: 1870–1918: Von der Reichsgründung bis zum Ende des Ersten Weltkriegs. München, S. 177–227.

Kuhlemann, Frank-Michael (1992): Modernisierung und Disziplinierung. Sozialgeschichte des preußischen Volksschulwesens. Göttingen.

Langsam, Walter Consuelo (1950): Nationalism and History in the Prussian Elementary Schools under William II. In: Earle, Edward Mead (Ed.): Nationalism and Internationalism. New York, p. 241–260.

Le Cam, Jean-Luc (2008): Späthumanismus, „Helmstedter Konfessionalisierung" und Säkularisierung der Schule. Zur Genese der Reform von Schule und Schulaufsicht im Herzogtum Braunschweig-Wolfenbüttel nach dem 30jährigen Krieg. In: Musolff, Hans-Ulrich et al. (Hg.): Säkularisierung vor der Aufklärung? Bildung, Kirche und Religion 1500–1750. Köln et al., S. 77–101.

Lefebvre, Henri (1978): Einführung in die Modernität. Zwölf Präludien. Frankfurt/M.

Le Goff, Jacques (2007): Die Geburt Europas im Mittelalter. München.

Lehmann, Hartmut (2008): Auf der Suche nach der Säkularisierung vor der Aufklärung. In: Musolff, Hans-Ulrich et al. (Hg.): Säkularisierung vor der Aufklärung? Bildung, Kirche und Religion 1500–1750. Köln et al., S. 27–37.

Lenger, Friedrich (2005): Industrielle Revolution und Nationalstaatsgründung. Gebhardt: Handbuch der deutschen Geschichte. Bd. 15. 10. Aufl. Stuttgart.

Leonhard, Jörn (2014): Die Büchse der Pandora. Geschichte des Ersten Weltkriegs. München.

Le Roy Ladurie, Emmanuel (2000): Montaillou. Ein Dorf vor dem Inquisitor 1294 bis 1324. Berlin.

Lessing, Theodor (1969): Einmal und nie wieder. Gütersloh.

Levi, Giovanni / Schmitt, Jean-Claude (Hg.) (1996): Geschichte der Jugend. Bd. 1: Von der Antike bis zum Absolutismus. Frankfurt/M.

Lindner, Andreas (2003): Das bikonfessionelle Schulwesen Erfurt im 16. und 17. Jahrhundert. In: Musolff, Hans-Ulrich / Göing, Anja-Silvia (Hg.): Anfänge und Grundlegungen moderner Pädagogik im 16. und 17. Jahrhundert. Köln et al., S. 31–51.

Locke, John (1966): Gedanken über Erziehung. Übers. u. hg. v. Heinz Wolters. Bad Heilbrunn.

Loriga, Sabina (1997): Die Militärerziehung. In: Levi, Giovanni / Schmitt, Jean-Claude (Hg.): Geschichte der Jugend. Bd. 2: Von der Aufklärung bis zur Gegenwart. Frankfurt/M., S. 20–55.

Ludwig, Heidrun (2011): Vermeidend personal orientierte Formen pädagogischen Handelns. In: Mertens, Gerhard et al. (Hg.): Allgemeine Erziehungswissenschaft II. Handbuch der Erziehungswissenschaft 2, Paderborn et al., S. 487–501.

Ludwig, Peter (2011): Fördernde personal orientierte Formen pädagogischen Handelns. In: Mertens, Gerhard et al. (Hg.): Allgemeine Erziehungswissenschaft II. Handbuch der Erziehungswissenschaft 2, Paderborn et al., S. 467–485.

Luhmann, Niklas (2002): Das Erziehungssystem der Gesellschaft. Frankfurt/M.

Luhmann, Niklas / Schorr, Karl Eberhard (1988): Reflexionsprobleme im Erziehungssystem. Frankfurt/M.

Lundgreen, Peter (1980): Sozialgeschichte der deutschen Schule im Überblick. Teil I: 1770–1918. Göttingen.

Lundgreen, Peter (1985): Zur Konstituierung des „Bildungsbürgertums": Berufs- und Bildungsauslese der Akademiker in Preußen. In: Conze, Werner / Kocka, Jürgen (Hg.): Bildungsbürgertum im 19. Jahrhundert. Teil I: Bildungssystem und Professionalisierung in internationalen Vergleichen. Stuttgart, S. 79–108.

Lundgreen, Peter (Hg.) (2000): Sozial- und Kulturgeschichte des Bürgertums. Eine Bilanz des Bielefelder Sonderforschungsbereichs. Göttingen.

Luther, Martin (1520): An den christlichen Adel deutscher Nation von des christlichen Standes Besserung. In: ders.: Pädagogische Schriften. Hg. v. Hermann Lorenzen. 2. erw. u. überarb. Aufl. Paderborn 1969, S. 7–14.

Luther, Martin (1529): Der große Katechismus. In: ders.: Pädagogische Schriften. Hg. v. Hermann Lorenzen. 2. erw. u. überarb. Aufl. Paderborn 1969, S. 119–139.

Luther, Martin (1530): Eine Predigt, daß man die Kinder zur Schule halten solle. In: ders.: Pädagogische Schriften. Hg. v. Hermann Lorenzen. 2. erw. u. überarb. Aufl. Paderborn 1969, S. 82–106.

Luzzatto, Sergio (1997): Junge Rebellen und Revolutionäre (1789–1917). In: Levi, Giovanni / Schmitt, Jean-Claude (Hg.): Geschichte der Jugend. Bd. 2: Von der Aufklärung bis zur Gegenwart. Frankfurt/M., S. 239–308.

Lyman, Richard B. Jr. (1980): Barbarei und Religion: Kindheit in spätrömischer und frühmittelalterlicher Zeit. In: deMause, Lloyd (Hg.): Hört ihr die Kinder weinen. Eine psychogenetische Geschichte der Kindheit. Frankfurt/M., S. 112–146.

Mann, Golo (1958): Deutsche Geschichte des 19. und 20. Jahrhunderts. Frankfurt/M.

Marrou, Henri-Irénée (1957): Geschichte der Erziehung im klassischen Altertum. Freiburg, München.

Marx, Karl / Engels, Friedrich (1983): Die deutsche Ideologie. Werke. Bd. 3. Berlin.

Mayer, Christine (2005): Erziehung und Schulbildung für Mädchen. In: Hammerstein, Notker / Herrmann, Ulrich (Hg.): Handbuch der deutschen Bildungsgeschichte. Bd. II: 18. Jahrhundert. Vom späten 17. Jahrhundert bis zur Neuordnung Deutschlands um 1800. München, S. 188–211.

McLaughlin, Mary Martin (1980): Überlebende und Stellvertreter: Kinder und Eltern zwischen dem neunten und dem dreizehnten Jahrhundert. In: deMause, Lloyd (Hg.): Hört ihr die Kinder weinen. Eine psychogenetische Geschichte der Kindheit. Frankfurt/M., S. 147–262.

Messerschmidt, Manfred (1975): Die politische Geschichte der preußisch-deutschen Armee. Handbuch zur deutschen Militärgeschichte. Hg. v. Friedrich Forstmeier u. Hans Meier-Welcker. IV,1: Militärgeschichte im 19. Jahrhundert 1814–1890. München.

Mey, Tobias (2013): Richters Bauspiel-Imperium oder das Lego der „Steinzeit". In: Winzen, Matthias (Hg.): Kindheit. Eine Erfindung des 19. Jahrhunderts. Oberhausen, S. 221–229.

Meyer, Ruth (1968): Das Berechtigungswesen in seiner Bedeutung für Schule und Gesellschaft im 19. Jahrhundert. In: Zeitschrift für die gesamte Staatswissenschaft 124, S. 763–776.

Michael, Berthold / Schepp, Heinz-Hermann (Hg.) (1973): Politik und Schule von der Französischen Revolution bis zur Gegenwart. Eine Quellensammlung zum Verhältnis von Gesellschaft, Schule und Staat im 19. und 20. Jahrhundert. Bd. 1. Frankfurt/M.

Mix, York-Gothart (2009): Literarizität und reformpädagogischer Impetus. Der bildungskritische Diskurs im Schulroman der frühen Moderne. In: Wigger, Lothar (Hg.): Wie ist Bildung möglich? Bad Heilbrunn, S. 66–81.

Moderow, Hans-Martin (2007): Volksschule zwischen Staat und Kirche. Das Beispiel Sachsen im 18. und 19. Jahrhundert. Köln et al.

Möller, Andreas (2013): Kunst als Ziel und Weg. Vom Ursprung eines kunstpädagogischen Versprechens und Dilemmas in der Kunsterziehungsbewegung um 1900. In: Winzen, Matthias (Hg.): Kindheit. Eine Erfindung des 19. Jahrhunderts. Oberhausen, S. 201–215.

Montaigne, Michel de (1985): Essais. Ausw. u. Übers. v. Herbert Lüthy. 6. Aufl. Zürich.

Moritz, Karl Philipp (1959): Anton Reiser. Ein psychologischer Roman. Leipzig.

Mühleisen, Hans-Otto / Stammen, Theo / Philipp, Michael (Hg.) (1997): Fürstenspiegel der frühen Neuzeit. Frankfurt/M., Leipzig.

Müller, Burkhard (1989): Öffentliche Kleinkinder im Deutschen Reich. Analysen zur Politik der Initiierung, Organisierung, Nationalisierung und Verstaatlichung vorschulischer Anstalten in Deutschland. Weinheim.

Müller, Detlef K. (1981): Sozialstruktur und Schulsystem. Aspekte zum Strukturwandel des Schulsystems im 19. Jahrhundert. Göttingen.

Müller, Detlef K. / Zymek, Bernd (Hg.) (1987): Datenhandbuch zur deutschen Bildungsgeschichte. Bd. II/1: Sozialgeschichte und Statistik des Schulsystems in den Staaten des Deutschen Reiches 1800–1945. Göttingen.

Müller, Johann Christian (2007): Meines Lebens Vorfälle und Neben-Umstände. Teil 1: Kindheit und Studienjahre (1720–1746). Hg. v. Katrin Löffler u. Nadine Sobirai. Leipzig.

Müller, Johann Christian (2013): Meines Lebens Vorfälle und Neben-Umstände. Teil 2: Hofmeister in Pommern (1746–1755). Hg. v. Katrin Löffler. Leipzig.

Müller, Michael (2006): Konfessionelle Universitätslandschaft im Heiligen Römischen Reich und in Frankreich. In: Hartmann, Peter Claus (Hg.): Religion und Kultur im Europa des 17. und 18. Jahrhunderts. 2. durchges. Aufl., Frankfurt/M. et al., S. 455–471.

Müller, Rainer A. (1984): Aristokratisierung des Studiums? Bemerkungen zur Adelsfrequenz an süddeutschen Universitäten im 17. Jahrhundert. In: Geschichte und Gesellschaft 10, S. 31–46.

Müller-Benedict, Volker (2008a): Die akademischen Prüfungen. In: Datenhandbuch zur deutschen Bildungsgeschichte. Bd VI: Akademische Karrieren in Preußen und Deutschland 1850–1940. Göttingen, S. 31–42.

Müller-Benedict, Volker (2008b): Das höhere Lehramt. In: Datenhandbuch zur deutschen Bildungsgeschichte. Bd VI: Akademische Karrieren in Preußen und Deutschland 1850–1940. Göttingen, S. 187–220.

Nave-Herz, Rosemarie (1997): Die Geschichte der Frauenbewegung in Deutschland. 5., überarb. u. erg. Aufl. Bonn.

Neugebauer, Wolfgang (2005): Niedere Schulen und Realschule. In: Hammerstein, Notker / Herrmann, Ulrich (Hg.): Handbuch der deutschen Bildungsgeschichte. Bd. II: 18. Jahrhundert. Vom späten 17. Jahrhundert bis zur Neuordnung Deutschlands um 1800. München, S. 213–261.

Neugebauer, Wolfgang (2006): Kultureller Lokalismus und schulische Praxis. Katholisches und protestantisches Elementarschulwesen besonders im 17. und 18. Jahrhundert in Mitteleuropa. In: Hartmann, Peter Claus (Hg.): Religion und Kultur im Europa des 17. und 18. Jahrhunderts. 2., durchges. Aufl., Frankfurt/M. et al., S. 385–408.

Nietzsche, Friedrich (1994): Aus meinem Leben. In: ders.: Jugendschriften 1854–1861. Hg. v. Hans Joachim Mette. München, S. 1–32.

Nipperdey, Thomas (1986): Wie modern war das Kaiserreich? Das Beispiel der Schule. Vier Vorlesungen aus der historischen Forschung. Opladen.

Nipperdey, Thomas (1983): Deutsche Geschichte 1800–1866. Bürgerwelt und starker Staat. München.

Nipperdey, Thomas (1990): Deutsche Geschichte 1866–1918. Bd. 1: Arbeitswelt und Bürgergeist. München.

Nipperdey, Thomas (1992): Deutsche Geschichte 1866–1918. Bd. 2: Machtstaat und Demokratie. München.

Oberschelp, Axel (2006): Das Hallesche Waisenhaus und seine Lehrer im 18. Jahrhundert. Lernen und Lehren im Kontext einer frühneuzeitlichen Bildungskonzeption. Tübingen.

Oelkers, Jürgen (1989): Reformpädagogik. Eine kritische Dogmengeschichte. Weinheim, München.

Orme, Nicholas (2001): Medieval Children. New Haven, London.

Osterhammel, Jürgen (2011): Die Verwandlung der Welt. Eine Geschichte des 19. Jahrhunderts. München.

Paravicini, Werner (1999): Die ritterlich-höfische Kultur des Mittelalters. Enzyklopädie deutscher Geschichte Bd. 32. München.

Parsons, Talcott (1997): Sozialstruktur und Persönlichkeit. 5. Aufl. Eschborn bei Frankfurt/M.

Parzinger, Hermann (2014): Die Kinder des Prometheus. Eine Geschichte der Menschheit vor der Erfindung der Schrift. München.

Pastoureau, Michel (1996): Embleme, Attribute und Inszenierungen der Jugend in der mittelalterlichen Darstellung. In: Levi, Giovanni / Schmitt, Jean-Claude (Hg.): Geschichte der Jugend. Bd. 1: Von der Antike bis zum Absolutismus. Frankfurt/M., S. 296–318.

Paulsen, Friedrich (1909): Aus meinem Leben. Jugenderinnerungen. Jena.

Paulsen, Friedrich (1919a): Geschichte des gelehrten Unterrichts auf den deutschen Schulen und Universitäten vom Ausgang des Mittelalters bis zur Gegenwart. 3., erw. Aufl. Bd. 1. Leipzig.

Paulsen, Friedrich (1919b): Geschichte des gelehrten Unterrichts auf den deutschen Schulen und Universitäten vom Ausgang des Mittelalters bis zur Gegenwart. 3., erw. Aufl. Bd. 2. Leipzig.

Perrot, Michelle (1997): Zwischen Werkstatt und Fabrik: Die Arbeiterjugend. In: Levi, Giovanni / Schmitt, Jean-Claude (Hg.): Geschichte der Jugend. Bd. 2: Von der Aufklärung bis zur Gegenwart. Frankfurt/M., S. 97–166.

Platon: Protagoras. In: ders.: Werke. Bd. VI,2. Übers. v. Bernd Manuwald. Göttingen 1999.

Plutarch (1924): Von der Kinderzucht. Nach d. Übers. v. W.P.H. Seliger bearb. v. Fritz Zahn. München.

Pütter, Johann Stephan (1765): Versuch einer academischen Gelehrten-Geschichte von der Georg-Augustus-Universität zu Göttingen. Göttingen.

Pütter, Johann Stephan (1788): Versuch einer academischen Gelehrten-Geschichte von der Georg-Augustus-Universität zu Göttingen. 2. Theil von 1766 bis 1788. Göttingen.

Quellensammlung zur Geschichte der deutschen Sozialpolitik 1867 bis 1914 (1996): I. Abt.: Von der Reichsgründungszeit bis zur Kaiserlichen Sozialbotschaft (1867–1881). 3. Bd.: Arbeiterschutz. Bearb. v. Wolfgang Ayaß. Stuttgart.

Qvortrup, Jens (2005): Kinder und Kindheit in der Sozialstruktur. In: Hengst, Heinz / Zeiher, Helga (Hg.): Kindheit soziologisch. Wiesbaden, S. 27–47.

Raabe, Wilhelm (1968): Der Hungerpastor. München.

Reble, Albert (1989): Geschichte der Pädagogik. 15., vom Autor neu bearb. Aufl. Stuttgart.

Regierungsakten des Kurfürstentums und Großherzogtums Baden 1803–1815 (2012): Quellen zu den Reformen in den Rheinbundstaaten. Bd. 8. Bearb. v. Maria Schimke. Hg. v. d. Historischen Kommission bei der Bayerischen Akademie der Wissenschaften. München.

Reinhard, Wolfgang (2001): Probleme deutscher Geschichte 1495–1806. Gebhardt: Handbuch der deutschen Geschichte. Bd. 9. 10. Aufl. Stuttgart, S. 31–107.

Reulecke, Jürgen (1980): „Veredelung der Volkserholung" und „edle Geselligkeit". Sozialreformerische Bestrebungen zur Gestaltung der arbeitsfreien Zeit im Kaiserreich. In: Huck, Gerhard (Hg.): Sozialgeschichte der Freizeit. Untersuchungen zum Wandel der Alltagskultur in Deutschland. Wuppertal, S. 141–160.

Reyer, Jürgen (1983): Wenn die Mütter arbeiten gingen… Eine sozialhistorische Studie zur Entstehung der öffentlichen Kleinkindererziehung im 19. Jahrhundert. Köln.

Reyer, Jürgen (2006): Einführung in die Geschichte des Kindergartens und der Grundschule. Bad Heilbrunn.

Ricœur, Paul (2006): Wege der Anerkennung. Erkennen, Wiedererkennen, Anerkanntsein. Frankfurt/M.

Ries, Rotraud (2013): Verfolgung, Vertreibung und vorsichtiger Neuanfang (1350–1650). In: Herzig, Arno / Rademacher, Cay (Hg.): Die Geschichte der Juden in Deutschland. Hamburg, S. 50–65.

Roeder, Peter Martin (1966): Gemeindeschule in Staatshand. Zur Schulpolitik des Preußischen Abgeordnetenhauses. In: Zeitschrift für Pädagogik. 12. Jg., S. 539–569.

Rössler, Emil F. (Hg.) (1855): Die Gründung der Universität Göttingen. Eine Sammlung bisher ungedruckter Entwürfe, Berichte und Briefe. Göttingen.

Roessler, Wilhelm (1961): Die Entstehung des modernen Erziehungswesens in Deutschland. Stuttgart.

Rosa, Hartmut (2005): Beschleunigung. Die Veränderung der Zeitstrukturen in der Moderne. Frankfurt/M.

Rosenthal, Heinrich (Hg.) (1900): Das Bürgerliche Gesetzbuch nebst dem Einführungsgesetze. Graudenz.

Rückert, Friedrich (1988): Kindertodtenlieder. Hg. v. Hans Wollschläger. Nördlingen.

Rühle, Otto (1903): Die Volksschule wie sie sein soll. Berlin.

Rürup, Reinhard (1984): Deutsche Geschichte Bd. 8: Deutschland im 19. Jahrhundert: 1815–1871. Göttingen.

Rutz, Andreas (2008): Der Primat der Religion. Zur Entstehung und Entwicklung separater Mädchenschulen in den katholischen Territorien des Reiches im 17. Jahrhundert. In: Musolff, Hans-Ulrich et al. (Hg.): Säkularisierung vor der Aufklärung? Bildung, Kirche und Religion 1500–1750. Köln et al., S. 275–288.

Salzmann, Christian Gotthilf (1980): Moralisches Elementarbuch. Nachdr. d. Aufl. von 1785. Hg. v. Hubert Göbels. Dortmund.

Sauer, Michael (1998): Vom „Schulehalten" zum Unterricht: Preußische Volksschule im 19. Jahrhundert. Köln et al.

Schäfers, Bernhard / Scherr, Albert (2005): Jugendsoziologie. Einführung in Grundlagen und Theorien. 8., umf. aktual. u. überarb. Aufl. Wiesbaden.

Schelsky, Helmut (1957): Schule und Erziehung in der industriellen Gesellschaft. Würzburg.

Schiffler, Horst (2013): Von Lesemaschinen, Buchstabentabellen und Musterbüchern. Hilfsmittel für den Lese- und Schreibunterricht im 18. und 19. Jahrhundert. In: Winzen, Matthias (Hg.): Kindheit. Eine Erfindung des 19. Jahrhunderts. Oberhausen, S. 139–167.

Schiller, Friedrich (1983): Das Lied von der Glocke. In: Schillers Werke. Nationalausgabe. Bd. 2,I. Gedichte in der Reihenfolge ihres Erscheinens. 1799–1805. Hg. v. Norbert Oellers. Weimar, S. 227–240.

Schindling, Anton (1994): Bildung und Wissenschaft in der Frühen Neuzeit 1650–1800. Enzyklopädie deutscher Geschichte Bd. 30. München.

Schindling, Anton (1995): Die protestantischen Universitäten im Heiligen Römischen Reich deutscher Nation im Zeitalter der Aufklärung. In: Hammerstein, Notker (Hg.): Universitäten und Aufklärung. Göttingen, S. 9–19.

Schleiermacher, Friedrich Daniel Ernst (1826): Theorie der Erziehung. In: ders.: Ausgewählte pädagogische Schriften. Hg. v. Ernst Lichtenstein. Paderborn 1959, S. 36–243.

Schlumbohm, Jürgen (Hg.) (1983): Kinderstuben. Wie Kinder zu Bauern, Bürgern, Aristokraten wurden. 1700–1850. München.

Schmidt, Rainer F. (2006): Bismarck. Realpolitik und Revolutionen. Kreuzlingen, München.

Schmitt, Hanno (2005): Die Philanthropine – Musterschulen der pädagogischen Aufklärung. In: Hammerstein, Notker / Herrmann, Ulrich (Hg.): Handbuch der deutschen Bildungsgeschichte. Bd. II: 18. Jahrhundert. Vom späten 17. Jahrhundert bis zur Neuordnung Deutschlands um 1800. München, S. 262–277.

Schmitz, Winfried (2007): Haus und Familie im antiken Griechenland. München.

Schöneberg, Hans (1981): Schulen. Geschichte des Unterrichts von der Antike bis zur Neuesten Zeit. Frankfurt/M.

Schraut, Sylvia (2013): Arbeiterbewegung und Geschlechterverhältnisse. In: Durch Nacht zum Licht? Geschichte der Arbeiterbewegung 1863–2013. Hg. v. Technoseum. Landesmuseum für Technik und Arbeit in Mannheim. Mannheim, S. 424–438.

Schubert-Weller, Christoph (1991): Vormilitärische Jugenderziehung. In: Berg, Christa (Hg.): Handbuch der deutschen Bildungsgeschichte. Bd. IV: 1870–1918: Von der Reichsgründung bis zum Ende des Ersten Weltkriegs. München, S. 503–515.

Schubert-Weller, Christoph (1998): „Kein schöner Tod..." Die Militarisierung der männlichen Jugend und ihr Einsatz im Ersten Weltkrieg 1890–1918. Weinheim.

Schuster, Rudolf (Hg.) (1985): Deutsche Verfassungen. 17. Aufl. München.

Segalen, Martine (1998): Die industrielle Revolution: Vom Proletarier zum Bürger. In: Burguière, André et al. (Hg.): Geschichte der Familie. Bd. 4: 20. Jahrhundert. Frankfurt/M., New York, S. 13–58.

Seibert, Ernst (2015): Der Erste Weltkrieg in der Kinder- und Jugendliteratur. Kriegsertüchtigung als Ende der Tugendlehre. In: Stekl, Hannes et al. (Hg.): Kindheit und Schule im Ersten Weltkrieg. Wien, S. 205–230.

Seibert, Peter (1993): Der literarische Salon. Literatur und Gesellschaft zwischen Aufklärung und Vormärz. Stuttgart.

Sennett, Richard (1983): Verfall und Ende des öffentlichen Lebens. Die Tyrannei der Intimität. Frankfurt/M.

Sennett, Richard (1997): Fleisch und Stein. Der Körper und die Stadt in der westlichen Zivilisation. Berlin.

Seyfarth-Stubenrauch, Michael / Skiera, Ehrenhard (Hg.) (1996): Reformpädagogik und Schulreform in Europa. 2 Bände. Hohengehren.

Shahar, Shulamith (1991): Kindheit im Mittelalter. München, Zürich.
Sieg, Ulrich (2013): Das Judentum im Kaiserreich (1871–1918). In: Herzig, Arno / Rademacher, Cay (Hg.): Die Geschichte der Juden in Deutschland. Hamburg, S. 122–137.
Sissa, Giulia (1996): Die Familie im griechischen Stadtstaat. In: Burguière, André et al. (Hg.): Geschichte der Familie. Bd. 1: Altertum. Frankfurt/M., New York, S. 237–276.
Sloterdijk, Peter (2009): Du mußt dein Leben ändern. Über Anthropotechnik. Frankfurt/M.
Spanger, Jürgen (2002): Aus der Schulstube ins Leben. Die Karlsruher Volksschulen 1716–1952. Karlsruhe.
Solarová, Svetluse (Hg.) (1983): Geschichte der Sonderpädagogik. Stuttgart.
Statistisches Bundesamt (Hg.) (2013): Geburtentrends und Familiensituation in Deutschland 2012. Wiesbaden.
Stein, Oliver (2007): Die deutsche Heeresrüstungspolitik 1890–1914. Das Militär und der Primat der Politik. Paderborn.
Stein, Peter (2006): Schriftkultur. Eine Geschichte des Schreibens und Lesens. Darmstadt.
Storz, Dieter (1992): Kriegsbild und Rüstung vor 1914. Europäische Landstreitkräfte vor dem Ersten Weltkrieg. Herford et al.
Taylor, Charles (1996): Quellen des Selbst. Die Entstehung der neuzeitlichen Identität. Frankfurt/M.
Tenorth, Heinz-Elmar (1988): Geschichte der Erziehung. Einführung in die Grundzüge ihrer neuzeitlichen Entwicklung. Weinheim, München.
Tenorth, Heinz-Elmar (Hg.) (2012): Geschichte der Universität Unter den Linden 1810–2010. Bd. 1: Gründung und Blütezeit der Universität zu Berlin 1810–1918. Berlin.
Thalhofer, Franz Xaver (1928): Unterricht und Bildung im Mittelalter. München.
Thomas, Yan (1996): Rom: Väter als Bürger in einer Stadt der Väter. In: Burguière, André et al. (Hg.): Geschichte der Familie. Bd. 1: Altertum. Frankfurt/M., New York, S. 277–326.
Thomas von Aquino (1985): Summe der Theologie. Bd. 2. Hg. v. Joseph Bernhart. Stuttgart.
Titze, Hartmut (1995): Datenhandbuch zur deutschen Bildungsgeschichte. Bd. I/2: Wachstum und Differenzierung der deutschen Universitäten 1830–1945. Göttingen.
Tönnies, Ferdinand (1979): Gemeinschaft und Gesellschaft. Grundbegriffe der reinen Soziologie. Darmstadt.
Toubert, Pierre (1996): Die karolingischen Einflüsse. In: Burguière, André et al. (Hg.): Geschichte der Familie. Bd. 2: Mittelalter. Frankfurt/M., New York, S. 89–124.
Tröhler, Daniel (2008): Johann Heinrich Pestalozzi. Bern.
Turner, R. Steven (1987): Universitäten. In: Jeismann, Karl-Ernst / Lundgreen, Peter (Hg.): Handbuch der deutschen Bildungsgeschichte. Bd. III: 1800–1871: Von der Neuordnung Deutschlands bis zur Gründung des Deutschen Reiches. München, S. 221–249.
Velten, Hans Rudolf (2012): Frühe Lese- und Schreiblernbücher des 16. Jahrhunderts. Zu Valentin Ickelsamers „Die rechte weis, aufs kürtzist lesen zu lernen" (1527) und „Teütsche Grammatica" (1532?). In: Hellekamps, Stephanie et al. (Hg.): Schulbücher und Lektüren in der vormodernen Unterrichtspraxis. Wiesbaden, S. 31–48.
Vietta, Silvio / Kemper, Hans-Georg (1983): Expressionismus. 2., bibliogr. erg. Aufl. München.
Vondung, Klaus (Hg.) (1976): Das wilhelminische Bildungsbürgertum. Zur Sozialgeschichte seiner Ideen. Göttingen.
Wagner, Barbara (2013): Kinderbilder – Kindheitsbilder. Einblicke in die Sammlung von Kinderporträts des Stadtmuseums Baden-Baden. In: Winzen, Matthias (Hg.): Kindheit. Eine Erfindung des 19. Jahrhunderts. Oberhausen, S. 19–66.
Waldenfels, Bernhard (2009): Ortsverschiebungen, Zeitverschiebungen. Modi leibhaftiger Erfahrung. Frankfurt/M.
Weber, Max (1980): Wirtschaft und Gesellschaft. Grundriss der verstehenden Soziologie. 5., rev. Aufl. Tübingen.
Weber, Max (1993): Die protestantische Ethik und der „Geist" des Kapitalismus. Bodenheim.
Weber, Wolfgang E. J. (2002): Geschichte der europäischen Universität. Stuttgart.
Weber-Kellermann, Ingeborg (1997): Die Kindheit. Eine Kulturgeschichte. Frankfurt/M.
Weeber, Karl-Wilhelm (2014): Lernen und Leiden. Schule im Alten Rom. Darmstadt.
Wehler, Hans-Ulrich (1987): Deutsche Gesellschaftsgeschichte. Bd. 1: Vom Feudalismus des Alten Reiches bis zur Defensiven Modernisierung der Reformära 1700–1815. München.
Wehler, Hans-Ulrich (1988): Deutsche Geschichte Bd. 9: Das Deutsche Kaiserreich: 1871–1918. 6., bibliogr. erneuerte Aufl. Göttingen.
Wehler, Hans-Ulrich (2005): Deutsche Gesellschaftsgeschichte. Bd. 2: Von der Reformära bis zur industriellen und politischen „Deutschen Doppelrevolution". 1815–1845/49. 4. Aufl. München.
Wehler, Hans-Ulrich (2006): Deutsche Gesellschaftsgeschichte. Bd. 3: Von der „Deutschen

Doppelrevolution" bis zum Beginn des Ersten Weltkrieges. 1849–1914. 2. Aufl. München.

Wehler, Hans-Ulrich (2008): Deutsche Gesellschaftsgeschichte. Bd. 4: Vom Beginn des Ersten Weltkrieges bis zur Gründung der beiden deutschen Staaten. 1914–1949. 3. Aufl. München.

Weingart, Peter (2005): Die Stunde der Wahrheit? Zum Verhältnis der Wissenschaft zu Politik, Wirtschaft und Medien in der Wissensgesellschaft. Weilerswirst.

Weiß, Dieter J. (2005): Katholische Reform und Gegenreformation. Ein Überblick. Darmstadt.

Welskopp, Thomas (2013): „Wir nehmen unsere Angelegenheiten selbst in die Hände...". Die deutsche Arbeiterbewegung vor 1863. In: Durch Nacht zum Licht? Geschichte der Arbeiterbewegung 1863–2013. Hg. v. Technoseum. Landesmuseum für Technik und Arbeit in Mannheim. Mannheim, S. 31–57.

Wesoly, Kurt (2012): Rechenunterricht und Rechenbücher bis zur Mitte des 18. Jahrhunderts, mit besonderer Berücksichtigung des Herzogtum Berg. In: Hellekamps, Stephanie et al. (Hg.): Schulbücher und Lektüren in der vormodernen Unterrichtspraxis. Wiesbaden, S. 79–90.

Wienfort, Monika (2006): Adel in der Moderne. Göttingen.

Wolff, Karl. D. (Hg.) (2001): Code Napoléon – Napoleons Gesetzbuch. Frankfurt/M.

Wried, Markus (2008): Säkularisierung wider Willen. Der säkularisierende Modernisierungsschub infolge der reformatorischen Schul- und Universitätsreform. In: Musolff, Hans-Ulrich et al. (Hg.): Säkularisierung vor der Aufklärung? Bildung, Kirche und Religion 1500–1750. Köln et al., S. 57–75.

Wyneken, Gustav (1963): Jugend! Philister über dir! Frankfurt/M.

Zentralblatt für die gesamte Unterrichtsverwaltung in Preußen (1908). Hg. in dem Ministerium der geistlichen, Unterrichts- und Medizinalangelegenheiten. Nr. 8. Berlin.

Zerback, Ralf (2007): Robert Blum. Eine Biografie. Leipzig.

Ziegler, Dieter (2000): Das wirtschaftliche Großbürgertum. In: Lundgreen, Peter (Hg.): Sozial- und Kulturgeschichte des Bürgertums. Eine Bilanz des Bielefelder Sonderforschungsbereichs. Göttingen, S. 113–137.

Zollinger, Manfred (2015): Spiele mit Kriegssignatur. In: Stekl, Hannes et al. (Hg.): Kindheit und Schule im Ersten Weltkrieg. Wien, S. 231–259.

Zweig, Stefan (2012): Die Welt von Gestern. Erinnerungen eines Europäers. 39. Aufl. Frankfurt/M.

Zymek, Bernd / Neghabian, Gabriele (2005): Datenhandbuch zur deutschen Bildungsgeschichte. Bd. II/3: Sozialgeschichte und Statistik des Mädchenschulwesens in den deutschen Staaten 1800–1945. Göttingen.

Personenregister

Sachregister